근대 일본계 종교의
조선 포교 양상과 그 영향

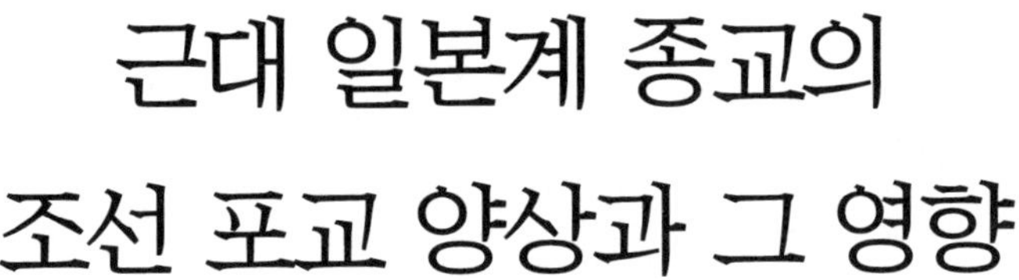

근대 일본계 종교의 조선 포교 양상과 그 영향

권동우 · 나카니시 나오키 · 제점숙 · 김성은
김태훈 · 고병철 · 김방룡 · 배귀득 · 원영상 저

박문사

머리말

본 저술의 주제인 "근대 일본계 종교의 조선 포교 양상과 그 영향"은 한국연구재단 일반공동연구 지원사업을 통해 3년 동안 진행한 "일제강점기 일본계 종교의 지역 확장을 통해 본 침략성과 종교성 연구"의 성과물이다.

일제강점기 한국종교에 대한 연구가 본격화한 것은 1970년대 이후인데, 그때부터 최근까지 이어 온 연구의 기본 시각은 일제의 조선침략이라는 상황 속에서 '민족종교'에 대한 탄압과 해체의 고통을 겪었다고 하는 이항대립(二項對立)의 구도였다. 물론 이러한 양상이 근대를 통해 반복적으로 지속되어 왔다는 것을 부정할 수는 없으나, 한편으로 이처럼 고착화된 이원적 구도는 일제강점기를 통해 한국사회에서 활동했던 일본계 종교들의 존재와 활동, 이들이 한국종교계에 끼친 영향 등에 대해서는 논의의 필요성조차 제기되지 않았다.

따라서 본 공동연구에서는 일제강점기 한국사회에 유입된 일본계 종교들이 특정 거점에서부터 각 지역으로 세력을 확장해 가는 과정 속에서 과연 이들이 어떠한 종교적 특성을 표출하는지에 대해 분석하는 것을 목적으로 연구를 시작했다. 기존 종교학계에서 추구해왔던 연구를 토대로 새로운 방향을 모색하는 것이라기보다는 과거 연구자들에 의해 외면되거나 봉인되어 있던 종교의 영역으로 시야를 확장함으로써 근대종교 연구의 기초를 공고히 하면서도 새로운 가능성을 모색하고자 했다.

지난 3년 동안 6명의 공동연구원들은 수차례의 연구발표와 한 차례의 국제학술대회를 통해 적지 않은 연구 성과를 얻을 수 있었다. 첫째, 『조선총독부관보』를 중심으로 일제강점기를 통해 한국사회에서 활동했던 일본계 종교의 전체 분포 양상을 파악해 정리하였고, 이에 대한 분석을 통해 일본계 종교들의 조선 포교가 어떠한 의도와 방향에서 시작되고 전개되었는지를 이해하는 연구의 토대를 구축했다. 둘째, 일본계 종교의 조선 포교가 종파 혹은 교파별로 어떠한 차이를 보이는지, 또는 지역으로 확장해 나아가는 과정에서 어떠한 특성을 보이는지에 대해서도 새로운 연구의 가능성을 발견할 수 있었다.

이에 대해 일본계 종교의 조선 포교에 대한 연구가 여전히 '시론(試論)'의 성격을 벗어나지 못하면서 그들이 한국종교계에 어떠한 영향을 끼쳤는지의 방향으로 시야 확장을 이루지 못했다는 점은 아쉬움으로 남는다. 향후 더 활발한 논의를 통해 근대 한국사회에서 활동했던 종교들이 보여 온 다양성을 확인하고, 이를 토대로 한국의 '근대종교'에 대한 성격을 새롭게 규정해 가는 길을 모색해 가야 할 것이다.

지난 3년 동안 함께 본 연구를 위해 애써주신 고병철 선생님, 김방룡 선생님, 김성은 선생님, 원영상 선생님, 제점숙 선생님, 그리고 본 연구의 주제와 관련하여 논의에 참여해 주신 류코쿠대학(龍谷大學)의 나카니시 나오키(中西直樹) 선생님, 시코쿠학원대학(四國學院大學)의 김태훈 선생님, 데즈카야마학원대학(帝塚山學院大學)의 배귀득 선생님께도 마음 깊이 감사를 드린다. 또한 본 연구의 원활한 진행을 위해 뒤에서 노력해 주신 전임연구인력 배관문 선생님과 연구보조원 오기현 선생님에게도 감사하며, 본 연구 성과의 출판을 흔쾌히 허락해 주신 윤석현 박문사 사장님께도 깊은 감사를 드린다.

본 연구는 이제 마무리가 되지만, 근대 일본계 종교에 대한 연구는 사실 지금부터 본격적으로 시작되었다고 말할 수 있다. 앞으로 더 흥미로운 주제로 더 다양한 논의를 통해 연구의 성과들이 지속되기를 기대해 본다.

2024년 6월 15일

연구책임자 권동우

목차

제3장

일본불교의 조선포교 양상과 종교시설 현황 제점숙 … 95

1894~1910 진종본원사파(眞宗本願寺派) 사례를 중심으로

제4장

일본계 기독교의 조선전도 양상 연구 김성은 … 131

『조선총독부관보』(1911~1945) 기록을 중심으로

제5장

「조선총독부종교관련문서」의 전체상과 일본불교사원 창립에 관하여 김태훈 … 165

제2부 일본계 종교의 조선 내 지역 포교와 그 영향

제1부

근대 일본계 종교의 조선 포교 양상

제1장

일제강점기 교파신도의 조선포교 양상 연구

『조선총독부관보』(1911~1945) 기록을 중심으로

권동우

1. 들어가며

본고는 일본계 종교 가운데 '교파신도'가 근대 한국사회에 유입되고 포교를 전개했던 양상에 대해 『조선총독부관보』(이하, 『관보』)를 중심으로 지역별, 시기별 분포의 현황을 개괄적으로 정리하고 이를 토대로 교파신도 각 교파의 '조선포교'가 어떤 특징을 가지는지에 대해 살펴보는 것을 목적으로 한다.

일제강점기에 일본계 종교가 한국에 유입되고 포교를 전개했던 과정에 대해서는 일본종교 전체를 포괄하는 개괄적인 연구나[1] 개별 종교인 불교,[2] 교파신도,[3] 기독교[4] 관련 연구가 있음을 확인할 수 있

1 김태훈, 「조선총독부관보」로 보는 일본계 종교 유입의 전체도」, 『공존의 인간학』 4, 전주대 한국고전학연구소, 2020.

2 원영상, 「근대 일본불교의 한반도 유입의 초기 전개 양상」, 『한국불교학』 87, 한국불교학회, 2018; 「근대일본과 조선총독부의 종교정책 관계에 대한 연구」, 『일본

다. 하지만 이러한 연구의 아쉬운 점은 첫째 각 종교의 포교가 지역별, 시대별로 어떠한 변화와 특징을 보이며 전개되는지에 대한 종합적이고도 구체적인 분석이 여전히 부족하다는 것이며, 둘째 기존의 연구에서는 일본계 종교 관련 자료의 완전한 정리와 이를 토대로 한 분석이 제대로 이뤄지지 못했다는 점에서 종종 오류와 한계를 드러내고 있다는 점이다.

불교문화연구』 11, 한국일본불교문화학회, 2014;「한국학계의 일본불교 연구 동향」,『한국불교학』 68, 한국불교학회, 2013; 제점숙,「개항기 조선 일본불교의 종교 활동에 관한 연구」,『비교일본학』 29, 한양대 일본학국제비교연구소, 2013; 김경집,「근대일본불교의 한국 진출과 활동 양상」,『한마음연구』 4, 대행선연구원, 2020; 한상길,「일본 근대불교의 한·중 포교에 대한 연구」,『한국선학』 20, 2008;「개화기 일본불교의 전파와 한국불교」,『불교학보』 46, 동국대 불교문화연구원, 2007; 서정엄,「일본불교의 포교-정토진종대곡파의 한국포교를 중심으로」,『대각사상』 6, 대각사상연구원, 2003 등.

3 권동우,「일제강점기 교파신도 한국 유입과 분포에 대한 연구」,『일본불교문화연구』 11, 한국일본불교문화학회, 2014;「신도의 조선 유입에 관한 재검토: 교파신도의 조선포교를 중심으로」,『원불교사상과 종교문화』 76, 원광대 원불교사상연구원, 2018;「교파신도의 조선포교로 보는 근대신도의 이중성」,『종교연구』 80-1, 한국종교학회, 2020; 문혜진,「일제강점기 경성부 교파신도의 현황과 활동양상」,『서울과 역사』 101, 서울역사편찬원, 2019;「일제강점기 부산 교파신도의 현황과 활동양상」,『향도부산』 38, 부산광역시사편찬위원회, 2019 등.

4 김성은,「일본조합교회의 조선전도와 정교분리의 정치화」,『일본어문학』 80, 일본어문학회, 2018; 박은영,「일본조합교회 가시와기 기엔의 조선인식 연구」,『일본문화연구』 57, 동아시아일본학회, 2016; 박혜미,「일본조합교회 '순교회사' 유일선의 생애와 친일활동」,『한국독립운동사연구』 52, 독립기념관 한국독립운동사연구소, 2015;「일본조합교회 간사 김린의 생애와 친일활동」,『한국기독교와 역사』 51, 한국기독교역사학회, 2019; 홍치모,「일본조합교회와 조선총독부의 종교정책」,『한국교회사학회지』 4, 한국교회사학회, 1992; 성주현,「1910년대 식민지 조선의 일본조합교회 동향」,『한국독립운동사연구』 24, 독립기념관 한국독립운동사연구소, 2005; 정성하,「일본조합교회와 일본제국주의: 일본 조합교회의 조선선교를 중심으로」,『신종교연구』 2, 한국신종교학회, 2000; 김수진,「사건으로 본 한국 기독교사13: 일본 조합교회와 조선 식민지 전도사건」,『한국기독교사연구회소식』 13, 한국기독교역사학회, 1987 등.

따라서 이 두 문제를 해결하기 위해서는 우선 일본계 종교의 각 지역별, 시기별 포교의 양상이 정리된 조선총독부 또는 각 지방 관공서의 자료정리가 선행되어야 하며, 이와 더불어 각 교단의 '조선포교' 관련 자료를 입수하여 대조 분석하는 작업이 필요하다. 하지만 조선총독부와 지방 관공서, 또 각 종교에서 발행한 방대한 자료를 정리하는 작업은 많은 시간과 노력이 필요하다는 점에서 개인적으로는 접근하기 쉽지 않다. 이에 근대 일본계 종교 연구는 조선총독부에서 발행한 『관보』 기록을 중심으로 각 종교의 지역별, 시기별 포교 양상을 먼저 종합적으로 검토한 후, 이를 토대로 주변 관공서 자료와 각 교단에서 자료를 조금씩 교차 검토하면서 오류를 최소화 해 것이 현재로서는 가장 바람직한 방향이라 생각한다.

따라서 본고에서는 『관보』의 교파신도 관련 기록을 연도별, 교파별로 정리하고, 이를 토대로 1911년부터 1945년까지 교파신도의 '조선포교'에 대한 포교 양상을 검토해보고자 했다. 이는 향후 근대 교파신도 또는 교파신도의 해외 포교 연구 심화를 위해 매우 중요한 기초 작업이 될 것이다.

2. 선행연구 분석과 『관보』 '일본계 종교' 현황

1) 선행연구 분석

교파신도의 '조선포교'에 관한 연구 가운데 조선총독부 통계자료를 이용해 이들 전체 교파의 분포 양상을 분석한 것은 2014년 권동우의 연구가 처음이며, 그 뒤를 이어 문혜진이 경성과 부산에서 교파신도의 포교에 대해 『관보』를 중심으로 정리한 연구가 있다.

우선 권동우는 『조선총독부통계연보』(이하, 『통계연보』)에 기록된 통계표를 중심으로 1907년부터 1942년까지 교파신도의 전체 교회 수, 포교사 수, 신도 수 등을 정리했는데, 이는 교파신도의 한국(조선) 포교의 양상을 개괄적으로 이해하는데 큰 도움을 준다. 다만 아직 『관보』나 기타 관공서 자료 등을 포괄하면서 교파신도의 한국 내 분포를 세부적으로 분석하는 후속 연구가 없다는 점이 아쉽다.[5]

이에 대해 문혜진은 조선총독부 발행 『관보』를 중심으로 경성부와 부산을 중심으로 교파신도의 분포와 포교의 양상에 대해 분석했다는 점에서 지역별 시기별로 교파신도의 포교 양상을 이해하려고 시도했다는 점에서 그 의의가 크다.[6] 하지만 전체 『관보』 기록 중 누락된 부분이 있거나 인용된 통계가 정확하지 않다는 점, 특히 종파의 분류에 있어서 일부 혼선을 보이는 등 오류가 발견된다는 점에서 자료 정리의 재검토가 요구되는 상황이다.

한편 김태훈은 2018년부터 2021년까지 일본 문부과학성 산하 일본학술진흥회의 연구지원을 받아 「식민지 조선에 있어서 일본인 종교자에 관한 기초적 조사 연구」를 진행했고, 그 결과는 데이터베이스 작업을 통해 웹사이트에 공개하고 있다.[7] 또한 이와 관련

5 권동우, 「일제강점기 교파신도 한국 유입과 분포에 대한 연구」, pp.83-139.

6 문혜진, 「일제강점기 경성부 교파신도의 현황과 활동양상」, pp.195-227; 「일제강점기 부산 교파신도의 현황과 활동양상」, pp.363-398.

7 '식민지 조선의 일본인 종교자(www.jrpkc.org)'를 통해 해당 작업 내용이 공개되고 있다.

한 연구 성과를 정리해서 학술지에 발표했는데,[8] 일본계 불교, 교파신도, 기독교의 지역별, 시기별 분포에 대해 종합적이고 체계적으로 정리하고 있다는 점에서 일본계 종교 연구에 있어 그 학술적 의의가 매우 크다. 다만 김태훈의 연구는 후속연구를 위한 종합적이고 개괄적인 연구라는 점에서 개별 종교에 대한 구체적 논증의 성격이 약하다. 또한『관보』에 기록된 일본계 종교 전체를 포괄하는 과정에서 몇 군데 확인을 요하는 부분이 발견된다는 점에서 각 종교별 통계를 세분화하여 재검토하는 작업을 통해 오류를 최소화해 갈 필요가 있다.

이상과 같이 현재 한국 종교학계에서 일제강점기 일본계 종교에 대한 연구는 여전히 기초적인 단계에 머물러 있다. 곧『관보』를 정리하고 인용하는 수준의 기초 연구가 진행되고 있으며, 이를 토대로 지역별 시기별 변화 양상을 분석하는 작업 또한 아직 세밀하게는 이뤄지지 않고 있다.

따라서 본고는 선행연구를 충실히 검토하면서도 먼저 앞선『관보』의 내용 중 교파신도에 관한 내용만 발췌하여 표 형식으로 체계화하는 방식으로『관보』내오탈자나 오류의 혼선을 최소화 했다. 그리고 이 자료를 바탕으로 기존 연구의 자료 이해나 중복된 자료 인용에 의한 통계 오류 등을 바로잡았으며, 교파신도의 '조선포교'가 지역별, 시기별로 어떠한 특징을 보이는지 분석해 보았다.

---

8 김태훈, 앞의 글, pp.233-273.

2) 조선총독부 발행 『관보』 내 종교 관련 기록 현황

『관보』는 1910년 8월 29일 '호외'의 발행을 시작으로 30일부터 '정규호'를 발행하기 시작했으며, 1945년 8월 30일까지 일제강점기 35년 동안 총 10,450호를 발행했다.[9] 이 가운데 1910년 9월 21일 발행한 명치(明治) 21호의 "처분"에 일본기독교회 포교관리자 오타니 야스시(大谷虞)에 대한 선임 인가를 한 것이 종교에 관한 최초의 기록이다. 종교의 포교에 대한 사항을 "사사, 종교"로 따로 구분한 것은 1911년 5월 11일에 발행된 명치 207호부터며, 1945년 7월 10일 소화(昭和) 5529호의 '포교담임자변경계'가 "종교"에 대한 마지막 기록이다.

『관보』의 "사사, 종교" 관련 기록은 포교관리자인가, 포교관리자변경인가, 포교소이전 및 포교관리자변경인가, 포교관리사무소위치변경, 포교계출(布教届出), 포교소설치계, 기성포교소계출, 포교소소재지변경, 포교담임자선정계, 포교담임자변경계, 포교소명칭변경계, 포교소폐지계, 포교폐지계, 포교자거주지이전계출, 포교자사망, 주지(住持)취직인가, 주지이동, 주직(住職)이동, 사원(寺院)창립허가, 사찰폐지허가, 사유림(寺有林)벌채허가, 사유임야매각허가, 사유건물폐기처분허가 등의 범주로 구성되어 있다. 이 가운데 『관보』에 기록된 일본계 종교 곧 불교와 교파신도, 기독교에 대해 항목, 종파명, 교회명, 주소, 포교자명, 인가일, 발표일, 관보 호 수를 기준으로 하여 표의 형태로 정리했다.

『관보』의 정리 방식은 우선 국립중앙도서관 '조선총독부관보활

9 대한불교조계종총무원, 『일제시대 불교정책과 현황(上)』, 대한불교조계종총무원총무부, 2001, p.8.

용시스템'에서 '사사', '종교'를 중심으로 키워드 검색을 실시하여 자료를 선별했다. 이어서 정토교・진종・조동종이나 천리교・흑주교・신리교, 일본조합교회 등 각 종파의 명칭으로 키워드 검색을 해서 누락된 자료를 추가 했으며, 마지막으로 『관보』 전체를 일일이 확인하는 작업을 통해 누락을 최소화했다.

1차로 입력한 자료는 다시 세 명의 연구자가 『관보』 원본 자료를 대조 확인하는 교차 검수 과정을 거쳤다. 그런데 이러한 일련의 입력 및 검수과정에서 확인된 것은, 『관보』 자체 기록에서 인명이나 지명, 교회명 등에 반복적으로 오탈자가 발견되고 있다는 점이었다. 특히 인물의 이름에 있어서 같은 시기 같은 교회에 소속된 포교사 가운데 石田一南과 石田一男, 城六大와 城六太, 伊藤ちよ와 伊東ちよ 등, 동일 인물로 추정되지만 이름의 표기가 일치하지 않는 경우가 다수 발견된다는 점에서 이에 대한 추가적인 확인이 요구되었다.

이에 대해 김태훈은 『관보』에 기록된 일본계 종교의 포교자 수를 총 3,145명(조선인 포함)으로 정리했는데, 금번 작업을 통해 명백하게 동일 인물로 추정되는 인물의 중복을 피하면서 확인한 일본계 종교의 포교자 수는 총 2,706명으로 집계되었다. 향후 각 종교별로 교회 및 포교자에 대한 오기(誤記)의 확인 작업을 통해 최대한 중복을 배제하면서 포교사의 실제 수효를 정확하게 확인해 가는 연구가 필요하다고 본다. 따라서 본고에서는 일단 인물에 대한 분석은 배제하고 어느 정도 객관적인 분석이 가능한 교회소 설치를 중심으로 교파신도의 조선포교에 관한 분포 양상에 대한 분석을 실시했다.

3. 일제강점기 교파신도의 조선포교 전체 양상

교파신도는 근대 일본에서 탄생한 종교다. 왕정복고를 통해 에도 막부 시대를 청산한 일본의 신진 정치세력은 황조신 아마테라스의 후손인 천황을 중심으로 한 신정일치(神政一致)로 복원하기 위해 신도(神道)를 국교로 하는 정치체제를 구상했다. 하지만 기독교를 등에 업은 서구열강과 일본 내 불교계의 반발로 인해 신도국교화는 무산되고 만다. 이에 메이지정부는 신도를 도덕과 종교로 양분한다. 곧 모든 일본 국민이 마땅히 실천해야 하는 도덕이며 국가의 종사(宗祀)로서 국가에서 직접 관리하는 신사신도(神社神道)와 민간의 다양한 신앙 형태를 흡수하면서 자발적으로 종교의 길을 선택한 종파신도(宗派神道)를 종교로 인가함으로써 두 종류의 신도를 창출한 것이다.

종파신도는 1876년 신도수성파(神道修成派)와 흑주교(黒住教)의 공인을 시작으로 1882년 신궁교(神宮教), 출운대사교(出雲大社教), 부상교(扶桑教), 실행교(實行教), 신습교(神習教), 대성교(大成教), 어악교(御嶽教), 1886년 신도본국(神道本局), 1894년 계교(禊教), 신리교(神理教), 1900년 금광교(金光教), 1908년 천리교(天理教)가 각각 공인되며, 천리교를 끝으로 신도에 대한 국가적 공인은 더 이상 이뤄지지 않는다. 이 가운데 신궁교는 1889년 스스로 종교임을 부정하고 교단을 해산한 후, 재단법인 신궁봉재회(神宮奉齋會)를 결성하면서 종파신도에서 이탈한다. 따라서 종파신도는 총 13개로 이뤄지며, 이들은 신도13파, 종파신도, 교파신도 등으로 호칭됐는데, 점차 교파신도라는 용어가 교파신도의 공식명칭으로나 학술용어로 정착되었다. 따라서 본고에서도 이들의 명칭을 '교파신도'로 한다.

교파신도는 현재 일본에서 '민족종교'로 분류된다.[10] 이러한 '민족종교'가 일본의 식민지 개척에 부응하여 스스로 세계종교를 지향하는 움직임이 1885년부터 1945년까지 약 60여년에 걸쳐 나타나며, 신도는 유사이래 처음으로 해외포교에 나선다.

교파신도가 일본 밖에서 포교를 전개한 것은 1886년 신도수성파의 조선포교가 그 효시다. 물론 이 시도는 2차례의 포교로 끝나지만, 이후 1890년 흑주교, 1893년 천리교, 1894년 신궁교 등이 조선 포교를 시작한다. 1900년대 통감부 설치를 전후해서는 1902년 금광교, 1906년 신리교의 한국 포교도 시작된다. 교파신도의 세계교화는 대부분 한국을 거점으로 세력의 확장을 도모했던 것이다.

교파신도 13교파 가운데 한국 땅에서 포교를 개시한 것은 총 12개(신궁교 포함) 교파로, 대성교와 계교를 제외한 모든 교파가 한국에서 포교했다. 이 가운데 1915년 '포교규칙(총독부령 제83호)'이 선포되기 전 포교를 시작한 것은 금광교, 대사교, 신리교, 신습교, 천리교 등 5개 교단이다. 다만 『통계연보』의 1910년과 1911년 자료에 보면 궁지옥(宮地獄)과 환산교(丸山教)가 포함되어 있는 것을 볼 수 있는데, 이는 당시 기록자의 '공인교'에 대한 인식 부족에 기인한 것으로 생각된다. 후술하겠지만 향후 연구에서는 궁지옥이 소속된 '실행교'와 환산교가 소속된 '신도본국'도 1910~1911년 조선포교를 개시한 교파로 포함시켜서 분석할 필요가 있다.[11]

---

10 井上順孝, 『神道入門』, 平凡社新書, 2006, p.5.

11 궁지옥과 환산교에 대한 분석은 권동우, 「교파신도와 '근대신화' 연구의 가능성

일제강점기 조선에서 포교를 전개한 교파신도 가운데 전국적으로 모든 지역에 포교 거점을 둔 교단은 천리교, 금광교 등이며, 이 두 교단에 버금가는 형태로 많은 지역에서 포교의 거점을 두고 전국적인 포교를 전개했던 교단으로 신리교와 대사교를 들 수 있다. 교파신도의 연도별 전국 분포 양상은 다음의 <표 1>과 같다.

〈표 1〉 교파신도 연도별 분포 양상

종파명	1910 ~1915	1916 ~1920	1921 ~1925	1926 ~1930	1931 ~1935	1936 ~1940	1941 ~1945	계	
금광교	18	11	7 (-1)	6 (-4)	5 (-2)	(-2)		47	-9
대사교	2 (-1)	1	2	3	3	1		12	-1
부상교				6 (-2)	12 (-3)	11 (-8)	1	30	-13
신도본국			1	3	1		2	7	
신도수성파						1		1	
신리교	10 (-3)	6	7 (-1)	14 (-1)	10 (-1)	3	3 (-1)	53	-7
신습교	1 (-1)		2 (-1)			2		5	-2
실행교				3		3		6	
어악교				1	7 (-1)		1	9	-1
천리교	31	17	35	18	59	38 (-5)	11 (-1)	209	-6
흑주교				5			1	6	
계	62 (-5)	35	54 (-3)	59 (-7)	97 (-7)	59 (-15)	19 (-2)	385	-39

* ( )는 폐지된 포교소 수(이하 동일)

모색」, 『일본연구』 64, 한국외대 일본연구소, 2015, pp.13-15 참조.

『관보』 기록을 통해 교파신도의 조선포교를 시기별로 볼 때, 1910년부터 1915년 사이에 조선총독부의 인가를 받고 공식적으로 포교활동을 전개하고 있었던 것은 금광교, 대사교, 신리교, 신습교, 천리교의 5개 교단이었다.

한편 신도본국은 1924년 12월에 '신도신리교경성분교회(神道神籬教京城分教會)가 첫 포교소 설치인가를 받으며,[12] 『통계연보』에도 1925년부터 신도본국이 등장하고 있다.[13] 흑주교는 1926년 아키야마 이타로(秋山伊太郎)가 첫 포교인가를 받지만 포교소 설치는 1927년 5월 전북 군산에 처음 설치되는 것으로 나타난다.

부상교는 1920년에 다나카 세이치로(田中成一郎)가 첫 포교 인가를 받지만 포교관리자와 포교관리소 인가 시기는 알기 어렵다. 『통계연보』에는 1925년에 부상교의 통계가 처음 등장한다는 점에서 이 시기에 포교관리소가 공식적으로 등록되었을 가능성도 생각해볼 수 있지만, 『관보』에는 기록이 없다. 다만 1929년 6월에 포교관리소가 경성부 황금정에서 부산부 영선정으로 변경된다는 것은 확인할 수 있다. 실행교도 부상교와 동일하게 1920년에 모리오카 료사쿠(森岡良作)가 첫 포교인가를 받지만 1927년 포교인가가 취소되고, 포교인가 및 포교소 설치인가는 1929년 9월 경성부 병목정을 거점으로 다시 이뤄진다.

어악교의 경우 1929년 제7대 관장(管長) 오마에 히로키치(尾前廣吉)

---

12 신리교(神籬教: 가무로기교)는 神理教와 구별되며, 일부 연구에서 마치 독립적인 신도 교단인 것처럼 소개되고 있으나, 이 교회는 신도본국 소속의 교회로 조선에서 포교활동을 전개했던 것임을 확인할 수 있다.

13 1924년에만 신리교(神籬教)로 기록되며, 1926년부터는 '신도'라는 공식 명칭으로 포교인가 외 공식 등록이 이뤄지고 있다.

의 이름으로 포교인가를 받는데, 실제 포교관리사무소 인가 시기는 불분명하다. 1930년 7월에 포교관리사무소 위치를 경성부 본정2정목에서 4정목으로 변경하는 것을 보아 1930년 이전에는 포교관리사무소가 설치되었을 것이다. 『통계연보』에는 1930년 어악교의 통계가 처음으로 등장한다는 점에서 1930년에 처음 포교인가된 것으로 보는 것이 타당할 것이다.[14]

신도수성파는 교파신도 가운데 가장 늦은 1938년 10월 3대 관장 닛타 쿠니타치(新田邦達)가 포교인가를 받는다. 하지만 포교소 설치는 1939년 1월에 함경남도 함주군 흥남읍에 처음이자 마지막으로 이뤄지는 것으로 나타나고 있다.

김태훈의 경우 교파신도의 연도별 포교 양상에 대해 1915년 이전까지 60개, 1915~1920년에 40개, 1921~1925년에 59개, 1926~1930년에 55개, 1931~1935년에 96개, 1936~1940년에 57개, 1941~1945년에 20개로 총 387개의 포교소가 설치됐다고 했다. 그런데 같은 논문에서 1921~1925년에 58개, 1931~1935년에 95개로 각각 하나씩 적게 표기하면서 총 포교소 수를 385개라고 하는 등 연도별 분포 양상과 총 수에 있어 혼선을 보이고 있다.

이에 본 연구에서는 다시 각 교파의 포교소 설치 인가일을 기준으로 정리하면서 중복을 피하는 분류를 했다. 그 결과 1915년 이전까지 62개, 1915~1920년에 35개, 1921~1925년에 54개, 1926~1930년에 59개, 1931~1935년에 97개, 1936~1940년에 57개, 1941~1945년에

14 『조선총독부통계연보』, 조선총독부, 1932, pp.659-660.

19개로 총 385개의 포교소가 설치된 것으로 파악된다. 이 가운데 총 39곳의 포교소가 폐지됨으로써 1945년 일본이 패망할 때까지 346개의 교파신도 포교소가 국내에 남아 있었음을 알 수 있다.

전체 비율을 보면 천리교가 54.2%로 가장 높고, 신리교가 14%, 금광교가 12.2%, 부상교 8%, 대사교 3%, 어악교 2%, 신도본국 1.7%, 실행교와 흑주교가 각각 1.5%, 신습교 1.2%로 나타난다. 연도별 포교의 분포를 보자면, 1915년까지가 전체의 16.3%, 1916~1920년 9%, 1921~1925년 14%, 1926~1930년 15.3%, 1930~1935년 25.1%, 1936~1940년 15.3%, 1940~1945년 5%로 변화하는 비중의 증감을 확인할 수 있다.

각 교파의 연도별 특징을 보자면, 천리교는 1930~1940년의 약 10년 동안 급격한 교세 확장이 일어나는데 비해, 다른 교단의 경우 1925~1935년에 포교소의 급격한 증가를 보이고 있다. 특히 1925~1930년의 경우 천리교는 18개 포교소가 증가하는데, 다른 교파신도는 총 41개의 포교소를 설치한다. 1931~1935년에도 그 여세를 몰아 38개의 포교소를 설치하는 등 이 시기의 교파신도 포교가 가장 왕성했던 것으로 볼 수 있다.

이상과 같이 교파신도의 시기별 분포를 통해 볼 때, 모든 교파신도가 조선포교에 갑자기 집중하기 시작하는 것이 1920년대 중후반부터 1930년대 중반까지라는 점인데, 왜 이 시기에 갑자기 포교가 급증하는 것일까? 이에 대해서도 역시 향후 각 교파별 상황과 시대적 특징을 연계하면서 그 원인을 분석해야 할 것이다. 그렇다면 교파신도의 각 지역별 포교 양상은 어떻게 전개되었을까? <표 2>를 보자.

〈표 2〉 교파신도 지역별 분포 양상

종파명	경기	경남	경북	전남	전북	충남	충북	평남	평북	강원	황해	함남	함북	계
금광교	9 (-3)	8	4 (-2)	3	3 (-1)	3 (-1)	1	3 (-1)	1	1	3	5 (-1)	3	47 (-9)
대사교	3	1	1	1	1	1		2 (-1)				2		12 (-1)
부상교	5 (-3)	17 (-6)	2 (-1)		1	1 (-1)						2 (-2)	2	30 (-13)
신도본국	3	2			1	1								7
신도수성파												1		1
신리교	15 (-4)	25 (-1)	3		1	1	2 (-1)	3 (-1)	1			2		53 (-9)
신습교	2 (-1)	1							2					5 (-1)
실행교	5			1										6
어악교	6		3 (-1)											9 (-1)
천리교	50	46 (-4)	21 (-1)	11	11	5	4	15 (-1)	8	1	11	15	11	209 (-6)
흑주교	3	2			1									6
계	101 (-11)	102 (-11)	34 (-5)	16	19 (-1)	12 (-2)	7 (-1)	23 (-4)	12	2	14	27 (-3)	16	385 (-39)

전국 13도 가운데 교파신도의 포교가 가장 왕성했던 지역은 경기도와 경상남도로 두 지역에 각각 101곳과 102곳의 포교소가 설치되어 전체 포교소 가운데 52.7%의 비중을 차지하는 것으로 나타나고 있다. 경상북도가 34개로 뒤를 잇지만 경기도나 경상남도에 비해 격차가 크며, 함경남도 27곳, 평안남도 23곳 등 포교소가 20곳이 넘

는 지역은 5개 지역에 불과하다.

경기도 지역의 경우 1938년에 포교를 개시하는 신도수성파를 제외한 거의 모든 교파신도가 포교소를 두고 있다. 흥미로운 점은 실행교와 어악교의 경우 경기도에 집중되어 있는 반면 경상남도에 한 곳도 포교소를 두지 않았다는 점이며, 전국적으로 포교소를 둔 금광교와 천리교도 강원도에는 각각 한 군데의 포교소만 설치했다는 점이다.

신도 각 교파의 전국 포교소 분포 가운데 경기도와 경상남도의 포교소 분포가 차지하는 비율, 특히 경성과 부산을 중심으로 거점을 형성하는 비율이 높다는 점에서 교파신도는 각 지역으로 포교를 확대하지 못한 것으로 볼 수 있다. 11개의 교파 가운데 전국에 걸쳐서 포교소를 설치한 교단이 천리교와 금광교에 불과하다는 점도 일제강점기 교파신도의 교세가 각 지역의 특정 거점을 벗어나나지 못할 정도로 열악한 상황이었음을 보여주고 있다고 생각한다.

그렇다면 이렇게 교파신도의 포교가 당시의 지역 인구 분포와 관계성이 있는지를 살펴보기 위해 『통계연보』의 인구 통계를 확인해 보자.[15]

〈표 3〉 1942년 말 기준 전국 인구

지역	조선인		일본인	
	호수	인구	호수	인구
경기도	570,957	3,223,856	46,180	206,627
충청북도	173,033	979,423	2,462	9,417
충청남도	292,347	1,667,840	6,506	28,228

15 『조선총독부통계연보』, 조선총독부, 1944, p.17.

전라북도	315,725	1,721,163	8,134	35,363
전라남도	527,146	2,817,585	10,627	45,250
경상북도	477,674	2,634,743	10,991	45,244
경상남도	464,010	2,470,353	22,949	98,974
황해도	365,336	1,956,156	6,802	26,189
평안남도	338,702	1,841,433	12,429	51,263
평안북도	334,317	1,896,290	8,866	32,252
강원도	333,912	1,866,260	5,806	21,101
함경남도	356,318	2,054,965	17,499	73,990
함경북도	233,492	1,231,334	20,098	78,925
계	4,782,969	26,361,401	179,349	752,823

전국의 인구 분포를 볼 때 경기도가 322만으로 가장 많고 그 다음이 전남, 경북, 경남, 함남, 황해, 평북, 강원, 평남, 전북, 충남, 함북, 충북 순으로 되어 있다. 이러한 인구 분포를 통해 볼 때, 경기, 경남, 경북, 함남, 평남 순으로 이어지는 교파신도의 포교 거점은 언뜻 인구 분포와 비례하는 것처럼 보이지만, 전국에서 두 번째로 인구가 많은 전남의 포교소 수가 뒤에서 두 번째로 인구가 적은 함북의 포교소 수가 동일하다는 점, 인구비율이 높은 황해나 평북의 포교소가 현저히 적다는 점 등, 조선인 인구와 포교소 설치가 반드시 비례한다고는 볼 수 없다. 교파신도의 조선포교가 '조선인'을 주요 대상으로 하는 포교는 아니었다는 것이다.

이에 비해 일본인의 경우 경기에 20만을 비롯하여 경남, 함북, 함남, 평남, 전남, 경북, 전북, 평북, 충남, 황해, 강원, 충북 순으로 분포되어 있다. 전체 일본인의 40.6%가 거주하고 있는 경기와 경남에 교파신도 포교소의 52.9%가 몰려 있는 점, 또 함남, 함북, 평남, 경북, 전북, 전남 등 일본인의 거주 비율과 포교소 설치 비율이 유사하게 형성되는 등, 교파신도 포교소는 일본인을 대상으로 포교거점을 형성해 온 것으로 보인다. 다만 1942년 기준 일본인 거주자 752,823명에 대해 교파신도의 일본인 신도 수는 75,244명으로 일본인 인구 대비 약 10%임을 보면, 금광교와 대사교를 제외한 대부분 교파신도 포교소의 신자 수가 200명 내외거나 그에 미치지 못하는 수준의 영세한 규모에 그쳐 있었다.[16]

4. 각 교파별 조선포교 양상

1) 금광교

〈표 4〉 금광교의 연도별 · 지역별 포교소 설치 현황

년도 \ 지방	경기	경남	경북	전남	전북	충남	충북	평남	평북	강원	황해	함남	함북	계
~1915	6	4	1	2	1	2		1				1		18
1916~1920	1		1		1		1	2	1	1	1	1	1	11
1921~1925	1	2	1 (-1)	1	1							1		7 (-1)
1926~1930	(-3)	1	1			1		(-1)			1	1	1	6 (-4)

16 朝鮮總督府學務局鍊成課 編,『朝鮮における宗教及享祀要覽』, 조선총독부, 1942, p.22.

1931~1935	1	1				(-1)					1	1 (-1)	1	5 (-2)
1936~1940			(-1)		(-1)									(-2)
1941~1945														
계	9 (-3)	8	4 (-2)	3	3 (-1)	3 (-1)	1	3 (-1)	1	1	3	5 (-1)	3	47 (-9)

금광교의 한국 포교는 1902년 가을 시모노세키교회(下關教會) 소속의 포교사 마에다 고조(前田五助)가 부산에 건너와서 1903년 5월에 부산교회를 설립한 것이 그 효시다. 일반적으로 교파신도의 해외포교는 조선포교를 필두로 했던 것에 비해 금광교는 1902년 2월 대만(臺灣)에서 포교를 시작했으며, 한국이 두 번째 해외포교의 거점이었다.[17] 이후 오이타현(大分縣) 출신의 나카무라 타케쇼(中村武章)에 의해 1906년 9월 금광교 교회, 1908년 용산교회가 설립된다. 일본 금광교본부는 1908년 6월에 '한국포교관리규정'을 제정하는 등, 일제강점기 이전부터 한국포교 준비를 했다는 것을 확인할 수 있다.[18]

통감부에서 발행한 『종교에 관한 잡건철』(이하, 『잡건철』)에 보면 먼저 포교관리자 나카무라 다케쇼에 대한 통감부의 인가는 1906년 3월 5일로 되어 있다. 신도 교파 중 금광교가 가장 먼저 포교관리자 신청 인가를 받은 것이다. 그리고 1907~1909년 사이 용산 욱교통(旭橋通)에 용산소교회소(포교사: 中村武章), 인천 신정(新町)에 인천소교회소

17 渡邊順一, 「日本植民地統治下での東アジア布教一台湾・朝鮮・滿州での布教の軌跡とその問題一」『金光教學』 31, 金光教學研究所, 1991, p.1.

18 위의 글, pp.7-12.

(포교사: 戶次元吉), 부산 부평정에 부산교회소(포교사:前田五助)를 설치했음을 확인할 수 있다.

『관보』를 통해 볼 때 금광교의 조선포교에서 최초로 등록된 교회소는 1911년 5월 2일에 경성부 영락정에 설치된 '경성소교회'다. 한편 동년 동월 26일~27일 사이에 포교소 경성소교회와 용산소교회, 인천소교회의 명칭변경이 각각 인가되고 동년 12월 27일 부산교회소의 교회소이전 인가가 이뤄진다는 점에서 인천과 용산, 부산에도 이미 교회가 설치되어 있었다는 것을 확인할 수 있다.

금광교의 조선포교는 1910~1920년의 약 10여년에 동안 가장 많은 포교소를 설치하면서 왕성한 포교활동을 전개하지만 점차 성장세가 둔화해 간다. 이런 추세는 『통계연보』에 기록된 신자 수의 추이를 통해서도 뚜렷하게 드러난다. 곧 금광교는 1926년 신자 수 26,207명을 기록한 후 1927년부터 18,281명으로 급감하며, 이후 좀처럼 교세가 회복되지 않는다. 특히 1936년 이후 포교소가 폐지돼도 새 포교소를 설치하지 않는 등 점차 조선포교에 소극적으로 대응하고 있다.

2) 신리교

신리교는 기존의 연구를 통해 밝혀진 바와 같이 1906년 통감부가 설치된 직후부터 건백서를 초대통감 이토 히로부미에게 보내면서 적극적인 한국포교의 의지를 드러낸다. 『잡건철』에 보면 우선 포교관리자 타니구치 시게이치(谷口茂市)에 대한 통감부의 인가가 1906년 4월 19일에 이뤄져 금광교에 이어 두 번째 포교 인가를 얻은 것으로 기록되고 있다.

〈표 5〉 통감부기 신리교 포교 양상

번호	교회명	소재지	포교사
1	神理教京城分院	京城 本町 9丁目 雙林洞	谷口茂市
2	神道神理教日韓布教所	京畿道 開城 架谷深泉 11統 10戸	谷口茂市
3	神道神理教教會所	京城 米倉町 28番戸	新田フサ
4	大日本神道神理教教會所	京城 北部 弘濟院 上洞 2統 8戸	谷口茂市
5	布教所	京城 青坡內	梶原行信
6	神道神理教教會所	京城 南部 明哲坊 南小洞 樹坪里	谷口茂市
7	神道神理教巡回布教所	京畿道 水原郡 北部面 新豊洞	谷口茂市
8	神理教	釜山 西町 4丁目	山崎熊雄
9	神理教	釜山 西町 2丁目 6番地 2戸	浦田謙民

통감부기 신리교는 경기도(경성, 개성, 수원)와 부산에 총 9곳의 포교소를 두고 총 6명의 포교사가 포교활동을 전개했다. 이 가운데 다섯 곳이 타니구치를 포교사로 등록하고 있다는 점에서 그의 초기 한국포교 비중이 컸음을 알 수 있다. 그러나 그의 포교 방식에 있어 무당들을 회원으로 포섭하여 회비를 받는 포교 형태를 취한 점이나, 이들 무당의 회비를 횡령하는 등 사회적으로 문제를 야기하는 행적을 보이는 등[19] 타니구치의 초창기 한국포교의 양상은 이후 교파신도 및 한국신종교의 포교에 많은 영향을 끼친다. 이에 대해서는 향후 별도로 연구해 볼 가치가 있다.

신리교에 관한 『관보』기록은, 1911년 7월 경성의 홍제원, 명철방, 청파내 등 세 곳의 신리교 포교소 폐지를 인가하는 것부터 기록되어

19 「入會金欲推」, 『황성신문』, 1910.06.26.

있다. 경성분원은 1911년 12월 교회소 이전 인가를 하며, 부산 서정의 두 곳은 부산교회소로 통합하여 1911년 8월 포교소 설치인가를 받는 것이 아닌가 추측된다. 개성과 수원의 포교소는 이후 기록에 남아있지 않은 것으로 보아 그 사이에 소멸한 것으로 보인다.

〈표 6〉 신리교의 연도별 · 지역별 포교소 설치 현황

지방 년도	경기	경남	경북	전남	전북	충남	충북	평남	평북	강원	황해	함남	함북	계
~1915	5 (-3)	4						1						10 (-3)
1916~1920	2	2	1									1		6
1921~1925	1 (-1)	3	2					1 (-1)						7 (-2)
1926~1930	4	7						1	1			1		14
1931~1935	1	7 (-1)			1		1							10 (-1)
1936~1940	1	1				1								3
1941~1945	1	1					1 (-1)							3 (-1)
계	15 (-4)	25 (-1)	3		1	1	2 (-1)	3 (-1)	1			2		53 (-7)

신리교의 지역별 포교 양상을 보면, 포교소가 경기도와 경남에 집중되어 있다는 점을 알 수 있다. 물론 이러한 성향은 다른 신도 교파와 유사한 일반적인 현상이라고 할 수 있지만, 신리교의 경우 경기/경남의 비율이 76%에 달해 최소 30개 이상의 포교소를 가진 교파 가운데 압도적으로 경기와 경남의 포교소 설치 비중이 높다는 것이다.

특히 경성이 12곳, 부산이 17곳이며, 그 외 지역도 통영이 3곳, 평양이 3곳, 밀양 2곳, 동래 2곳, 대구 2곳 등 각 지역으로 분산되기보다는 특정 거점을 중심으로 포교군(群)을 형성하고 있음을 알 수 있다.

다만 1910년대부터 1930년대 초반까지 상당히 적극적인 포교를 전개하던 신리교도 1930년대 중반 이후 정체되는데, 실제로 신도 수 변화에 있어서도 신리교는 1937년 일본인과 조선인 합계 9,937명을 기록한 이후 점차 하락세로 돌아서며 이후 반등하지 못한다.[20]

3) 대사교

〈표 7〉 대사교의 연도별 · 지역별 포교소 설치 현황

지방 / 년도	경기	경남	경북	전남	전북	충남	충북	평남	평북	강원	황해	함남	함북	계
~1915		1						1						2
1916~1920												1		1
1921~1925	1					1		(-1)						2 (-1)
1926~1930			1		1							1		3
1931~1935	1			1				1						3
1936~1940	1													1
1941~1945														
계	3	1	1	1	1	1		2 (-1)				2		12

20 朝鮮總督府學務局錬成課 編, 『朝鮮における宗教及享祀要覧』, 1942, p.24.

『잡건철』에 보면 대사교의 경우 1907년 7월 10일 교파신도 중 세 번째로 포교관리자 히로세 하루나가(廣瀨玄鋹)에 대한 포교 인가가 이뤄지며, 1907~1909년 사이 '출운대사교교회강의소(出雲大社教教會講義所, 포교사: 丸目幸平)'를 경성 유정(柳町)에 설치했다.[21] 한편 1910년 말 조사한『통계연보』에 대사교 포교소 1곳, 포교사 1명으로 일본인 20명의 신도였던 것이 1911년 조사에서는 신도 수가 일본인 450명으로 급증하고 있다는 점을 확인할 수 있다.[22]

대사교도 천리교나 금광교와 동일하게 통감부 시기부터 한국에서 포교를 개시했다. 그런데『관보』의 대사교 관련 기록은 1913년 7월 2일 '대사교초량교회소'의 포교소 이전 인가(부산부 사중면→부산부 본정 5정목)부터이며, 그 이전 내용은 찾아볼 수 없다. 1909년~1913년 사이에 대사교 초량교회소가 설치된 것으로 보이나, 이 기간에 기존의 포교소가 어떻게 변화했는지 확인할 길은 없다.

한편,『관보』에는 '신도출운교경성분원(神道出雲敎京城分院)' 또는 '출운교회부산소교회(出雲教會釜山小教會)' 등도 등장하는데, 대사교의 원래 명칭이 '출운대사교(出雲大社教)'라는 점에서 '신도출운교'나 '출운교회'를 대사교 소속 교회로 혼동하는 경우가 있다.[23] 하지만 이는 이름만 유사할 뿐 실제로는 신도본국(神道本局) 소속 교회라는 것을 인지해 둘 필요가 있다. 이에 대해서는 신도본국 단락에서 구체적으로 확인해 보기로 하겠다.

21 「布教所及布教者一覽表」,『宗教ニ關スル雜件綴』, 1909.
22 『조선총독부통계연보』, 조선총독부, 1913, p.847.
23 문혜진,「일제강점기 경성부 교파신도의 현황과 활동양상」, pp.211-213.

위의 <표 7>을 중심으로 대사교의 포교소 설치에 대해 지역과 연도별 특징을 생각해 보면, 다른 교파와 달리 특정한 연도에 동일한 지역에 2개 이상의 포교소를 설치한 일이 없는 점이라 하겠다. 이는 대사교의 조선 내 포교소 설치가 활발하지 않았다는 점에 근본 원인이 있지만, 더불어 일본에 있는 본부에서 포교소 설치를 통제했을 가능성도 생각해 볼 여지가 있다. 이는 다른 교파들의 국내 포교 거점이 신도들의 인연을 따라 이뤄졌다는 것과 차별화 되는 측면으로 볼 수 있다는 점에서 향후 추가 자료 발굴을 통해 확인해 볼 필요가 있다.

4) 천리교

천리교는 오랫동안 신도의 조선포교 또는 해외포교의 효시로 인정되어 왔지만, 최근의 연구에 의해 천리교보다 앞서 신도수성파(1885)와 흑주교(1890)의 조선포교가 있었다는 것을 확인할 수 있다. 천리교를 조선포교의 최초 교단으로 규정한 것은 1926년 조선총독부에서 발행한 『朝鮮における宗教及享祀一覧』이며, 이후 이 주장이 무비판적으로 수용되면서 학계의 정설이 된 것으로 보인다.

천리교가 조선포교의 '최초'는 아니라 해도 신도 가운데 가장 왕성한 포교활동을 전개했다는 점은 틀림없다. 『잡건철』에 보면 천리교는 1907년 9월 24일 나카무라 키치타로(中村吉太郎)에 대한 포교관리자 인가가 이뤄지며, 이후 경성과 인천, 부산에 포교소를 두고 포교활동을 전개한다.

〈표 8〉 통감부 시기 신도천리교의 조선포교 양상

번호	교회명	소재지	포교사
1	天理敎京城宣敎所	京城 壽町 3丁目 番外 43番地	大熊松次郎
			大塚安馬
			大野原武兵衛
			大久保荒吉
			高島喜代治
			大熊コマ
			田渕音吉
			吉田常吉
2	天理敎韓國宣敎所	京城 吉野町 1丁目 6番號	中山慶太郎
3	天理敎龍山宣敎所	龍山 山下町 2丁目	高橋市左エ門
4	仁川方面布敎		掘井光之
5	仁川方面布敎		桶口喜三九
6	天理敎布敎所	仁川 宮町 2丁目 3-27	大塚安馬
7	天理敎布敎所	仁川 花町 1丁目 16	市川金次郎
8	天理敎釜山宣敎所	釜山 寶水町 1丁目 136番戸	大峰仁三郎
9	天理敎東韓宣敎所	釜山 富平町 1정목 124番戸-5號	南濱喜市

천리교는 1907~1909년 사이에 경성, 인천, 부산 등 총 9군데의 포교거점에 15명의 포교사가 활동하고 있었으며, 대부분 포교사는 경기도를 중심으로 활동하고 있었다. 1910년 『통계연보』에서는 포교소가 14개로 증가하는 것으로 나타난다.

『관보』의 천리교 관련 기록은 1911년 10월부터 1912년 10월까지 약 1년 동안 포교소 11곳의 설치인가로 시작된다. 천리교가 매우 적극인 포교를 위해 포교소 설치를 급속도로 늘려가는 상황을 엿볼 수 있는 부분이다. 이후에도 천리교는 전국에 걸쳐 포교망을 구축함으로써 신도 교파 중 조선포교의 가장 큰 비중을 차지하게 된다. 『관보』로 보는 천리교의 연도별, 지역별 포교양상은 다음과 같다.

〈표 9〉 천리교의 연도별 · 지역별 포교소 설치 현황

년도 \ 지방	경기	경남	경북	전남	전북	충남	충북	평남	평북	강원	황해	함남	함북	계
~1915	8	11	2	1		1	1	3			2	2		31
1916~1920	4	4			3	1		1			2		2	17
1921~1925	8	9	4	1	4		2	1	3		1	1	1	35
1926~1930	4	1	5	1		1		1	2		1	1	1	18
1931~1935	14	10	8	5	2	1		5		1	1	6	6	59
1936~1940	9	9 (-3)	1 (-1)	3	2		2	4 (-1)	2		1	4	1	38 (-5)
1941~1945	3	2 (-1)	1						1		3	1		11 (-1)
계	50	46 (-4)	21 (-1)	11	11	4	5	15 (-1)	8	1	11	15	11	209 (-6)

천리교의 포교는 매년 꾸준히 포교소가 증가한다는 점에 특징이 있다. 특히 1931~1935년에는 포교소가 59개 급증하는 등, 이 시기에 가장 왕성한 포교를 전개하는 것으로 보인다. 지역별로는 경기도 지역과 경상남도 지역을 중심으로 가장 활발한 포교가 전개되는 것을 확인할 수 있다. 다만 천리교의 포교 지역 가운데 충남과 충북, 강원 등지에서 포교가 활발하지 못한 것으로 나타나는데, 유독 강원도

지역은 단 1개의 포교소만 설치되어 다른 지역에 비해 포교가 현저히 저조하다.

그런데 1938년에 강원도 경찰부에서 발행한 『치안상황』을 보면, 『관보』와 조금 다른 내용이 발견된다. 첫째 『관보』에서는 1933년 12월 19일에 춘천선교소가 설치되는 것으로 나오는데, 『치안상황』에는 강원도에 천리교 포교소가 설치된 시기를 1927년으로 기록하고 있다. 실제 현장의 포교소 설치와 관공서에 등록하는 상황이 반드시 일치하지 않는다는 것이다. 둘째 『관보』에는 강원도에 금광교와 천리교 포교소가 각각 1곳씩 설치된 것으로 나오는데, 『치안상황』에는 금광교 2곳, 천리교 3곳의 포교소가 있었던 것으로 기록하고 있다. 셋째 『치안상황』에는 비록 포교소가 설치되지 않았더라도 대사교, 신도본국, 흑주교, 어악교의 신자 수를 파악하면서 이들 6개 교단을 강원도 내에서 포교하는 '신도'로 기록하고 있다.[24]

이렇게 볼 때, 『관보』의 기록이 조선 내 각 종교의 포교 양상을 확인하는 기초자료가 되지만, 실질적으로 현장에서 이뤄졌던 포교의 현황과 차이가 있다는 점을 고려할 필요가 있다. 따라서 각 지역에서 발행하는 자료 등을 참조하면서 보다 실질적으로 현황을 파악해가는 추가적인 분석이 필요하다.

24 「宗教及類似宗教」, 『治安狀況』, 강원도경찰부, 1938.

5) 신습교

〈표 10〉 신습교의 연도별 · 지역별 포교소 설치 현황

지방 / 년도	경기	경남	경북	전남	전북	충남	충북	평남	평북	강원	황해	함남	함북	계
~1915	1 (-1)													1 (-1)
1916~1920														
1921~1925									1					1
1926~1930	1													1
1931~1935														
1936~1940	(-1)	1							1					2 (-1)
1941~1945														
계	2 (-2)	1							2					5 (-2)

『통계연보』에 보면 신습교의 조선포교는 1910년에 시작된 것으로 나타난다. 이에 관해서는 통감부 발행 「포교소에 관한 철(明治40년 1월~明治42년 12월)」에 기록되어 있는데, 신습교는 1910년 4월 25일 경성부 황금정 갑1번호를 소재지로 포교 신청을 하며, 동월 27일 인가된다. 한편 『대한매일신보』나 『황성신문』에 신습교가 1910년 2월에 통감부의 포교 인가를 얻었다는 기사가 나오는데,[25] 이는 1910년 2월 8일 다카하타 이사오(高畑庸)가 포교소 설치 없이 '단독포교자'로 포

25 「日教又出」, 『대한매일신보』, 1910.02.13; 「日神布教 」, 『황성신문』, 1910.02.13.

교인가를 받았기 때문인 것으로 보인다.[26] 동년 6월 1일에는 주소지를 경성 광천정(廣川町) 5번호로 이전한다.

흥미로운 점은 첫째 1911년 신습교 포교인가를 받는 포교사 다카하시 히사시(高橋久司)는 1906년부터 신궁봉재회(神宮奉齋會) 한국지부의 회장을 역임하면서 단군(檀君)과 아마테라스(天照大神)의 합사를 추진하는 신궁봉경회(神宮奉敬會) 회장으로 활동했었다는 것이며,[27] 둘째 1911년에 신습교조선포교소의 포교관리자로 인가받은 타카하타 이사오는 당시 한국의 상무조합부장(商務組合部長)으로서 일진회의 한일합방 찬성에 독단적으로 상무조합을 대표해서 찬성의 의견서를 공표했다가 제명당한 이학재(李學宰)를 끌어들여 포교의 활성화를 모색한다는 점이다. 특히 두 번째 사항에 대한 당시 신문 기사는 다음과 같다.

> 李學宰ᄂᆞᆫ 再昨日 下午 六時에 商務組合 部員 等을 會集 說明하되 日昨 統監府에셔 認可狀이 來到하얏다 하며 該組合部ᄂᆞᆫ 무습敎會라 改稱하고 各 地方 商務頭領 等은 佈敎師로 一般 商民 等은 習敎人으로 改稱ᄒᆞᆫ다 하얏다더라.[28]

> 商務組合部長李學宰ᄂᆞᆫ 天照敎를 擴張ᄒᆞᆯ 計劃으로 日人高田庸을 委送ᄒᆞ야 日本政府에 運動ᄒᆞᆯ 次로 目下旅費를 周旋中이라더라.[29]

---

26 「宗敎單獨布敎者一覽表」, 『종교에 관한 잡건철』(통감부 지방부, 1910).

27 「大同任員」, 『황성신문』, 1908.02.23; 「大同任員」, 『대한매일신보』, 1908.02.27; 「신궁봉경회 임원」, 『대한매일신보』, 1909.07.28.

28 「李學宰謊說」, 『황성신문』, 1910.04.07.

29 「又一運動」, 『대한매일신보』, 1910.04.08.

이리하여 신습교는 포교를 개시한 시점에 일본인 신도가 0명임에도 조선인 신도 수는 2,000명으로 총독부에 보고되는 기괴한 현상이 벌어지기도 한다.[30] 하지만 신습교의 한국 포교는 이후 별다른 세력 확장을 꾀하지 못하다가 1913년 타카하타가 포교하던 천성교회(天誠敎會)의 포교소 인가가 취소되면서 일시적으로 조선 포교의 흐름이 끊어진다. 그 이후 신습교 포교에 관한 『관보』 기록은 1924년 1월 평안북도 신의주에 포교관리자 설치인가를 받는 것으로 나온다. 이어 1926년 인천강사(仁川講社)를 설치하면서 포교를 재개하지만, 1932년 일본인 신도 180명을 끝으로 점점 쇠락하여 1930년대 중반부터는 30~50명, 적을 때는 10명 내외의 규모로 교회를 유지한다.

6) 부상교

〈표 11〉 부상교의 연도별 · 지역별 포교소 설치 현황

지방 / 년도	경기	경남	경북	전남	전북	충남	충북	평남	평북	강원	황해	함남	함북	계
~1915														
1916~1920														
1921~1925														
1926~1930	1	3	1		1									6
1931~1935	3 (-1)	6 (-1)				1						1	1	12 (-2)

30 『조선총독부통계연보』, 조선총독부, 1912, p.661.

1936~1940	1 (-1)	7 (-10)	1									1	1	11 (-11)
1941~1945		1												1
계	5 (-2)	17 (-11)	2		1	1						2	2	30 (-13)

『관보』에 기록된 부상교의 조선포교는 1920년 다나카 세이치로(田中成一郎)의 포교인가를 그 시작으로 볼 수 있는데, 부상교의 초창기 조선포교 양상은 앞서 신습교의 포교사 다카하시 히사시가 신궁봉재회와 함께 추진했던 단군과 아마테라스 합사 추진과 동일한 일을 반복하고 있다는 것을 알 수 있다.

> 조선총독부가 대영단으로써 일본 神道家에 대하여 조선 개교의 인허를 하였으므로, 藤枝 扶桑敎 관장과 今泉 神宮奉齋會 회장 등은 그 인가의 주지를 이루고자 목하 포교 방법에 관하여 준비 협의 중인데, 착문한 바에 의한 즉 경성 동대문 밖 關帝廟를 총독부로부터 빌려주기를 청하여 그곳을 대수선하고 구월 중순으로써 그 開敎式을 거행할 예정으로 일본의 신도 각파로부터 지명의 인사 각 수십명이 참렬하고 제신은 천조황대신, 소잔명존 즉 조선 건국의 주인으로 숭배하여 오는 檀君을 合祀하고 또 조선인 신앙의 *지도 拜祀하고 개교대제를 집행하는 동시에 조선 수천년 역사상 세습적 신앙으로써 세워 있는 인사 즉 충절인사를 찾아서 각 도로부터 대표가 참렬케 할터이다.[31]

31 「東大門外所在, 關帝廟內에, 天照皇大神과 조선국국주 檀君까지 合祀, 동묘를 일본신도가가 총독부로부터 빌려 가지고 수선」, 『매일신보』, 1920.08.01.

신궁봉재회는 1920년대에도 교파신도와 연계해서 단군과 아마테라스(천조대신)를 합사하려는 시도를 하였다. 물론 부상교의 관제묘 임대는 성공하지 못한 것으로 보이며, 마땅히 이들이 추진했던 단군과 아마테라스 합사도 불발에 그쳤지만, 이 기사는 부상교가 어떤 방향과 목적에서 조선포교를 개시하고 있었는지에 대해 잘 보여주고 있다. 하지만 이러한 목적으로 조선포교를 시작한 부상교가 실제로 포교관리자를 선임하고 포교관리소를 설치하는 등 각 지역에 포교소를 설치하는 것은, 『관보』를 통해 볼 때 적어도 1929년 6월 이후인 것으로 나타나고 있다.

<표 11>을 통해 볼 때 부상교의 포교는 주로 그 거점을 부산에 두고 있다는 것을 알 수 있다. 특이한 점은 다른 교파에 비해 유난히 포교소의 폐지 비중이 크다는 것인데, 그 이유는 1937년 일제에 의해 교단이 해체되는 '히토노미치(ひとのみち)' 교단이 부상교 소속으로 활동하고 있었기 때문이다. '히토노미치'는 일본에서 '사교(邪教)'로 지목되어 특별고등경찰의 취체에 의해 교단이 해산되는데, 이는 대본교(大本教)처럼 유사종교로 분류된 교단에 대한 해산이 아니라 부상교라는 교파신도에 소속된 종교단체가 국가의 탄압으로 해산된 최초의 사례라는 점에서 주목된다. 히토노미치 교단이 조선포교를 개시한 것은 1934년 1월부터이며, 경성, 대전, 부산, 원산, 대구, 함흥, 마산 등의 지역에 총7개의 교회를 설립해서 활동하지만 1937년 4월에서 5월 사이에 포교소 폐지와 사용중지 명령이 내려져 일체의 포교행위가 중지된다.

7) 신도본국

신도본국의 원래 교단명칭은 '신도'다. 그 성립의 역사를 간단히 보자면, 먼저 메이지유신 후 일본정부는 대교선포(大教宣布)에 의해 국민교화를 목적으로 하는 신도 선교사(宣教師) 제도를 도입하지만 신도 위주의 국민교화에 실패하고, 새로 교부성(教部省)을 설치하고 교부성 안에 대교원(大教院)을 두었다. 대교원은 원래 신도 세력에 의해 주변부로 밀려난 불교계의 건의에 의해, 또 불교계를 국민교화에 활용하기 위해 설치한 것이지만, 실상은 신도 색깔이 너무 강하게 작용하면서 불교계 내부에서는 불만이 터져 나왔고, 불교계의 '대교원 분리운동'으로 이어졌다.

이에 대교원이 조직으로서 제대로 기능 할 수 없게 되자, 신도가들은 신도계의 사무를 주관할 조직으로 '신도사무국' 설립을 교부성에 신청해서 인가된다. 신도사무국 설립 이듬해 흑주교와 신도수성파가 신도사무국의 인가에 의해 개별 교파로 독립하는데, 메이지 정부는 신도사무국을 독립한 교파와 동일하게 하나의 교파로 취급한다. 이는 뒤에 신궁교 등 5개 교파가 신도사무국에서 독립한 후에도 같은 방식으로 이해된다. 이렇게 어정쩡한 정체성을 가지던 신도사무국은 1886년 교규(教規)를 개정해서 지방의 사무소를 분국(分局)으로 하고 중앙사무국은 본국(本局)으로 하면서 교단 명칭을 신도본국으로 정한다.[32] 그러므로 모든 신도 교파는 신도본국의 전신인 신도사무국에서 출발했으며, 또한 모든 신도 관련 교회들이 신도사무국에 소속되어 있었

32 「神道各派の順位問題」, 『読売新聞』, 1931.03.25.

기 때문에 신도본국은 교단의 성격이 통일되지 않았다. 신도본국은 1941년 교단 명칭을 다시 신도대교(神道大教)로 변경하며, 그와 관련해서 조선에서도 교파명칭과 교규 변경에 대한 인가를 받게 된다.[33]

이처럼 교단 내에 다양한 성격의 교회가 존재하는 신도본국의 특성은 조선포교에서도 여실히 드러난다. 곧 앞서 문제를 제기됐던 것처럼 1906년에 한국에서 포교를 개시하는 환산교(丸山教)의 경우 신도본국 소속의 교회였다는 점에서 이를 신도본국의 조선포교로 볼 필요가 있다. 또한 『관보』에 신도신리교(神道神籬教)[34]나 신도환산교회(神道丸山教會), 신도출운교(神道出雲教)[35] 등이 등장하는데, 이들 또한 신도본국 소속으로서 개별교회의 명칭을 사용해서 포교활동을 전개한 것이다.

〈표 12〉 신도본국의 연도별 · 지역별 포교소 설치 현황

지방 / 년도	경기	경남	경북	전남	전북	충남	충북	평남	평북	강원	황해	함남	함북	계
~1915														
1916~1920														

33 「神道教派名変更並教規変更認可の件」, 『신도사원법인 기독교법인 인가 관계 서류』, 조선총독부 학무국 사회교육과, 1941.

34 神崎一作, 「神道朝鮮布教管理者に関スル件」, 『宗教雜件綴』, 조선총독부 학무국 종교과, 1926.

35 출운교(出雲教)는 출운대사교(出雲大社教)와 동일한 출운대사(出雲大社)에서 출발하였지만, 대사교가 센게 타카토미(千家尊福)를 중심으로 한 센가(千家)의 주재에 의해 시작되고 유지되는 것과 달리 출운교는 기타지마 나가노리(北島脩孝) 중심의 기타지마가(北島家)의 주재에 의해 시작되어 유지되는 교단이다. 1883년 1월 출운북도교회(出雲北島教會)로 시작되었으나 동년 11월 신도출운교회로 명칭 변경했고, 1885년 신도사무국 직할교회가 되었으며, 1913년 교회규약을 신도본국으로 정정했다.(『神典大觀』http://shinden.boo.jp/)

1921~1925	1												1
1926~1930	1	1			1								3
1931~1935	1												1
1936~1940													
1941~1945		1				1							2
계	3	2			1	1							7

그러므로 『관보』에 기록된 신도본국의 조선포교는 1924년 신도본국 직할 신리교(神籬教)의 포교소 설치를 시작으로 하며, 이후 1929년 3월 8일 환산교회, 3월 10일 팔판교회(八坂教會), 1930년 4월 7일 출운교회 등이 신도본국 소속으로 포교활동을 시작하지만, 개별교회의 단독 포교였다는 점에서 그다지 큰 교세를 형성하지는 못한 것으로 보인다.

8) 실행교

〈표 13〉 실행교의 연도별 · 지역별 포교소 설치 현황

지방 / 년도	경기	경남	경북	전남	전북	충남	충북	평남	평북	강원	황해	함남	함북	계
~1915														
1916~1920														
1921~1925														

1926~1930	3													3
1931~1935														
1936~1940	2			1										3
1941~1945														
계	5			1										6

실행교의 조선포교는 『관보』에 기록된 1920년 모리오카 료사쿠(森岡良作)에 대한 포교 인가로 시작된다. 그런데 모리오카는 따로 포교소를 설치하지 않은 채 1925년까지 포교를 전개하며, 『통계연보』에는 신자 수가 처음에 130명에서 1922년부터 30명으로 줄고, 1925년에는 단 한 명의 신자도 없는 것으로 나타난다.[36] 이에 모리오카는 1926년 일본으로 귀국해버리는데, 그가 포교사의 직무를 방기함으로써 1927년 9월 13일 포교인가가 취소되어 실행교의 조선포교는 중지된다.

그러다가 1929년 9월 4일 다나카 토매(田中とめ)의 신도실행교남부강사(神道實行敎南部講社) 설치와 동년 동월 8일 야마자키 사이타(山崎才太)의 신도실행교광희교회(神道實行敎光熙敎會)가 각각 경성에 설치되면서 포교활동을 재개한다. 이후 포교소를 6개까지 늘리는 것으로 나오는데, 대부분의 포교 거점을 경성부에 두고 있는 것을 확인할 수 있다.

36 1929년 발행 『朝鮮における宗教及享祀一覧』에서는 1920년부터 1929년까지 실행교에 신도가 단 한 명도 없으며, 1930년에 비로소 3명의 신도 수를 기록하고 있다. 이 『享祀一覧』의 자료를 근거로 실행교는 1920년 포교개시 후 1929년까지 거의 포교가 이뤄지지 않은 것으로 보는 것이 타당하다고 생각된다.

9) 어악교

어악교의 조선포교는 1929년 어악교 7대 관장 오마에 히로키치(尾前廣吉)가 포교 인가를 얻으면서 시작된다. 경성에 거점을 둔 포교소가 많고, 1935년 이후 약 2,000여명의 신도를 확보한 것으로 파악된다.[37]

〈표 14〉 어악교의 연도별 · 지역별 포교소 설치 현황

년도 \ 지방	경기	경남	경북	전남	전북	충남	충북	평남	평북	강원	황해	함남	함북	계
~1915														
1916~1920														
1921~1925														
1926~1930	1													1
1931~1935	4		3 (-1)											7 (-1)
1936~1940														
1941~1945	1													1
계	6		3 (-1)											9 (-1)

어악교의 조선 포교에 대해서는 알려진 정보가 별로 없는데, 일부 이들의 포교 양상을 보여주는 자료로 조선포교관리사무소에서 신문

37 朝鮮總督府學務局錬成課 編, 『朝鮮における宗教及享祀要覧』, 1942, p.24.

에 광고를 낸 내용을 확인할 수 있다. 1930년 3월 14일부터 5월 23일까지 네 차례 정도의 광고가 확인되는데, '포교사대모집(布敎師大募集)'이라는 제목 아래 "신도 교사(敎師)가 되어 기도(祈禱), 마지나이(禁厭)를 공공연하게 집행하고자 하는 분을 급구함. 당교(當敎)에서는 희망자에게 신비법(神秘法)을 무료로 공개하여 신덕(神德)을 받게 합니다."라고 하고 있으며, 또한 신점(神占)에 대한 안내로 "귀하는 귀하의 운명을 조사해 본 적이 있습니까? 운명을 조사하면 귀하의 일신상에 있을 모든 일을 구체적으로 알 수 있습니다"라고 하면서 신점을 보러 올 것을 권하거나, "난병자(難病者)에게는 기도 시술을 행하며, 기타 신사(神事) 일체에 응함"이라고 광고하고 있다.[38]

이러한 광고가 '조선포교관리소'의 이름과 주소지로 나가고 있다는 점에서 당시 어악교의 포교 양상이 대중을 향해 신점이나 신비법, 치병, 재액(災厄) 방비 등 현세이익과 관련된 것을 전면에 내세우고 있다는 점을 확인할 수 있다. 문혜진이 이미 신리교의 예를 들어 지적한 바와 같이, 교파신도가 치병이나 주술 등에 주목하는 것은 당시 신도 교파들이 굿이나 주술행위를 해야 하는 조선의 무당들을 포섭하는 것으로써 포교의 수단으로 삼았던 상황임을 알 수 있다.[39] 어악교 또한 이러한 주술적 포교를 주된 포교 방법으로 수용한 것으로 보인다.

38 「광고, 御嶽教朝鮮布教管理所」, 『조선신문』, 1930.03.14; 「광고, 御嶽教朝鮮布教管理所神明舘鑑定所」, 『조선신문』, 1930.04.24; 「광고, 布教師大募集」, 『조선신문』, 1930.05.09; 「광고, 御嶽教朝鮮布教管理所神明舘鑑定所」, 『조선신문』1930.05.23.

39 문혜진, 「일제강점기 경성부 교파신도의 현황과 활동양상」, p.203.

10) 흑주교

흑주교는 1890년부터 인천, 경성, 부산 등지에서 포교활동을 전개한 바 있고, 1898년 남산대신궁(경성신사의 전신) 건립에도 깊이 관여하는 등 활동을 하였던 바가 있다. 그러나 이러한 기록은 현재 흑주교 내에서도 조선포교의 역사로 기억되는 바가 없으며, 오히려 흑주교에서 말하는 공식적 조선포교는 1926년으로 기록되고 있다.[40]

〈표 15〉 흑주교의 연도별 · 지역별 포교소 설치 현황

지방 / 년도	경기	경남	경북	전남	전북	충남	충북	평남	평북	강원	황해	함남	함북	계
~1915														
1916~1920														
1921~1925														
1926~1930	3	1			1									5
1931~1935														
1936~1940														
1941~1945		1												1
계	3	2			1									6

흑주교 내 자료를 통해 볼 때, 흑주교는 1922년부터 포교사 아

40 권동우, 「신도의 조선 유입에 관한 재검토: 교파신도의 조선포교를 중심으로」, pp.428-445.

키야마 이타로(秋山伊太郎)를 중심으로 조선에서 활동을 하고 있었으나, 1926년 5월 31일 경찰에서 포교관리자 등록 없는 포교는 조선총독부의 사상통제 상 묵인할 수 없는 일이라는 지적을 받았고,[41] 이에 흑주교에서는 당시 경성에서 포교활동을 하고 있던 아키야마 이타로를 포교관리자로 신청하여 동년 12월 14일 인가를 받게 된다.

『관보』를 통해 볼 때 포교 인가 후, 흑주교는 기존에 포교를 전개하고 있던 군산, 마산 포교소를 정식 포교소로 인가받고 1927년 수원, 1929년 경성에 새로운 포교소를 신설하는 등 포교에 적극적인 것처럼 활동해 간다. 하지만 그러한 활약이 오래 지속되지는 못하고 오랜 공백을 가지다가 1941년 부산 포교소를 설치한 것을 마지막으로 더 이상 포교소를 신설하지 못한다.

한편 흑주교의 조선포교에 있어서 빼 놓을 수 없는 사람이 하라다 쿠니타로(原田國太郎)다. 그는 통영에 거주하던 재력가이며 흑주교 포교사로 흑주교 조선포교에 지대한 영향을 끼친 사람이다. 그는 조선포교에 대해 다음과 같이 말하고 있다.

> 조선이 우리나라(일본)에 합병된지도 어언 18년, 황공하옵게도 위에서는 일시동인(一視同仁)의 정치를 펼치셔서 황운(皇運)이 미치지 않는 곳이 없는데, 조선인은 그 은총을 깨닫지 못하고 자칫하면 좌경적 사상을 꺼내들고 지존(至尊)에 대해 공격의 표적으로 삼곤 한다. 실로 통

41 『日新』 18-8, 黑住教本部, 1926, p.36.

탄할 일이다. (중략) 적극적인 통치를 펼치라고 하는 신의(神意)가 나타난 것이다.[42]

이처럼 흑주교의 조선인 포교는 그 목적이 천황의 일시동인(一視同仁)에 대한 은총을 느낄 수 있도록 하는 것에 초점이 맞춰져 있다는 것을 알 수 있다. 이는 신리교나 어악교에서 무당이나 점술가들을 포섭하는 조선인 포교를 전개한 것과 달리 일제의 식민지 통치에 적극 협력하는 방향에서 조선인에 대한 '동화'를 목적으로 신도 포교의 전개를 구상했다는 것을 알 수 있다.

11) 신도수성파

1885년 최초로 조선포교의 길을 열었던 신도수성파는 부산에서 단 2회의 포교를 끝으로 그 맥이 끊어지게 되는데, 이후 다른 신도 교파가 조선포교를 전개한 뒤를 이어 조선에서 가장 마지막에 포교 인가를 받은 교단으로 남게 됐다.

신도수성파는 1938년 6월 25일 총독부에 조선 최초로 여성 포교사인 츠보카와 하루노(坪川春野)를 포교관리자로 하는 포교신청을 한다. 신도수성파 3대 관장인 닛타 쿠니조(新田邦達)는 그녀가 고등교육을 받았고, 조선에 상당한 재산을 가지고 있으며 주변에 덕망과 신용이 있다는 점, 그리고 일본 내 신도 교파 중에도 여성이 고위직에 있는 경우와 기독교 오순절교에서도 여성 포교관리자가 이미 인가

42 原田國太郎 口述, 原田朝子 筆記,「赤木先生朝鮮布教隨行日誌」,『日新』19-8, p.29.

를 받은 사례 등을 제시하면서 여성 포교관리자 임명의 정당성을 호소한다.[43] 이에 총독부에서는 동년 10월 26일에 포교인가를 하며, 이후 신도수성파는 새로운 포교소 신축 이전을 위해 동년 12월 15일 포교관리사무소 위치변경을 신청하여 12월 13일 인가를 받는다.[44] 이리하여 신도수성파는 1939년 1월 7일 함경남도 함주군 함흥읍 천기리에 신도수성파조선제일교무지국(神道修成派朝鮮第一教務支局)을 설치한다.

그런데 교파신도 가운데 최초로 여성포교사를 포교관리자로 신청했음에도 불구하고 정작 신도수성파는 단 한 곳의 포교소만 설치한 채 더 이상 확장되지 못하며, 실질적인 포교도 전혀 이뤄지지 않은 것으로 보인다. 곧 1938년 이후 1941년 통계자료 어디에도 신도수성파의 신도 수는 계속 0명으로 기록되고 있다.[45] 이는 포교소를 신축하여 개설했으나 실질적인 포교활동을 전개했다기보다는 교단 혹은 개인적으로 다른 목적이나 의도를 가지고 있었던 것이 아닌가 하는 의문이 드는 부분이다. 이에 대해서도 추후 자료 확인을 통해 구체적으로 이들이 어떤 포교를 전개하고자 했는지에 대해 확인해 갈 필요가 있다.

43 「신도수성파포교인가원의 건－함남」, 『종교사원에 관한 잡건철』, 조선총독부 학무국 사회교육과, 1938.

44 「신도수성파 포교관리사무소 이전 허가원의 건」, 『종교사원에 관한 잡건철』, 조선총독부 학무국 사회교육과, 1938.

45 朝鮮總督府學務局錬成課 編, 『朝鮮における宗教及享祀要覧』, 1942, p.24.

5. 나가며

이상 본고에서는 조선총독부『관보』기록을 중심으로 기타 주변 자료를 참조하면서 일제강점기 조선포교를 전개했던 교파신도에 대해 살펴보았다. 11개 교파에 대한 포교의 내용을 한 편의 소논문으로 정리하는 것이 한계가 있음을 인지하면서 가급적 전체 교파신도의 '조선포교' 양상에 대해 고찰하고자 했다.

결론적으로 본고에서 확인할 수 있었던 점은, 첫째 교파신도의 조선포교가 생각보다 조선 내 각 지역으로 깊이 침투해 들어가지 못했다는 점이다. 전국적인 포교망을 가진 것은 금광교와 천리교 두 곳이지만 그나마 경기와 경남, 특히 경성과 부산에 포교 거점이 집중되어 있었다는 점에서 일제강점기 36년 동안 교파신도의 전국적인 포교망 형성은 제대로 이뤄지지 않았다고 말해도 좋을 것이다.

둘째『관보』와 주변 자료를 통해 볼 때, 교파신도 포교의 대부분은 조선에 거주하는 일본인을 대상으로 했다는 기존의 주장을 다시 확인할 수 있었다. 다만, 신리교나 어악교에서 조선의 무당을 회원(포교사)으로 모집하고자 했던 현세이익을 통한 포교방법 모색이나 흑주교처럼 조선인을 동화(同化)하여 일제의 식민지 지배체제에 협력하려는 움직임 등 조선인을 대상으로 한 포교의 방법 모색에 있어서 신도교파 내에서도 서로 다른 방법을 추구했다는 것을 확인할 수 있다. 이에 대해서는 향후 좀 더 구체적인 논증을 통해 교파신도 각 교파들이 지닌 조선포교의 특징을 명확히 할 필요가 있을 것이다.

셋째,『관보』를 중심에 두고『통계연보』,『잡건철』『朝鮮における

宗教及享祀一覽』 등과 기타 관공서의 기록이나 언론기사 등을 종합 검토함으로써 일제강점기 일본계 종교의 포교 양상에 대한 전체적인 윤곽을 그려갈 수 있는 가능성을 확인할 수 있었다는 점이다.

이상의 연구 성과를 기반으로 1920년대 후반부터 1930년대 중반 사이에 교파신도 포교가 급증하는 이유가 과연 일제의 대륙침략 본격화에 부응하는 교파신도의 움직임이었는지 아니면 개별 교파의 포교 성향이 우연히 겹친 것인지 등에 대해 자료를 근거로 좀 더 자세히 고찰해 볼 필요가 있으며, 이와 관련하여 교파신도의 조선포교가 교단 지도부에서 일괄적인 통제를 가한 것인지 아니면 개별 포교사의 역량이나 뜻에 따라 자발적으로 이뤄진 것인지, 이 둘이 혼재하는 것인지 등에 대해서도 각 교파별로 좀 더 면밀하게 고찰해 볼 필요가 있다.

또한 교파신도의 경우 불교나 기독교와 다르게 전업(專業)포교사가 거의 없으며, 포교사가 따로 직업을 가지고 있으면서 포교사의 업무를 겸하는 경우가 대부분이라는 점에서 이러한 교파신도의 특성이 조선포교에 끼친 영향 또는 조선 종교계에 끼친 영향에 대해서도 추후 검토해 갈 필요가 있다.

제2장

일본불교의 조선포교 검증*

나카니시 나오키

1. 들어가며

일본불교의 조선포교는 1877년 진종대곡파의 포교 착수를 그 시초로 하고, 청일전쟁을 계기로 하여 각 종파가 참여하게 되며, 러일전쟁 이후 급속도로 확대하여 1945년 일본이 아시아·태평양전쟁에서 패전할 때까지 약 70년 동안에 걸쳐 실시되었다.

하지만 그 활동에 포교로서의 실제 내용은 빈약하고 일본이 전쟁에 패한 후 현지에서의 활동 자체가 완전히 단절된 채 오늘에 이르고 있다. 그 원인으로서는 무엇보다 일본의 침략정책에 연동해

* 본론에 관한 조사연구는 2022년도~2024년도 과학연구비보조금「기반연구C」(연구과제「메이지시기에 있어서 트랜스내셔널한 일본불교의 제상(諸相)과 그 동향」, 연구대표 다케 미쓰야(嵩満也), 과제번호 22K00088)의 연구조성을 받아서 실시된 것이다.
본고는 일본어로 작성되었으며 권동우(원광대)가 번역하였다.

서 교세확대를 도모하면서 진정한 의미의 신자를 현지에서 획득할 수 없었다는 것인데, 종파주의형(宗派主義型) 포교제도가 채택되어 시행되었다는 것도 큰 요인 가운데 하나였다. 해외포교는 자금(資金) 등의 측면에서 개인적인 포교가 곤란하다는 것을 부정할 수 없는데, 기본적으로 승려 개개인의 포교의욕은 빈약했고, 종파 측도 개인적인 포교활동을 규제하면서 어디까지나 각 종파의 권익에 주안점을 둔 조직 포교를 실시했다는 것도 매우 큰 요인이었다.

이러한 포교의 내부 사정은 근세불교의 구습(舊習)에서 탈피하지 못했던 일본 근대불교의 존재 양태와도 밀접한 관계를 가진다. 근세불교는 막번(幕藩)체제 하에서 각 종파마다 분단된 상태로 통제를 받는 한편, 본말사(本末寺) 제도에 의해 사원의 소속 종파가 고정되고, 또 사단(寺檀)제도(데라우케[寺請]제도 또는 단가[檀家]제도－역자 주)에 의해 종문(宗門) 신도(信徒)들의 소속 사원이 고정되어 있었다. 그에 의해 새로운 신자를 획득해야만 한다는 노력 없이도 안정된 사원 경영・종파 운영이 가능했다. 이러한 종파의 존재 양태는 근대 이후에도 존속했고, 종파나 승려의 관심은 종파의 구(舊) 체제를 유지하는 것과 권력자 측으로부터의 보호에 기대고 있었으며, 해외포교나 도시포교 등의 새로운 포교는 그러한 상황을 유지하기 위해 어필하는 재료로서의 경향이 강했다.

본 발표에서는 일본불교의 조선포교의 동향을 ① 일본의 침략정책에 연동, ② 각 종파의 사정이라고 하는 두 가지 측면에서 개관함과 동시에 대만과 남청(南淸) 지역의 사례도 참조하면서 그 포교의 실태를 검증하고자 한다.

2. 일본불교 종파 조직의 기본구조

우선은 근대에 있어서 일본불교 각 종파 조직의 기본구조라는 특징에 대해 확인해 두고자 한다.

근세에 있어서 불교의 모든 종파는 본산(本山)과 말사(末寺)를 연결하는 '본말제도', 말사와 종문의 신도를 연계하는 '사단제도'라고 하는 두 가지의 제도를 '축'으로 하여 에도막부로부터 각 종파가 분단된 상태에서 통제를 받고 있었다. 본말제도에 의해 말사의 소속 종파가, 또 사단제도에 의해 종문 신도의 소속 사원이 고정화된 결과 종파 사이의 교류나 협력관계가 희박해진 한편 각 종파 사이에는 서로의 말사나 종문 신도를 빼앗을 필요도 없었다.

이러한 종파 조직의 존재 양태는 종파 사이의 결속에 의해 권력에 적대할 가능성을 봉인할 수 있다는 점에서 통제를 가하는 권력자 측에 있어서는 효율적인 방식이었다. 후에 일본의 식민지배를 받는 조선에서 조선총독부가 강제적으로 '30본산(三十本山), 뒤에 31본산' 제도를 창설하고, 서로 관계가 없는 사원까지도 무리하게 하나의 본산에 말사로 편입한 것은 이와 같은 본말제도를 통해 조선불교 전체의 통제를 노렸기 때문이었다.

그런데 사단제도는 근대에 이르러 폐지되었고, 단지 '가문(家)의 종지(宗旨)'라는 관습으로만 남았다. 하지만 근·현대에 있어서 '가문' 제도가 해체됨과 동시에 그러한 관습은 점차 쇠퇴해 간 것에 비해 본말제도는 재편되면서 존속했다. 오늘날 종교법에만 '포괄법인(包括法人)'의 규정이 있는 것도 그 영향이라고 할 수 있다. 종파 당국자에게 있어서도 말사를 고정화하고 그들이 일정하게 상납하는 수입을 기대하는 상황은 안정적인 종파운영에 있어서도 매우 효율적인 것이었다. 이를 위해 근대 이후에도 일본불교의 각 종파가 지닌 폐쇄적 체질은 크게 개선되지 않았고, 종파의 기득권을 중시하는 풍조도 또한 강하게 남았다. 한편 일본 국내에서 오랫동안 신자 획득을 위한 노력을 한 적이 없었던 각 종파로서는 전반적으로 새로운 포교에 대해 소극적인 경향이 강했다. 그러한 가운데 거의 유일한 예외가 바로 해외포교였다.

다만 청일전쟁 이전, 일본불교 종파들이 해외포교에 적극적인 자세를 취한 것은 아니었다. 종파에 곧바로 수익을 가져다주지 않는 해외포교에 대해 말사로부터 거둬들인 상납금을 투입하는 것에 종파 내부의 반발이 컸기 때문이다. 청일전쟁 후, 아시아 각지에서 종파가 주도하는 포교활동에 착수는 하였지만, 이는 기본적으로 일본의 침략정책에 연동하는 것이었으며 현지에서 새로운 신자를 획득하기보다도 종파의 권익을 확대하는 것을 지향하면서 국가사회에 대한 공헌을 어필하는 경향이 강했던 것이다.

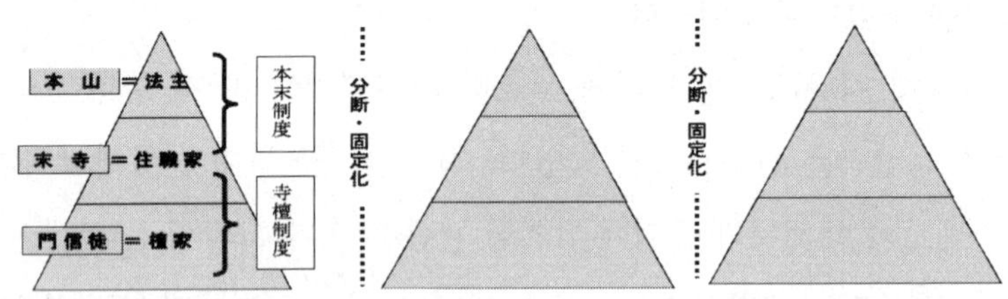

3. 일본불교 아시아 포교의 전개 과정

일괄해서 아시아 포교라고 말하지만 시대나 지역의 사정에 의해 그 양상은 다양하였는데, 대체로 대만·조선·만주·남태평양 군도(群島) 등 일본이 식민지 통치를 했던 지역에서는 일본의 식민지 정책에 연동해서 이하의 다섯 가지 시기를 바탕으로 전개해 왔다고 생각된다.

	특징	주된 포교 대상	주된 활동
① 선행포교	일본의 현지 진출이 본격화하는 것에 앞서 실시 ※포교소가 일본의 현지에 진출하는 출장기관이 되어 정부·현지 영사관·군부와 협조해서 활동 ※기독교 방위(防衛)를 위해 현지 승려와의 제휴를 시도	현지인 현지 승려	현지 종교사정 시찰 현지 승려와 제휴 친일파의 육성
② 종군포교	**일본군에 종군해서 포교함과 동시에 전후의 현지 포교도 염두에 두고 행동** ※현지 종교 세력의 지배를 모색	일본 군인	전사군인의 장례 유품의 정리 유골 등을 유족에 송환
③ 점령지포교	**일본군 점령지역에서 현지인의 민심을 안정시키고, 군정통치(軍政統治)의 안정을 위해 활동** ※일본불교에 귀의하는 이점(利點) 기대하는 현지인 신자가 급증 ※각 종파의 말사 획득 경쟁이 격화, 일본정부 측은 말사화 금지로 방침 전환	현지인 현지 승려	현지 종교시설의 말사화 현지인 대상 교육·자선사업

④ 식민지포교	**식민지 통치하의 현지에서 경제적으로 성공한 재류 일본인을 대상** ※일본기업의 진출에 동반하여 정주(定住)한 재류일본인 대상의 포교로 전환 ※현지에서 저항운동의 격화에 따라 현지인 대상의 사회사업·현지불교의 일본불교화를 지향하는 사업에도 착수	재류 일본인	재류일본인의 장제법요 일본식 사원 건립
⑤ 황민화포교	**전시체제하의 황민화(皇民化) 운동에 연동해서 현지인에 대한 포교사업의 활발화** ※신도 강요·종교탄압을 받은 현지 종교시설을 말사화 ※현지인 대상의 일본어 교육, 재류일본인 대상의 학교 등도 설립	현지인 현지 종교인	일본어교육 현지인 포교자의 양성 현지 종교세력의 말사화

4. 일본불교 각 종파의 아시아 포교 동향

일본불교 각파의 폐쇄적 상황은 그 역사적 연구에도 큰 제약을 주고 있고, 일본근대불교사의 영역에 있어서도 종파의 울타리를 넘어선 연구는 별로 진행되고 있지 않은 실정이다. 아시아 포교에 대해서는 패전 당시에 관계 자료의 대부분이 소각되고 또는 현존하는 자료를 공개하지 않는 종파도 있는 등 일본불교의 아시아 포교에 관한 전체상을 파악하는 것은 용이하지 않다.

그러므로 아래에 각 종파가 간행한 각종 사원명부, 개교에 관한 요람[2] 등을 참고해서 진종대곡파·본원사파·조동종·정토종이 패

2 『大谷派寺院教会名簿』(1946년 11월 1일 현재); 海外布教要覧刊行会 編, 『海外開教要覧(海外寺院開教使名簿)』(浄土真宗本願寺派, 1974); 曹洞宗海外開教伝道

전 때까지 가지고 있던 포교거점의 수를 게재해 보았다.

【조선】

大谷派	**別院 6**(釜山・仁川・京城・元山・木浦・大邱)		
		寺院 9	布教所 51
本願寺派	別院 1(朝鮮)	寺院 31	**布教所 100**
曹洞宗	別院 1(京城)	寺院 33	布教所 70
浄土宗	開教院 1(京城)	寺院 21	教会所 24 他 1

【대만】

大谷派	別院 1(台北)	寺院 4	布教所 20
本願寺派	別院 1(台湾)	寺院 15	**布教所 45** 他 2
曹洞宗	別院 1(台北)	**寺院 27**	布教所 28 他 6
浄土宗	開教院 1(台北)	寺院 8	教会所 15

【만주】

大谷派	別院 4(大連・奉天・安東・하얼빈)		
		寺院 4	**布教所 90**
本願寺派	別院 5(関東・奉天・安東・新京[3(a)]・하얼빈)		
		出張所 58	開拓團 5

史編纂委員会 編,『曹洞宗海外開教伝道史』(曹洞宗宗務庁, 1980),「浄土宗海外開教のあゆみ」(編纂委員会 編,『浄土宗海外開教のあゆみ』, 浄土宗開教振興協会, 1990)을 참조.

3 (a) 역자주 : 만주국의 수도, 중국 길림성 장춘시(長春市)

曹洞宗　　別院 2(間島・新京)　　寺院 37　　布教所 20

浄土宗　　寺院 24　　教会所 5

【중국】(만주를 제외함)

大谷派　　別院 6(天津・上海・青島・北京・濟南[4(b)]・徐州[5(c)])

布教所 37

本願寺派　　別院 5(天津・上海・青島・北京・南京)

出張所 41　他 1

曹洞宗　　別院 2(北京・南京)　　寺院 24　　他 3

浄土宗　　別院 14　　他 5

【북방(北方)[樺太[6(d)]]】(다이쇼기・쇼와기에 철수한 시베리아 지방을 제외함)

大谷派　　別院 1(사할린)　　**寺院 27**　　**布教所 24**

本願寺派　　別院 1(大泊[7(e)])　　寺院 18　　布教所 20

曹洞宗　　**寺院 29**　　**布教所 36**

浄土宗　　開教院 1(豊原[8(f)])　寺院 9　　教会所 20

4 (b) 역자주 : 중국 산둥성(山東省)의 성도(省都)

5 (c) 역자주 : 지금의 중국 산둥성 남부 및 장쑤성(江蘇省), 안후이성(安徽省) 북부 지역을 지칭하던 지명.

6 (d) 역자주 : 가라후토, 러시아 사할린의 일본령 시대 명칭

7 (e) 역자주 : 오도마리, 사할린 남부의 항구도시 '코르사코프(Korsakov)'의 일본령 시대 명칭.

8 (f) 역자주 : 도요하라, 사할린 섬 남부에 있는 도시 유주노사할린스크(Yuzhno-Sakhalinsk)의 일본령 시대 명칭.

【남태평양】(필리핀 · 말레이반도 · 남태평양 群島)

大谷派	布教所 7
本願寺派	別院 2(싱가포르 · 마닐라) **布教所 13**
曹洞宗	寺院 4
浄土宗	寺院 1

대곡파 · 본원사파 · 조동종 · 정토종은 일본의 기성불교 종파 중에서도 사원 수 · 승려 수 · 신자 수가 많은 종파로, 그 조직력을 잘 살려서 적극적인 아시아 포교를 전개했다. 그럼 다음으로 각 지역별 상항을 개관해 보자.

우선 조선에서는 별원 곧 종파 직속의 대규모 포교 거점 수의 경우 대곡파가 가장 많았다. 이는 대곡파가 아시아 포교의 선구적 역할을 담당해 왔다는 점과 밀접한 관계가 있는데, 사원 · 포교소 수를 보면 본원사파나 조동종이 더 많았다. 본원사파가 많은 이유는 조선에 건너간 서일본의 일본인 가운데 본원사파 신도가 많았기 때문이었던 것으로 생각된다. 또한 조동종의 경우는 '선(禪)'이라고 하는 점에서 현지의 불교세력과 친화성이 높았기 때문에, 이 강점을 발휘해서 현지에 많은 포교거점을 구축했다. 이에 비해 대곡파는 재정난 때문에 수차례에 걸쳐 포교 철수를 할 수밖에 없었고, 이로 인해 포교거점을 더 이상 확장할 수 없었다.

다음으로 대만에서는 대곡파의 포교거점이 매우 적었다. 이는 대만을 일본이 영유(領有)하게 된 청일전쟁 직후, 대곡파는 당사(堂舍) 재건 사업이나 종파 내 대립에 의해 대만 진출이 늦어졌던 것이 원인이었다. 이에 비해 본원사파의 경우는 역시 대만에 건너간 서일본 출신의 신도가 많았다고 하는 점도 있어서 상당히 이른 시기에 많은 거점을 구축했다. 조동종도 현지불교와 강한 친화성을 발휘하면서 많은 포교 거점을 사원화하는 데 성공했다.

만주에서는 압도적으로 대곡파가 교세를 확대했다. 대곡파는 일찍부터 홋카이도에 강한 포교기반을 구축했고, 북쪽을 향해 교세를 확대하고 있었다. 남방에서는 본원사파, 북방의 만주와 사할린 등에서는 대곡파의 교세가 강했다. 만주 진출이 본격화한 쇼와(昭和) 초년에 대곡파의 재정·내부 문제가 어느 정도 해결되었다는 점도 교세 확대의 배경이 되었을 것으로 생각된다. 한편 만주를 제외한 중국에서는 본원사파와 대곡파의 교세가 서로 우열을 가릴 수 없을 정도였다.

남태평양 군도는 당초 독일의 식민지였지만 제1차 세계대전 후에 일본이 국제연맹으로부터 통치를 위임받은 서태평양 적도 부근의 미크로네시아 섬들로, 일본이 국제연맹에서 탈퇴한 후에 실질적인 일본의 식민지가 되었다. 일본 내 본원사파의 강한 지반으로 인해 많은 일본인이 이주하였고, 따라서 본원사파의 교세가 강한 지역이었다.

5. 조선포교의 전개

조선에 있어서 일본불교 각 종파의 포교는 어떻게 전개되었을까? 앞에서 언급한 다섯 가지의 단계로 나누어 다른 지역의 상황도 비교 검토하면서 그 포교활동의 실태에 대해 개관해 보기로 하자.

1) 선행포교

중국에는 '첫째로 선교사가 오고, 다음으로 영사(領事)가 오며, 다음으로 장군이 온다'라고 하는 속담이 있다고 하는데, 이는 기독교 선교사의 파견을 구미(歐美) 각국에 의한 군사침략・식민지화의 첨병으로 보는 경향이 있었기 때문이다. 일본 측에서도 이것을 학습하여 이미 메이지(明治) 초기에는 정부 부서 내부에서 승려를 이용하자는 제언이 나오고 있었다.

이하의 자료는 1873년 10월에 정한론(征韓論)의 주장에 의해 정부의 직책을 사임한 에토 신페이(江藤新平, 1834~1874)가 그 전후(前後)에 이와쿠라 도모미(岩倉具視, 1825~1883)에게 제출한 「대외책(對外策)」의 한 구절이다.

> 4 중국은 그 인민의 백분의 이(二)는 유교 및 예수교, 천주교 등의 종문(宗門)을 신앙할지라도 그 외는 불법(佛法)을 신앙한다. 우리 인민(人民)과 종문이 서로 같으므로 지금부터 불법을 널리 알리기 위해 혹은 수행 등의 이유로 승도(僧徒)를 파견해 두면 후일에 민심을 안정하거나 혹은 간첩을 파견하는 등 전략을 펴는 밑거름이 될 것입니다. (중략)
>
> 9 문도(門徒) 그 외 승도 가운데 사람을 선별해서 간첩으로 중국에 파견할 수 있음.[9]

9 江藤新平, 「対外策」, 黒龍会編, 『西南記伝』 上巻, 1908.

여기서 에토는 중국에 대한 군사침략의 간첩(스파이)으로서 승려를 파견할 것을 제언하고 있다. 아마도 에토는 자신과 관계 깊은 대곡파 승려의 파견을 상정(想定)하고 있었을 것이라고 생각한다. 대곡파의 법통(法通)을 이은 오타니 고에이(大谷光瑩, 1852~1923: 후에 개명한 법명은 겐뇨(現如), 대곡파 22대 법주) 등은 1872년 9월부터 이듬해 7월까지 유럽 시찰을 실시했는데, 이를 권유한 것이 에토였으며, 당초는 에토도 동행할 예정이었다. 에토는 종파의 차세대를 담당할 고에이가 세계적 시야를 기름으로써 정부의 군사전략을 지원하는 역할을 담당해 줄 것을 기대하고 있었던 것으로 생각된다. 하지만 에토는 1873년 10월에 하야(下野)하였고, 그 다음해인 1874년 4월 13일에 사가(佐賀)의 난(亂)에 의해 사형에 처해졌다. 에토의 사후, 대곡파 중추세력의 한 사람이었던 이시카와 슌타이(石川舜台, 1842~ 1931)가 접근한 사람이 오쿠보 도시미치(大久保利通, 1830~1878)였다. 이 당시의 일에 대해 이시카와는 다음과 같이 회상하고 있다.

> 우리가 서양행으로부터 돌아온 것은 메이지 6년(1873년-필자 주)이었다. 돌아와서 보니 잠깐 사이에 세상은 완전히 변해 있었다. 상당한 신세를 지고 있었던 산조(三条) 선생이나 에토 선생은 정변(政變)으로 내각(內閣)을 사직한 상태였다. 따라서 오쿠보 선생에게 말씀드린 것은 이제부터는 일본에만 움츠러져 있으면 외교(外敎)가 점점 침입해 들어올 것이므로 이제는 이쪽에서부터 공격해 들어가는 것에 의해 방어하지 않으면 위험하다. 그 시작은 러시아(露西亞)다. 러시아는 제일 신경쓰지 않으면 안 되는 나라라고 이러저러한 나의 생각을 말씀드렸고,

선생도 크게 공감해 주셨다.[10]

당시 대곡파는 막부 말기에 소실된 당사의 재건과 재정문제, 종파 내 대립을 겪고 있었다. 이러한 난국에 직면한 가운데 종단의 종무 정책을 장악한 이시카와는 정치 권력자와 연대를 시도하면서 외국과 기독교의 위협을 강조하여 종파 내 결속을 도모하였고, 해외 진출로 성과를 올리는 방법을 택했다.[11]

이리하여 조일수호조규(朝日修好條規: 강화도조약-역자 주) 체결 다음 해인 1877년에 오쿠보 도시미치 내무경(內務卿)과 데라시마 무네노리(寺島宗則, 1832~1893) 외무경(外務卿)으로부터 요청을 받은 대곡파 법주 오타니 고쇼(大谷光勝, 1817~1894, 법명 곤뇨(嚴如))는 오쿠무라 엔신(奥村円心, 1843~1913)과 히라노 에스이(平野惠粋, 1855~1914)를 부산에 파견했다.[12] 오쿠무라 등의 조선 정부 내의 '친일파' 양성 공작은 일정한 성과를 올렸지만, 1882년 임오군란(壬午軍亂)으로 일본정부의 영향력이 약해짐과 동시에 대곡파의 재정약화가 결정적인 요인이 되어 조선 포교로부터 일시적으로 철수하지 않으면 안 되었다.[13]

이와 같이 포교 개시에 이르게 된 경위에서 보더라도 대곡파의 조선 포교가 현지의 식민지화를 지향하는 첨병으로서의 역할을 강하게 의식하고 있었다는 것은 부정할 수 없을 것이다.

대곡파가 조선 포교에서 철수함과 동시에 마치 그 역할을 교대하

10 鹿野久恒 編, 『傑僧石川舜台言行録』, 仏教文化協会, 1951, p.133.
11 中西直樹, 『明治前期の大谷派教団』, 法藏館, 2018, 제2부 참조.
12 大谷派本願寺朝鮮開教監督部 編, 『朝鮮開教五十年誌』, 1927, p.19.
13 中西直樹, 『植民地朝鮮と日本仏教』, 三人社, 2013, 제2장.

듯이 조선에 진출한 것이 일련종(日蓮宗)이었다. 일련종의 경우 이미 1883년에 부산에서는 재류일본인 신도에 의해 민가(民家)에 설교소를 설치하고 있었는데, 1891년 9월 그 신도의 요청에 응해서 아사히 니치뵤(旭日苗, 1833~1916)와 가토 분쿄(加藤文教) 등이 부산에 상륙하면서 일련종의 조선 포교가 시작되었다. 당시 부산에 재류하던 일본인 수는 5,000명을 넘어서고 있었고(<표 1> 참조), 당초 현지인을 대상으로 하는 포교는 상정하지 않았던 것으로 보인다. 하지만 부산에 머물면서 포교활동에 종사하고 있던 가토 분쿄는 현지 승려와 교류를 반복하는 가운데 점차로 현지 불교세력을 일련종의 영향 아래 두고서 그 부흥을 도모하는 것을 의식하게 되었다.

이리하여 청일전쟁 이후에는 일본불교 각 종파가 '일본불교'의 아시아 모든 국가의 불교세력에 대해 우위성을 가진다고 하는 지도적 입장을 자인(自認)하게 되었고, 조선불교를 자신들 종파의 지배하에 두려고 하는 각 종파의 움직임이 활발하게 진행되었다.

2) 종군포교(위문포교)

청일전쟁 당시 조선은 직접적으로 전장(戰場)이 되지 않았기 때문에 종군포교는 행해지지 않았지만, 일본불교의 각 종파는 서로 꼬리를 물고 위문사(慰問使)를 조선에 파견했다. 종군포교사(從軍布敎使, 또는 從軍布敎師)가 대본영(大本營)의 허가를 얻어서 전투상태에 있는 군대에 동행했던 것에 대해, 위문사는 전장의 주변에 체류하는 일본군대나 일본인을 위문한다는 명목으로 종파가 독자적으로 파견한 것이었다. 하지만 실질적인 위문사 파견의 목적은 전후의 조선 포교를 염두에 둔 준비공작이었고, 따라서 조선의 경우는 이 위문사의 활동이 곧 종군포교에 준하는 것이었다고 생각된다. 지금부터는 각 종파의 청일전쟁 후의 동향을 위문사 활동 중심으로 개관해보고자 한다.[14]

(1) 본원사파

자금력의 면에서 타 종파보다 월등히 뛰어난 동 종파는 일찍부터 조선에 위문사를 파견해서 포교 준비 공작에 착수했다. 하지만 1895년 10월 명성황후 시해사건이 발생하고, 1896년 2월에 조선의 국왕이 러시아 공사관으로 옮겨가서 친러파 정권이 수립되어 반일(反日) 의병운동이 활발하게 전개되자 조선에서 활동이 크게 위축되었고, 대만 포교를 우선하는 쪽으로 방침을 전환했다.

1894년 7월	가토 에쇼(加藤恵証)를 위문사로 하여 조선에 파견.
동년 8월	후지시마 료온(藤島了穩)을 조선에 파견, 한국 조정에 비단(錦), 대원군에 포도주를 증정.
동년 9월	집회로 차년도 조선포교비 예산 25,000엔을 계상.
동년 11월	오즈 데쓰넨(大洲鉄然) 등을 조선에 파견, 설교소 부지의 검토 등을 실시.
	이노우에 가오루(井上馨) 공사의 양해를 얻어 대원각사(大圓覺寺)의 경내(境內) 사적지(현재 탑골공원) 일대를 조선인 명의로 구입.

14 구체적인 내용은 앞의 책, 『植民地朝鮮と日本仏教』 제3장을 참조.

동년 12월	오즈 데쓰넨 귀국해서 법주에게 「조선국개교방법취의서(朝鮮國開敎方法趣意書)」를 제출, 조선인을 대상으로 하는 교육・교화(敎化)사업을 제언.
1895년 9월	청한어학연구소(淸韓語學硏究所)・개교사무국(開敎事務局) 개설. 집회에서 차년도 조선포교비 예산 4,000엔을 계상.
1896년 1월	경성의 포교예정지를 매각, 다카다 세이간(高田栖岸)이 폭한(暴漢)에 습격을 당해 귀국.
동년 9월	집회에서 차년도 조선포교비 예산을 계상하지 않음.
동년 11월	개교구(開敎區)를 육해군(陸海軍) 소재・홋카이도(北海道)・오키나와현(沖縄県)・대만・블라디보스토크(浦潮斯徳)・하와이(布哇)로 정함. 조선은 제외됨.
1898년 9월	나카야마 유젠(中山唯然) 부산에 출장포교소를 설치.
동년 12월	집회에서 차년도 조선포교비 300엔을 계상.

(2) 일련종

사노 젠레이(佐野前励)에 의한 승려의 도성출입금지가 해제된 것을 계기로 세력 확대를 도모했지만, 종단 내 대립・친러 정권 수립 등에 의해 침체되었고, 본원사파와 동일하게 대만 포교를 우선으로 하는 방침으로 전환했다.

1894년 8월	모리모토 분세이(守本文静) 등을 위문승으로서 조선에 파견.

1895년 3월 사노 젠레이, 일련종 관장 대리로서 조선에 건너감. 김홍집(金弘集) 총리대신(總理大臣)에 「한승입성해금(韓僧入城解禁)의 건백서(建白書)」 제출.

동년 4월 조선 정부, 사노 젠레이의 건의를 수용하여 승려 입성의 해금.

동년 6월 사노 젠레이, 조선승려 19명과 함께 귀국. 구온지(久遠寺) 등에서 조선포교 종사자의 양성을 기약함.

1896년 4월 대만 및 조선포교 약칙(略則)을 제정(대만포교를 우선).

1897년 1월 일련종, 일종해외선교회(日宗海外宣敎會, 1891년 아사히 니치묘가 설립)를 정식 인가.

동년 4월 일련종 인천 묘각사(妙覺寺) 별원 주교(主敎) 기타바타케 다이잔(北畠岱山), 조선인 수형자(受刑者)의 교회(敎誨)에 착수.

(3) 대곡파

대한제국 조정(朝廷)·일본정부의 지원을 받아서 세력 확대를 도모했지만, 종단 내 재정난으로 인해 활동이 침체되었다.

1894년 7월 후지오카 료쿠(藤岡了空)를 위문사로서 조선에 파견.

1895년 2월 부산별원, 경성지원을 경성별원으로 고치고, 익월 별원 건설 부지를 구입.

동년 8월 조선인 자제(子弟)를 대상으로 하는 한성학원(漢城學院)을 경성에 개설.

1896년 1월	일본어학교·초량사립학원을 부산에 개설.
1897년 6월	오쿠무라 엔신과 누이 오쿠무라 이오코(奧村五百子)가 조선 포교의 실시를 본산에 상신(上申). 법주의 첨서(添書)를 지참하고 오쿠마 시게노부(大隈重信) 외상(外相)·고노에 아쓰마로(近衛篤麿) 등을 역방(歷訪)해서 지원을 요청함.
동년 7월	오쿠무라 엔신, 최초의 대곡파 조선포교사로 임명되어 조선을 향해 출발.
동년 8월	오쿠무라 엔신, 목포에서 포교 착수, 현지인의 반대에 의해 퇴거(退去). 익월(翌月) 광주로 옮김.
동년 10월	오쿠무라 이오코, 오빠 오쿠무라 엔신의 광주 일본촌(日本村) 건설에 협력하기 위해 도한(渡韓).
동년 11월	오쿠무라 이오코, 자금 조달을 위해 일시 귀국. 오쿠마 시게노부 외상, 외무성 기밀비(機密費) 지출을 결정.
1898년 4월	오쿠무라 이오코, 의사·교사(敎師)·대목수(大工)·종이우산 제작자(傘張)·소면(素麵)제조·농업·양잠업 등의 기술자 등을 데리고 광주에 도착. 조선인을 대상으로 한 한국실업학교(韓國實業學校)의 건설 착수.
동년 8월	경성별원 승려(輪番), 궁내대신(宮內大臣)에 이태왕(李太王)·황태자의 영패(靈牌)의 봉안을 신청함. 조선왕실로부터 별원 건설비 3,000엔이 교부됨. 부산별원 목포지원(木浦支院)을 설치.
1899년 2월	오쿠무라 엔신, 광주를 떠나 귀국. 경성별원 인천지원

	을 인천별원으로 개칭함. 11월 별원 신축 낙성.
동년 4월	오쿠무라 엔신, 쿠릴열도(千島) 포교에 착수. 7월 오쿠무라 이오코, 조선으로부터 귀국함.

(4) 정토종

다소 대응이 늦었지만 1897년 이후 적극적으로 현지인을 대상으로 하는 포교를 확대했다. 대한제국 조정 측에서도 그 동향에 경계를 보이기 시작했다.

1894년 10월	정사(正使) 오기와라 운타이(荻原雲台)·부사(副使) 이와이 지카이(岩井智海)를 위문사로 해서 조선에 파견.
동년 11월	임시공회(臨時公會), 「조선포교방책(朝鮮布敎方策)」을 찬성 다수로 가결.
1897년 6월	미스미다 모치몬(三隅田持門), 부산 신도의 집에 거류하면서 포교 개시.
동년 7월	시라이시 교카이(白石曉海)·이와이 지카이를 대만·조선 시찰 위해 파견.
동년 9월	미스미다 모치몬, 부산교회소를 설치하고 본산으로부터 허가를 받음.
동년 11월	통도사 승려 3명이 정토종 유학승으로서 도일(渡日), 정토종전문학원(淨土宗專門學院)에 입학.
1898년 5월	개교 구역을 제1 오키나와·제2 대만·제3 대한제국·제4 하와이로 정함. 조선포교비 예산 2,000엔을 계상.

동년 10월	인천교회소를 설치. 12월 경성교회소를 설치.
1899년 9월	시라이시 교카이, 제3(대한제국)・제4(하와이) 개교구(開教區) 감독으로 취임.
동년 11월	정토종 장관 대리 호리오 간무(堀尾貫務), 대한제국 황제에 조선포교의 의사를 주문(奏聞)함.
1900년 5월	히로야스 신즈이(廣安真随), 초대 대한제국 개교사장(開教使長)으로서 경성에 취임. 경성교회소를 개교원으로 개칭함.
동년 12월	히로야스 신즈이, 조선인 대상 포교를 개시함.
1901년 1월	경성개교원에 대한제국 황제・명성황후・황태자의 영패를 안치함.
동년 2월	조선인 신도로 조직하는 정토종 경성교회를 설립. 당초 입회자 약 100명, 11월 500명 초과, 1902년 7월경 1,000명 가까이 증가.
동년 6월	조선인 자제를 대상으로 하는 일본어학교・개성학당(開城學堂)을 설치. 수원에도 화성학당(華城學堂)을 설치함.
동년 11월	대한제국 궁내부 경위원(警衛院) 총관(總管), 일본 정토종에 대항해서 조선정토종의 부흥을 대한제국 조정에 진언(進言)함.
1901년 –	대한제국 조정, 동대문 외곽에 원흥사(元興寺) 창건, 조선불교의 총종무소(總宗務所)로서 13도 사찰의 총괄 관제(官制)를 제정함.

(5) 조동종

대만에서의 포교에 중점을 두어, 조선에서는 대응이 늦었다.

1899년 –	기노시타 긴류(木下吟龍)를 맹주(盟主)로 조동종 사립(私立) 해외포교회 설립. 「조선포교에 착수하고자 하는 취의서(趣意書)」 발표.
1901년경	무라마쓰 료칸(村松良寛), 부산에 건너가 포교소 설립을 계획하지만, 시데하라 기주로(幣原喜重郎) 영사가 반대・허가하지 않음.
1904년 4월	종무국, 무라마쓰 료칸을 조선 주재 개교사로 임명.
동년 9월	무라마쓰 료칸, 현지에서 병사(病死). 나가타 간젠(長田観禅)을 후임으로 파견.
1905년 12월	나가타 간젠, 부산에 소센지(總泉寺)를 창설.

이상과 같이 각 종파의 활동은 청일전쟁 후에 조선에서 친러파 정권의 수립, 반일 의병운동의 활발화 등으로 각 종파의 조선포교는 일시적으로 정체되었으나, 1897년경부터 다시 각 종파의 조선포교는 활발하게 전개되기 시작했다.

3) 점령지 포교

러일전쟁 직후인 1906년, 일본정부는 영국과 미국에 조선을 일본의 보호국으로 만드는 승인을 받아서 한국의 외교권을 빼앗고, 통감부를 설치했으며, 다음해인 1907년에는 헤이그밀사 사건을 계기로 내정권(內政權)도 장악했다. 1910년에는 한국병합조약을 강요해서 한성(漢城)을 경성(京城)으로 개칭하고, 통치기관으로서 조선총독부를 설치했으며, 육군대신(陸相) 데라우치 마사타케(寺內正毅)를 초대 총독으로 임명했다.

러일전쟁으로부터 이 시기까지가 조선에 있어서 점령지 포교의 시기라고 생각된다. 일본정부가 조선의 식민지화를 진행하는 가운데 일본불교 각 종파도 조선불교의 지배를 목표로 하는 침략적 자세를 선명하게 드러냈고,[15] 일본불교에 귀의하는 조선인의 수도 급증했다.(<표 2> 참조) 하지만 그러한 것들은 일본 측으로부터의 보호나 정치적・경제적 이익을 기대하는 표면적인 것이었으며, 진정으로 일본불교에 귀의하는 것은 아니었다.

이 점은 이미 청일전쟁 후의 대만에서도 같은 양상이었다.[16] 또한 일본불교 측에서도 이 점을 충분히 잘 알고 있는 가운데 현지의 식민지화에 이바지하기 위해, 그리고 종파의 권익을 확보하는 것을 목적으로 활동을 했다. 이러한 내용은 1898년 대곡파남청시찰보고서(大谷派南清視察報告書)를 통해서도 확인할 수 있다.[17]

4) 식민지 포교

조선총독부는 1911년 6월에 사찰령(寺刹令), 다음해에는 사찰령시행규칙(寺刹令施行規則)을 공포하고, 동년 9월부터 시행했다. 이 법령이

15 위와 같음.

16 中西直樹, 『植民地台湾と日本仏教』, 제3장 참조.

17 「海外教報」, 真宗大谷派, 『宗報』 4호, 1899.01.15.

제정된 배경에 대해 조선총독부 학무국장이었던 다케베 긴이치(武部欽一)는 다음과 같이 말하고 있다.

> 승려들은 내부의 결속을 단단히 하고, 법률상의 보장을 이용해서 쇠퇴하는 형세를 만회하려는 의지가 빈약하고, 신도나 다른 사람에게 의뢰하려고 하는 데 급급해서 그 결과 일본(內地) 종파와 연합의 동맹을 맺거나 혹은 일본 종파에 종속적인 관계로 귀의하려고 하는 운동이 일어났다. 곧 광무(光武) 10년(1906)에는 폐허가 된 봉원사(奉元寺) 승려 이보담(李寶潭), 화계사(華溪寺) 승려 홍월초(洪月初) 등이 일본 정토종의 후원 아래 불교연구회라는 것을 조직해서 공연히 정토종을 사칭하였고, 융희(隆熙) 2년(1908)에는 묘향산(妙香山) 보현사(普賢寺)의 승려가 본말사를 거느리고 임제종(臨濟宗) 묘심사파(妙心寺派)에 귀속했고, 융희 4년(1910)에는 각 도(道)에서 반복적으로 각 사찰에 의해 설립된 원종(圓宗)이 그 대표자인 이회광(李晦光)을 일본에 보내서 조동종과 연합협약을 체결하고, 그 외에도 혹은 정토진종에 귀의하고 혹은 일련종에 가까워지려고 하는 자들이 속출했다. 그리고 이러한 운동이 진행되고 있는 반면에 사유재산(寺有財産)은 점점 더 산일(散逸)되는 정도가 증가해 갈 뿐이었다. (중략) 그러한 까닭에 이러한 상태를 방치한 채로 수년을 경과한다면 조선불교는 마침내 사분오열의 비운에 빠지고, 천여 년 혹은 수백 년 동안 수호해 왔던 사유재산은 대부분 멸실되리라는 것은 의심할 여지도 없는 사실이다. 사찰령은 이러한 위기일발의 즈음에 발포되었고, 동법에 근거하여 총독의 허가를 받아서 성립하는 사법(寺法)과 어우러져서 당시 조선불교의 봉착해 있던 눈앞의 위급함을 구제하는

동시에 그 영원한 귀추를 보여준 것이다.[18]

다케베는 당시 일본불교 각 종파가 조선불교를 지배하에 두기 위해 개입해 왔다고 말하고 있으며, 조선불교계가 혼란에 빠지고 사유재산(寺有財産)도 유실되고 있었다는 점을 지적하고 있다. 이러한 상황 속에서 사찰령의 취지가 ① 종파를 통일하고 분립의 폐해를 근절하는 것, ② 사찰 재산의 안전을 도모하는 것, ③ 사찰에 본말의 관계를 적용하여 통할(統轄)을 도모하는 것, ④ 사법을 정해서 법망(法網)의 진숙(振肅)과 사무의 쇄신을 도모하는 것 등의 4가지 점에 있다고 했다.

이미 1898년 5월 18일, 대만총독부도 식민지 통치에 영향을 끼치는 부정적 측면을 고려해서 「본 섬 재래의 묘우(廟宇) 등을 내지(內地) 사원의 말사로 삼는 것을 금지하는 건(件)」을 통달(通達)했다. 그럼에도 불구하고 일본불교는 그러한 경험을 살리는 것이 아니라 조선에서도 현지 불교세력을 지배하에 두고서 자기 종파의 권익을 확대하려고 하는 어리석은 행동을 반복하고 있었던 것이다.

그런데 현지 불교세력의 말사화가 금지되면 일본불교 각 종파의 포교는 현지에서 경제적으로 성공을 거둔 재류 일본인을 주된 대상으로 하는 방향으로 이행해 가는데, 그 후 총독부의 식민지 정책이 전개되는 가운데 모든 종파의 대응은 다음과 같이 다소 다르게 나타났다.

---

18 武部欽一, 「寺刹令の発布と其の運用に就て」, 朝鮮総督府 編, 『朝鮮』 192호, 1931년 5월. 후에 『朝鮮総攬』[朝鮮総督府, 1933]에도 수록됨.

① 국책연동형(國策連動型) － 진종대곡파

: 총독부의 식민지 정책에 연동해서 간헐적으로 현지인 포교를 전개함.

② 일본인추교형(日本人追敎型) － 진종본원사파

: 일관되게 현지에서 경제적으로 성공한 일본인만을 대상으로 포교를 전개함.

③ 중간형(中間型) － 정토종・조동종

: 사찰령 이전에 조선불교의 지배를 목표로 했으나 실패하였고, 이에 현지인 포교에 다소 신중함.

이러한 가운데 대곡파는 본원사파가 수많은 재류 일본인 신자를 획득해 가는 속에서 간헐적이기는 했지만 가장 적극적으로 현지인을 대상으로 한 포교를 시도했다.(<표 3> 참조) 다음으로 대곡파의 대응을 중심으로 그 후의 조선포교의 전개에 대해 살펴보자.

제1차 세계대전을 전후로 식민지화된 지역에서는 '민족자결(民族自決)'의 기운이 매우 고양되었다. 그러한 가운데 대만총독부와 조선총독부는 현지의 민심을 안정시키는 선무공작(宣撫工作)에 일본불교를 이용하는 방침을 세웠다. 대만에서는 1915년에 무장봉기를 일으킨 항일세력에 의해 일본인 95명이 살해되는 '타파니사건(西来庵事件)'이 일어났다. 그해 11월 대만총독부 민정장관에 취임한 시모무라 히로시(下村宏)는 「대만통치에 관한 소견」이라고 하는 문장을 작성했는데, 여기서는 다음과 같이 기록하고 있다.

제3 종교

비적(匪賊) 무리가 그 폭동에 있어서 미신을 이용하는 것은 매우 상투적인 것에 속한다. 이들에 대해서는 한편으로는 교육과 어우러지는 종교의 힘을 요하는 것이 심히 크다. 태서(泰西: 유럽)의 선진국이 해외에 대한 세력을 부식(扶植)함에 있어서 종교에 큰 비중을 둔다는 것은 이미 잘 알려진 바와 같다. 현재 타이페이(台北)에서도 구미의 기독교도는 적극적으로 자산을 투입하고 토착언어를 습득하며, 학교를 지어주고 병원을 세워서 그 포교에 매우 열성적이다. 자진해서 본토인과 결혼한 사람도 있고 일생을 다 바쳐서 교화에 노력하는 데 45년의 세월을 지내온 사람도 있다. (중략) 그런데 우리 불교 포교자는 대부분 토착언어를 배우는 자가 없고, 다만 일본인의 불교신자를 대상으로 해서 생계를 유지하는 것이 대부분이며, 또한 적극적으로 본토인의 교화에 힘을 다하는 사람도 없다. 감옥의 교회사(教誨使)로서 통역을 쓰면서 법어를 행하고 있는 것은 오히려 우스꽝스러운 일이라고 말할 수 있다. (중략) 장래의 정책으로서 종교적으로 특히 힘을 다할 필요가 있다.[19]

시모무라는 일본불교가 대만통치의 안정에 기여하는 활동을 해줄 것을 기대하고 있었던 것이며, 1919년 3·1 독립운동에 대한 대응에 있어서 비판을 받고 조선총독에서 경질된 하세가와 요시미치(長谷川好道)도 사무인계서(事務引繼書)에서 다음과 같이 기록하고 있다.

19 下村宏, 「台湾統治ニ関スル所見」, 1915(大正4)년 11월 23일.

조선불교는 이조(李朝)의 제압을 받아 전혀 사회와 교섭하지 못하는 상태에 있었다. 새로운 정부가 들어선 이후로 제도를 정해서 이들을 옹호하고 그들의 융성을 도모했지만 이미 인습(因習)이 오래되었고, 또한 아직 사회의 신망을 얻기 어려운데다가 이들에 대한 교화가 효과를 얻는 것도 그 앞길이 요원(遙遠)했다. 이러한 때에 일본불교단체의 조선교화에 진력(盡力)하는 모습이 없었다면 매우 유감스러웠을 것이다.[20]

하세가와를 대신해서 조선총독에 취임한 사이토 마코토(斎藤実)는 '문화정치'라는 이름 아래 천도교나 불교 등 조선재래의 모든 종교를 이용해서 조선민족주의운동을 분열·해체하고 "일본의 기반(羈絆)을 벗어나서 독립을 회복(恢復)하려고 부지런히 애쓰는"[21] 경향을 저지하려는 방향에서 종교정책을 전개하게 되었다. 사이토는 3·1 독립운동 후에 조선불교가 신자 수를 증가시키면서(<표 2> 참조) 민족주의운동의 일익(一翼)을 담당하는 것을 매우 염려하고 있었는데, 이를 억지하기 위해 일본불교를 이용할 방안을 기도(企圖)했다.

그러한 가운데 조선총독부의 지원을 받은 일본불교 각 종파가 현지인을 대상으로 하는 사회사업이 실시되었다. 그 대표적인 시설이 정토종 화광학원(和光學園, 1920년 설립)과 대곡파의 향상회관(向上會館, 1922년 설립)이었다.[22] 이러한 사업이 시작되면서 두 종파의 현지인 신

20 「長谷川総督の事務引継意見書(1919년 6월)」, 『現代資料(25)』 朝鮮(一)三·一運動(一), みすず書房, 1966, p.500.

21 「朝鮮民族運動ニ対スル対策案」(国立国会図書館憲政資料室所蔵「斎藤實関係文書」所収). 본 자료는 中西直樹 編, 『仏教植民地布教史資料集成』(朝鮮編)第4巻, 三人社, 2013에 수록되어 있음.

자는 다소 증가한다.(<표 3>) 하지만 그 수는 한정적이었고, 수 년 사이에 감소 추세로 전환된다.

이 외에도 조선불교의 일본불교화도 추진되었는데, 여기에서는 불교 각 종파가 조선불교에 개입하면서 혼란을 초래했던 경험으로부터 1922년에 새롭게 조선불교대회(朝鮮佛教大會, 1925년에 조선불교단(朝鮮佛教團)으로 개칭함)라고 하는 통불교적(通佛教的) 개별 단체가 조직되었다. 조선불교단은 일본 각 종파가 설립한 대학에 유학 지원을 하거나 조선 각지에서 강연활동 등을 행하였고, 1929년 10월 11일부터 3일 동안 '내선융화(內鮮融和)'를 목적으로 조선불교대회를 열기도 했다. 이 대회에서는 일본불교 각 종파의 관장들과 주요 직책에 있는 80명이 초청되어 참가했는데, 조선 측의 불교 주지는 불과 21명 참가에 그쳤다. 일본과 조선의 불교 교류는 여전히 요원한 것이었으며, 일본불교 각 종파의 현지인 신자 수도 열악한 상태가 계속되었다.[23](<표 2, 3> 참조)

5) 황민화 포교

1931년 9월에 만주사변이 발발하자 조선총독부는 조선을 대륙에서의 군사행동을 위한 중요거점으로 보는 입장으로부터 각종 산업의 진흥을 도모함과 동시에 조선민중을 전쟁수행에 동원하기 위한 교화활동을 추진했다. 그리하여 1932년 11월부터 국민정신작흥운동(國民精神作興運動)이 추진되었고, 1936년 1월부터는 심전개발운동

22 諸点淑,『植民地近代という経験―植民地朝鮮と日本近代仏教―』, 法藏館, 2018.
23 앞의 책,『植民地台湾と日本仏教』, 제4장 참조.

(心田開發運動)이 실제 행동으로 옮겨가게 되었다.

더욱이 중일전쟁(中日戰爭)이 장기화함에 따라 1938년 8월에 국민정신총동원조선연맹(國民精神總動員朝鮮聯盟)이 결성되었고, 이 조직은 1940년 10월에는 국민총력조선연맹(國民總力朝鮮聯盟)으로 개조되어 총력전을 위한 체제가 정비되어 갔다. 이제부터는 모든 종교에 대한 총독부의 개입이 강화되어 이미 조선불교의 자주적 진흥책 등 과거처럼 배려한다는 의식은 점차 엷어졌으며, 황민화정책이 성급하고도 획일적으로 강요되어 갔다. 특히 조선총독부가 총독부 통치를 위협하고 민족주의 운동의 온상이 되는 것으로서 경계하고 있던 것이 '유사종교(類似宗教)'였다.(<표 4> 참조)

이러한 가운데 일찍부터 조선 측의 반발을 의식해서 일본불교 측에 종교적 침략행위의 자숙을 요구했던 상황은 변화했고, 천황제 이데올로기의 분담자를 자인하는 일본불교 각 종파의 포교활동은 매우 활발하게 전개되었다. 그 중에서도 진종대곡파는 적극적인 조선인 포교를 추진함과 동시에 1937년에는 미타교(원래는 수운교(水雲敎)였음)를 집단 귀속시키기도 했다. 미타교 측에서도 총독부의 황민화 정책이라는 강제와 압제 속에서 대곡파 산하에 들어가는 것으로 보호를 구하고자 했던 것으로 생각된다. 이리하여 대곡파의 현지인 신자 수는 급증하는데, 그것은 점령지 포교 당시와 동일하게 진정한 의미에서의 신자라고는 할 수 없는 것이었다.[24](<표 3> 참조)

이상과 같이 일본불교는 70년에 이르는 조선포교를 전개하는 가

24 앞의 책, 『植民地台湾と日本仏教』 제5장 참조.

운데 포교활동의 내실 문제를 따진 적이 없고, 정부의 식민지 정책에 연동하고 협력하는 것으로써 표면적으로 종파의 권익을 확대를 도모하고자 하는 자세를 끝까지 개선할 수 없었던 것이다.

〈표 1〉 조선 재류 일본인 수의 추이

연도	조선계	경성	부산	인천	원산	목포	진남포	평양	군산	성진	마산
1881년	3,417										
1882년	3,622										
1883년	4,003										
1884년	4,356										
1885년	4,521										
1889년	5,589	597	3,033	1,361	598						
1890년	7,245	609	4,344	1,612	680						
1891년	9,021	780	5,255	2,331	655						
1892년	9,137	741	5,152	2,540	704						
1893년	8,871	823	4,750	2,504	794						
1894년	9,354	848	4,396	3,201	909						
1895년	**12,303**	1,840	4,953	4,148	1,362						
1896년	12,571	1,935	5,433	3,904	1,299						
1897년	13,615	1,867	6,067	3,949	1,423	206	27	76			
1898년	15,304	1,976	6,249	4,301	1,560	980	154	84			
1899년	15,068	1,9852	5,8065	4,118	1,600	872	311	127	249		
1900년	15,829	,115	,758	4,208	1,578	894	339	159	488	38	252

* 『일본제국통계연보(日本帝國統計年報)』에 의해 작성.
각 연도 12월 말의 수치를 표시함

〈표 2〉 조선에서 불교·신도·기독교의 신자 수 추이(1907년~1941년)

	일본불교 신도 수		조선불교 신도 수	신도(神道) 신도 수		그리스도교 신도 수
	일본인	조선인	조선인	일본인	조선인	조선인
1907년	27,955	8,008		1,876	440	50
1908년	29,939	13,208		2,327	306	
1909년	34,365	16,520		3,825	1,171	
1910년	34,257	**27,392**		7,823	3,086	404
1911년	34,693	**32,365**		11,018	9,427	548
1912년	58,342	**24,645**		7,989	5,312	271,478
1913년	64,701	9,997		7,799	4,765	171,980
1914년	69,010	7,832		9,403	4,051	188,674
1915년	86,020	7,854		25,365	10,585	264,284
1916년	104,104	6,470	73,671	27,801	8,553	279,586
1917년	111,263	12,071	84,777	30,837	8,412	270,698
1918년	116,652	7,790	89,417	38,717	8,482	315,377
1919년	126,689	17,996	**150,868**	41,765	5,953	292,141
1920년	137,063	11,054	149,714	49,807	6,819	319,357
1921년	138,953	11,863	163,631	52,820	7,189	350,537
1922년	146,925	**17,897**	162,892	53,234	6,294	366,270
1923년	157,044	**18,801**	169,827	62,762	6,534	357,881
1924년	169,252	12,380	203,386	65,932	9,239	342,716
1925년	190,480	15,747	197,951	74,527	9,142	356,283
1926년	186,187	8,685	170,213	75,810	9,299	293,470
1927년	170,553	9,199	189,670	67,182	11,277	259,074
1928년	250,297	7,433	166,301	67,199	12,580	280,774
1929년	255,885	7,560	169,012	68,519	7,922	306,862
1930년	256,332	7,156	139,406	67,451	11,258	308,080
1931년	268,113	6,836	141,836	67,770	13,046	338,463

1932년	214,539	7,601	118,497	68,663	15,470	366,863
1933년	233,474	8,276	128,035	72,403	15,817	414,642
1934년	258,378	9,594	146,727	82,629	18,648	433,769
1935년	270,284	14,704	167,730	91,471	21,754	459,429
1936년	271,675	13,949	175,392	90,385	19,980	482,497
1937년	288,472	15,429	193,967	75,257	16,450	492,103
1938년	294,426	15,304	194,633	74,933	21,043	493,809
1939년	296,620	**37,517**	198,047	78,326	20,481	502,288
1940년	300,243	**42,559**	194,820	76,263	20,429	501,095
1941년	311,652	27,829	195,269	75,244	17,846	447,415

① 조선총독부 편찬『최근조선사정요람(最近朝鮮事情要覽)』제2판(1912년 발행), 동 1915년판, 동 1917년판『조선에 있어서 종교 및 향사일람(1926년 8월)』,『조선에 있어서 종교 및 향사일람(1931년 12월 조사)』,『조선의 종교 및 향사일람(1941년 12월 조사)』의 게재 데이터를 근거로 작성했음.

② 기독교 신도 수는 1912년 이후의 일부가 뒤에 수정되었으며, 1911년 이전의 것도 실제 수와 크게 차이가 있는 것으로 짐작됨.

③ 1916년 이전, 조선불교의 조선인 신도 수에 관한 조사는 행해지지 않았던 것으로 판단됨.

④ 1917년 일본불교의 조선인 신도 수는 오기(誤記)라고 생각되기 때문에 각 종파의 합계를 기재했다.

⑤『조선에 있어서 종교 및 향사일람』1926년 8월과 동 1931년 12월 조사에서는 사람 수에 있어서 약간의 차이가 인정된다. 명확한 전기(轉記) 실수라고 짐작되는 것 이외에는 기본적으로 1931년 12월

조사의 수치를 우선으로 했다.

〈표 3〉 조선에 있어서 대곡파 · 본원사파 · 정토종 · 조동종의 신자 수 추이(1916년~1941년)

	대곡파		본원사파		정토종		조동종	
	조선인	일본인	조선인	일본인	조선인	일본인	조선인	일본인
1916년	575	26,351	3,829	39,449	1,288	12,819	299	6,591
1917년	517	30,423	6,045	40,913	4,406	13,220	395	5,894
1918년	615	29,099	1,001	43,287	4,763	13,635	611	6,644
1919년	818	30,667	5,942	50,322	9,628	13,847	548	6,533
1920년	1,542	29,907	2,269	54,012	5,901	17,941	548	6,633
1921년	1,542	30,149	2,432	55,717	6,510	17,080	479	6,375
1922년	1,669	30,758	2,508	58,941	**11,600**	19,000	825	7,407
1923년	**4,973**	31,225	1,178	61,397	**10,600**	16,380	984	12,799
1924년	**5,722**	31,529	3,442	61,363	1,500	16,130	733	19,608
1925년	**7,722**	33,358	3,154	62,604	3,157	28,645	736	25,596
1926년	706	25,936	3,927	65,232	2,499	22,276	363	26,357
1927년	**1,178**	24,318	2,988	61,356	3,553	20,259	457	22,826
1928년	596	29,167	1,616	108,165	3,884	21,992	630	24,235
1929년	508	29,987	1,694	112,106	3,712	22,534	541	25,650
1930년	429	29,170	2,040	113,845	3,192	21,984	441	26,919
1931년	162	32,550	1,631	117,605	2,850	24,553	329	23,971
1932년	596	34,262	2,616	72,766	769	21,702	787	24,933
1933년	769	34,818	2,455	80,574	574	24,518	1,432	26.104
1934년	836	38,985	2,506	81,964	793	30,369	1,497	34,188
1935년	652	38,911	3,324	93,493	1,158	27,700	3,459	34,898
1936년	525	42,450	2,314	94,501	995	26,319	3,177	35,980
1937년	699	44,999	3,218	96,959	411	26,844	3,538	38,639

1938년	1,973	46,390	3,163	98,720	422	27,213	3,908	41,460
1939년	**11,581**	48,183	2,148	99,491	1,359	29,874	3,743	38,951
1940년	**12,512**	41,390	3,024	101,198	1,092	29,620	**5,911**	42,969
1941년	**7,608**	48,002	2,934	99,939	1,382	31,633	**6,017**	40,881

①『조선에 있어서 종교 및 향사일람(1926년 8월)』, 『조선에 있어서 종교 및 향사일람(1931년 12월 조사)』, 『조선에 있어서 종교 및 향사일람(1941년 12월 조사)』에 의해 작성.

② 후에 사람 수가 수정되어 있는 경우가 있기 때문에, 기본적으로 후에 간행된 자료의 수치를 우선으로 했다.

〈표 4〉 '유사종교'가 조선사회 및 민중에 끼친 영향

영향항목		보천교	천도교	상제교	수운교	총수
생활상의 영향	×입교 후 생계가 곤궁에 빠졌다.	37	15	12	7	83
	×교단 본부에 이주를 감행해서 결국 파산했다	5		1	4	10
	×입교를 강요당하거나 또는 강제적으로 금품을 착취당해 곤란을 겪었다					4
	×입교해서 생업에 부자유를 느꼈다.					1
	×간부가 교도의 집을 방문해서 숙박과 취식을 하고 치성금(致誠金)을 강요하는 폐가 있었다	3				3
	× 교단의 간부를 사칭하여 금전을 부정으로 낭비하는 폐가 있었다					5
	△교단 부속사업에 의해 경제적 이익을 얻었다		3			3

정치적 영향	×소요사건을 야기해서 민중을 선동했다		27			27
	×유언비어를 유포해서 민심을 현혹시켰다	14	3	1	2	25
	×관(官)의 시설에 반대했다	1	3			5
	×관습을 고집해서 신시설(新施設:진흥운동)에 위배되었다	35	3	1	1	44
	×관의 승낙을 얻은 것처럼 포교하므로 신시설에 지장을 초래했다	1	1			2
	×서당을 세워서 신교육을 배격했다					1
	×지방 치안에 방해가 되었다					1
사회적 영향	×일반 사람들로부터 이단자(異端者)로 취급당하고 있다	25	23	8	3	78
	×지역의 청년들로부터 배격을 받고 있다	5				5
	○사회적 지위를 획득할 수 있으므로 중시되었다					2
	×의료를 방해했다	1	1			2
	○계몽의 측면에서 영향을 주었다		2			4
	×교도가 되었기 때문에 소작권(小作權)을 빼앗겼다		1			1
사상적 영향	×혁명사상을 고취하고, 민족의식을 농후하게 드러냈다	3	41	2		51
	×미신을 믿게 했다	6		2	2	16
	×근로의 정신을 저해했다	5	3	1	3	14
	×사회운동 발생의 기초를 만들었다		2			2
	×교도의 슬픈 말로를 거울삼아 일반의 무종교가 되었다					1
	○온후, 도덕관념이 생기고 인도(人道)를 중시하게 되었다		1			3
	○근로정신을 양성하고 실천에 의해 일반에 모범을 보였다					1
상기(上記) 중 ×를 붙인 항목의 합계		141	123	28	22	381
신도 수(1934년)		16,474	93,406	7,250	5,230	172,858

① 무라야마 지준(村山智順)의 『조선의 유사종교(조사자료 제42집)』(조선총독부, 1935)에 의해 작성한 것임.

② 조사는 1934년 8월에 조선 각지에 퍼져있는 744교구에서 실시되었던 것이다. 수치는 영향이 있었던 교구 수를 표시한 것임(같은 책, 838쪽).

③ 총계는 '유사종교' 67단체의 합계를 표시한 것이다. 개별 단체에 관해서는 악영향의 수치가 많은 상위 4개 단체만을 골라서 기재한 것이다. 각 영향 항목의 앞에 조선총독부로부터 봤을 때 악영향이라고 간주될 것이라고 하는 항목에는 ×를, 좋은 영향이라고 간주될 것이라고 하는 항목에는 ○을, 어느 쪽도 아닌 항목에는 △를 붙였다.

제3장

일본불교의 조선포교 양상과 종교시설 현황

1894~1910 진종본원사파(眞宗本願寺派) 사례를 중심으로

제점숙

1. 들어가며

이 연구는 일본불교 진종본원사파(眞宗本願寺派, 이하 본원사파)의 조선 포교 활동과 종교시설 현황에 주목한 글이다. 지금까지 일본불교의 조선포교 활동에 관한 연구는 어느 정도 축적되어 왔다. 대부분은 조선 개항과 더불어 1877년 조선에 처음 진출한 진종대곡파(眞宗大谷派) 활동과 관련하여 연구가 이루어졌고, 그 외 종파에 대해서는 간헐적으로 연구가 진행되었다.[1] 하지만 개항기를 거쳐 일제 시기까지

1 대표적인 연구를 소개하면 다음과 같다. 한국의 연구로는 한상길, 「일본 근대불교의 韓·中 포교에 대한 연구－淨土眞宗 奥村圓心과 小栗栖香頂의 활동을 중심으로－」, 『선학』 제20호, 한국선학회, 2008; 조승미, 「근대 일본불교의 전쟁지원－정토진종의 역할을 중심으로－」, 『불교학보』 제46호, 불교문화연구원, 2007; 제점숙, 「개항기 조선 일본불교의 종교 활동에 관한 연구－제국사적 관점에서 본 일본불교(정토종)의 동향－」, 『비교일본학』 제29호, 일본학국제비교연구소, 2013; 윤기엽, 「개화기(開化期) 일본불교의 포교 양상과 추이」, 『원불교사상과종교문화』

진종대곡파 외 개별 일본 종파의 조선포교 경위와 그 현황을 집중 조명한 연구는 필자가 확인한 바로는 국내에서는 그렇게 많지 않다. 이러한 연구 배경에는 필시 일본불교 각 종파의 입장에서 조선 활동을 파악하고자 한 것이 아닌 이 시기 일본의 불교를 '일본불교'라는 하나의 종교 틀에 집어 놓고 식민지 조선에서의 일본불교, 이른바 제국의 종교로써 침략적 행위를 드러내고자 했기 때문일 것이다.

그렇다면 여러 일본불교 종파를 하나의 '일본종교' 틀에 집어넣고 그 전체상을 파악하는 것은 타당한 것일까? 당시 조선에 진출한 일본불교 종파는 43개[2]에 이른다. 또한, 각 종파는 다양한 계기로 조선에 건너와 포교를 시작했으며 그 활동 모습 또한 다채롭다. 특히 같은 진종이라 할지라도 진종대곡파(동본원사)와 진종본원사파(서본원사)는 그 양상이 확연하게 다르다. 진종대곡파의 조선포교는 일본정부의 의뢰로 시작되었고 정부의 지원은 어느 종파보다 막강했다. 반면 이글의 연구대상인 진종본원사파는 개인 포교가 그 시작으로 조선포교를 위한 본원사파 본산의 재정도 녹녹하지 않은 실정이었다. 그리고 조선 포교가 안착한 시점은 대곡파보다 훨씬 후인 러일전쟁 이

제54호, 원광대학교원불교사상연구원, 2012 등을 들 수 있다. 그 외 일본에서 일본불교의 조선포교에 대해 일본 종파별로 상세히 언급한 연구로는 中西直樹, 『植民地朝鮮と日本佛教』, 三人社, 2013, 『日本佛教アジア布教の諸相』, 三人社, 2020가 있다. 또한 나카니시는 원광대학교 한국연구재단 공동연구 세미나에서 「日本佛教朝鮮布教の検証」(2023.08.05.)라는 주제로 발표를 진행했다. 발표에서 나카니시는 이 시기의 포교를 선행포교, 종군포교, 점령지포교, 식민지포교 4가지로 대별하여 고찰했다.

2 조선총독부의 『관보』(1915~1945)에서 확인된 일본불교 종파를 유사 종파로 묶어서 그 수를 파악하면, 진종 계열 6개, 일련종 계열 2개, 임제종 계열 3개, 정토종 계열 3개, 법화종 계열 3개, 진언종 계열 20개, 천태종 계열 3개, 조동종, 화엄종, 황백종이 각 1개로 모두 43개의 종파가 확인된다.

후다. 하지만 종교시설은 조선총독부관보(이하『관보』)에 따르면 일제 시기 중 가장 많이 확인된다. 이러한 정황에서 보면 조선에서의 일본불교 활동 양상과 그 의미는 개별 종파를 상세히 고찰할 필요가 있으며 종파별 활동 내용을 총괄적으로 검토할 필요가 있다. 이른바 '일본불교'로 묶어 하나의 관점으로 판단할 부분은 아니라는 것이다.

따라서 본 연구에서는 일본불교 중에서도 조선에서 가장 많은 종교시설을 확보한 본원사파의 개항기부터 한국병합 이전까지 조선 포교 경위 및 활동 내용을 고찰하고자 한다. 더불어 종교시설 현황도 함께 살펴본다. 이 시기까지 연구대상으로 삼는 이유는 연구 분량이 방대하여 한 개의 논문으로 모두 담기 어려운 지면상의 문제도 있지만, 무엇보다 조선총독부『관보』에 나타난 1915년 이후 일본불교 종교시설 현황만으로 그 이전의 본원사파 포교 경위 및 그 전체상을 포착할 수 없기 때문이다.[3]

이러한 점을 염두에 두고 이글에서는 본원사파의 조선 포교 경위를 살펴보기 위해, 먼저 본원사파의 조선포교 동향을 청일전쟁과 러일전쟁 전후로 시기를 구분하여 고찰하고, 조선인 대상의 포교활동에 대해서도 검토한다. 이후 본원사파의 1910년까지 종교시설 전체 현황을 제시하고자 한다. 이러한 검토를 위해 일본불교 교단 또는 일본에서 발간하는 잡지 및 신문 자료, 조선총독부 발간 자료를 참고한다.

3 조선총독부에서는 1915년 '포교규칙'을 발포하여 종교라 일컫는 신도, 불교, 기독교의 종교 행위를 위해서는 그 현황을 신고 및 등록하도록 했다. 이를 통해 1915년 이전부터 활동해온 종교시설을 유추할 수는 있지만 정확한 정보는 얻기 어렵다. 따라서 이 글처럼 다양한 자료의 데이터와 함께『관보』의 종교시설을 연계해서 파악할 필요가 있다.

2. 본원사파의 조선포교 개시

1) 청일전쟁 전후 조선 포교 동향

본원사파의 조선 동향은 1892년 진종만덕사(眞宗萬德寺) 주직(住職) 다카타 세이간(高田栖岸)의 개인 활동에서 처음 포착된다. 단신으로 조선으로 건너온 다카타는 조선 각지를 돌아다니면서 조선의 불교 현황을 시찰하고 그 내용을 본산에 보고했다.[4] 이후 본원사파 교단 입장의 공식적인 조선 파견은 1894년 청일전쟁 발발 후 군인과 재조선 일본인 위문을 위해 7월 가토 에죠(加藤恵証)를 위문사로 파견하면서부터이다. 같은 해 8월에는 후지시마 료온(藤島了穏)에 따른 조선 시찰이 이루어졌다. 조선에서의 원활한 포교활동은 조선 정부와의 친밀한 관계 유지가 필요한데 조선정부에 비단(錦)과 대원군에게는 포도주를 증정하기도 했다. 이러한 관계 유지를 위한 노력은 조선 정부와 주고 받은 「조선국과의 왕복문(朝鮮國との往復文)」이라는 문서에서 확인할 수 있으며 여기에는 양국 대표가 친교를 확인하는 내용을 담고 있다.[5] 이어 9월 본원사파 본산에서는 조선 포교비 예산을 2만 5천원으로 계상하고 설교소 부지를 확보하기 위한 검토가 이루어진다. 실제 이노우에 가오루(井上馨) 공사의 도움을 받아 원각사 경내 별지(현 탑골공원) 일대를 조선인 명의로 구입하여 조선포교의 본격적인 시도를 보이기도 한다. 이러한 일련의 과정을 주도한 오즈 테츠넨(大洲鉄然)은 본산에 「조선국개교방법취의서(朝鮮國開教方法趣意書)」를 제출,

4 「朝鮮の佛教界現状」, 『明教新誌』, 1893년 12월 22일.
5 「朝鮮國との往復文」, 『三寶叢誌』, 1894년 11월 23일.

조선인 대상의 교육·교화사업을 제언하여 조선 포교의 행보를 본격화했다.[6]

한편, 이와 같은 본원사파의 조선포교 활동은 순조롭게 이루어진 것만은 아니었다. 1895년 10월 오즈와 함께 다시 조선으로 건너간 다카타는 현지에 머물며 경성에 취득한 포교소 건설 예정지를 관리하며 포교 준비를 진행하고 있었다. 하지만 조선의 국왕이 러시아 공사관으로 피난한 아관파천(俄館播遷)이 발생한 1896년에 다카타가 조선에서 추방되는 사건이 발생한다. 그 내막은 '후쿠오카현 평민 다카타 세이간 재류금지 건'(福岡縣 平民 高田栖岸 在留禁止 件, 강조점은 필자)이라는 공문서에 상세히 언급되어 있는데 그 내용을 보면 다음과 같다.

다카타 세이간(高田栖岸) 1861년 7월 15일생

위 자는 경성에 재류하면서 이곳의 안녕을 방해할 것으로 인정하여 그저께 전보로 구신(具申)한 바와 같이 지난 18일 청국과 조선국 재류제국신민 단속법 제1조에 따라, 만 3개년 간 이 나라에 재류함을 금지하고 순사로 하여금 인천까지 호송시켜 19일 오후 출범하는 도요시마호(豊島丸)에 태워 퇴한(退韓)시켰습니다. 당관(當館) 경찰서에서 조사한 바에 의하면 동인(同人)은 지난 1891년 경과 1894년 11월 2회 당국에 온 일이 있었습니다. 1894년 도한(渡韓) 때는 본원사 특파승(特派僧) 오즈 데츠넨(大州鐵然)에게서 당시 대사동(大寺洞)에 있는 납석(蠟石)의 탑(塔)을 사달라는 부탁을 받아 이미 매매계약을 체결하고 대금의 얼마쯤

6 中西直樹, 앞의 발표 자료, p.5.

을 지불했습니다. 그러나 아직 명의 변경을 하지 않고 귀국했다가 다시 이를 결말지으려는 목적으로 1895년 11월경 인천에 상륙하여 이곳으로 오려고 했습니다. 그런데 당시 퇴한 처분을 받는 자가 많았으므로, 그때 입경(入京)하는 것이 위험하다고 생각하고 여권도 없이 강원도 금강산에 들어가 있었습니다. 그곳에서 폭동을 피해 원산으로 가서 러시아 영토인 블라디보스토크를 왕복하고, 그 후 원산에서 부산을 거쳐 올해 7월 17일경 이곳으로 와 당국 승려(주소 불명) 석우련(釋雨蓮)이라는 자와 모의하여 국왕을 러시아 공사관에서 빼낼 목적으로 격문을 지방폭도의 거괴(居魁)에게 보내 의병(義兵)을 모집해서 이곳 경성으로 들어오게 하려는 음모를 결심했습니다. (중략) 극히 세력이 약한자 임이 틀림없지만, 미리 제재를 가하지 않으면 불편한 일이 많이 생길지 헤아리기 어려워서 앞서 진술한 처분에 이르렀던 것입니다. 다카타 세이간(高田栖岸)의 자필 근상서(謹上書) 외 서류 1통을 첨부하여 이 점 구보(具報)합니다.

1896년 10월 22일
재(在) 경성 일등영사 가토 마츠오(加藤增雄) 인(印)
임시대리공사

이어 자필 서신에는 아래와 같은 내용이 첨부되어 있다.

소생 또한 극력 정성을 다하여 이 대사(大事)를 함께 도모해서 첫째로 이웃 나라와 후의(厚誼)를 돈독히 하고, 둘째는 명공(明公)께서 영위하시는 소박한 뜻을 후세에 전하여 영광되게 하고자 하니 어찌 큰 다행이 아니겠습니까. 소생은 본래 영국・프랑스(英・佛) 양국 군의 전략을 익혔기 때문에 감히 이에 나아가고자 하오니 만일 만날 기회가 있으면 마땅히 협조할 것을 말씀드릴 것입니다. 그러하오니 여망(餘望)이 있다면 조만간 만나서 못다 한 말을 진술하기로 하고 각필(閣筆)합니다.

또한 이는 비밀편지이기에 다시 사람을 보내 모든 것을 말씀드리기로 하옵고 불비례상(不備禮上)합니다.

1896년 8월

한성 영희정(永喜亭) 다카타 세이간(高田栖岸)

의병소 제시자(提侍者) 개탁(開坼)[7]

앞서 다카타의 조선 도항이 1892년이라 언급했는데, 이 공문서에 따르면 1891년쯤 한차례 조선으로 건너간 것으로 기록되어 있다. 정확한 시기와 도항 목적에 대해서는 교단 측 자료가 확인되지 않아 그 경위는 알 수 없다. 하지만 이 공문서에는 본원사파 승려가 아닌 '후쿠오카 평민'으로 되어 있는 것으로 보아 본원사파 본산과는 무관한 개인적 도항이었던 것 같다. 또한 조선 국왕을 러시아 공사관에서 탈출시켜 주는 일은 일본 정부로서는 그리 환영할만한 일은 아닌데, 이런 점을 염두에 뒀을 때 본원사파 본산의 입장에서도 굳이

7 「福岡縣 平民 高田栖岸 在留禁止 件」, 문서번호 公信第39號(親展), 발신일 1896년 10월 22일, 발신자: 在京城 一等領事 加藤增雄, 수신자: 臨時代理公使, 국사편찬위원회, https://db.history.go.kr/item/compareViewer.do?levelId=jh_010r_0040_0150 (2024.01.04 열람)

이 사건을 해명하기 위해 나서지는 않았을 것이다. 그래서인지 어떠한 신문, 교단 자료에서도 이러한 내용에 관해서는 언급하고 있지 않다. 다만 이 당시를 보도하고 있는 『명교신지(明教新誌)』 기사를 참고하면, 친러파로 넘어간 조선정부 압력에 취득한 토지를 매각당한 다카타는 추운 날씨에 동상에 걸려 발가락도 잃고 목숨이 위태하여 귀국했다고 전하고 있다. 또한 『중외일보(中外日報)』에 따르면 다카타는 조선에서 금전적인 실수가 있었다고 보도하고 있는데 공문서에서 언급한 납석 탑 매매 사건을 의미하고 있는 것으로 보인다. 나아가 본원사파 집행 다케다 도쿠쇼(武田篤初)의 역린(逆鱗)에 휘말려 귀국 후 본산의 직책을 잃게 되었다고 전하고 있다. 그 후 세 차례 조선으로 건너갔으나 국사범으로 퇴거 명령을 받고 여러 곳을 유랑했다고 전하는데 이것이 공문서에 다카타의 재류 금지 건으로 추정된다.[8]

한편, 조선포교를 시도하는 본원사파에게 조선의 국내외 정세는 결코 유리한 상황은 아니었다. 동학농민운동으로 재조선 일본인들은 귀국을 해야만 했고, 아관파천은 일본 정부와 조선 정부와의 관계를 더욱 악화시켰다. 을미사변으로 인한 조선인의 반일 감정 역시 조선포교에는 큰 걸림돌이었다. 이리하여 본원사파는 일시적으로 좌절할 수밖에 없었으며 그 내용을 『중외일보』에서는 다음과 전하고 있다.

지난해 10월 8일 을미사변(乙未事變)이 발생하여 공사 이하 조선을

8 中西直樹(2000), 앞의 책, p.128.

퇴거하고, 결국 우리 조선포교책은 일시 좌절할 수밖에 없었다. 이어 올해 2월 11일 아관파천(俄館播遷) 사건이 발생하고, 우리 조선포교책은 연이어 큰 좌절을 맛보게 되고 (중략) 이는 정치적으로 우리의 불행일 뿐만 아니라 실로 본원사파의 불행이 아닐 수 없다.[9]

이리하여 결국은 1896년 11월 본원사파의 개교구를 육해군 소재의 북해도(北海道)·오키나와현(沖縄県)·대만(臺灣)·블라디보스톡(浦潮斯德)·하와이(布哇)로 정하고 조선은 제외된다.[10]

그 후 조선 포교 재개는 1897년 나카야마 유이넨(中山唯然)이 부산으로 교세 현황을 시찰한 그다음 해인 1898년 부산에 출장포교소를 설치하면서부터이다. 그때 거주하고 있었던 승려가 야마구치현(山口県) 출신의 오노 아키사토(小野覺哲)로 신도는 당시 4백여 명이었다고 전하고 있다.[11] 이어 12월 본산에서는 조선 별원 건립을 위한 집회 개최와 함께[12] 조선 포교비를 12월에 300원을 계상했다.[13]

하지만 이런 본산의 동향에 대해 우려의 목소리도 적지 않았다. 부산에 본원사 일본인 문도가 많아 절을 건축해야 한다고 주장 하지만, 이 말을 역으로 생각하면 조선인 교화에는 뜻이 없음을 의미한다. 당시 부산에는 5개의 사원이 있었다. 이 모두 장례를 주업으로

9 「本派の開教費に就て」, 『京都新報』, 1896년 9월 3일. 참고로 이글에서 소개하는 인용문은 국사편찬위원회 자료 외는 모두 필자가 일본어 원서를 한국어로 번역했다.

10 中西直樹, 앞의 발표자료, p.5.

11 「在釜山 松原○南 '韓國布教一班'」, 『教學報知』, 1899년 7월 25일.

12 「眞宗本派の集會」, 『明教新誌』, 1898년 12월 6일.

13 中西直樹, 위와 같음.

한다는 점에 있어 일본 내 사원과 별반 다를 바 없는 장제장(葬祭場)에 불과하다 비판하면서 조선인 포교에 우려를 보인 것이다.[14]

그 후 1899년 12월 본산으로부터 명을 받아 교학부 참의부장 후지에다 사와토루(藤枝沢通)가 건너가 조선의 정황을 시찰했다. 부산포교소의 협소한 장소로 인해[15] 조선에 임시 포교장을 마련하게 된 것은 1902년 8월로 부산에 체재한 야마다 소시치(山田惣七) 문도의 도움을 받아 부산 옛 공원지를 인수한 뒤였다.[16] 이때 전체 예산 3만 원 중 그 절반인 만 5천 원은 본산으로부터의 지원이었다. 이렇게 하여 본원사파 조선포교가 본격화되는가 싶었더니 불행은 또다시 닥쳤다. 같은 해 11월 4일 부산포교장 준비 중 화재가 발생한 것이다. 이 불은 일본거류지 부산 행정 동경루(東京樓)라는 요리집에서 발생하여 부산포교장 공사장까지 번졌다. 이로 인해 이재민이 대거 발생했는데 대부분이 본원사파 문도였다. 어쩔 수 없이 공사 중이던 별원 부지는 이들을 위해 내주게 되었고 포교장 공사는 다시 중단되었다. 이러한 내용을 집행부에 보고하는 기사가 『중외일보』 11월 5일 자에 실렸다.[17] 이렇듯 부산포교장의 완공은 1906년을 기다리지 않으면 안 되었다.

한편, 1899년 마산포가 개항하자 일본인들이 대거 들어왔다. 이들이 본원사파에 출장 포교를 요청하자 부산포교소에서는 마산까지 정기적으로 출장포교를 실시했다. 이것이 후일 마산출장소로 자

14 「在釜山 松原○南 '韓國布敎一班'」, 앞의 기사.
15 「釜山布敎所」, 『中外日報』, 1902년 4월 14일.
16 海外開敎要覽刊行委員會, 『海外開敎要覽』, 淨土眞宗本願寺派, 1973, p.100.
17 「西本願寺釜山別院の工事」, 『中外日報』, 1902년 10월 23일.

리 잡았다.[18] 이처럼 러일전쟁 이전까지 본원사파 포교 현황은 부산과 마산 정도에 그쳤고 그때까지는 본원사파는 이렇다 할 교선 확장은 하지 못한 채 러일전쟁을 맞이했다.

2) 러일전쟁 이후 조선포교 동향

1904년 러일전쟁이 발발하고 조선 전 지역에 일본 주둔군이 머물자 본원사파는 6월 부산 서정(西町)에 임시부출장소를 설치하고 부산항 주재 포교사 하다 노리유키(幡多乘之)는 출장소장으로 임명받아 군대 포교를 개시했다. 이를 위해 본산에서는 92명의 종군포교사를 파견했다.[19] 이와 함께 같은 해 8월 본산의 다케다 외 몇 명의 승려가 조선의 부산, 마산, 대구, 목포, 군산, 인천, 경성, 진남포, 안동, 의주 등을 포교를 위해 시찰을 한다.[20] 그 시찰 현황을 다케다가 『중외일보』에 몇 차례 보고서 형태로 기고했는데, 이 내용과 함께 본산의 조선포교 향방에 대한 논의도 함께 게재되어 있다. 그 내용을 보면 전반적으로 본산 관계자들은 조선포교 추진에 대해서는 이견이 없는 듯하다. 다만 문제는 본산의 재정난으로 새로운 사업을 할 여력이 되지 않는다는 것이다. 그럼에도 본산에서는 조선포교 추진에 전원 합의하는 결정을 내린다.[21]

이어 『중외일보』에 보도된 시찰 내용에서는 앞서 언급한 것처럼 다케다는 일본 거류민 대상의 장례사업에 대해 강한 비판적 견해를

18 「朝鮮開教」, 『教海一瀾』, 1910년 10월 1일.

19 「本派布教使の發表」, 『中外日報』, 1904년 6월 27일.

20 「武田一行の視察行程」, 『中外日報』, 1904년 10월 8일.

21 「西派の韓國布教と当路者」, 『中外日報』, 1904년 10월 9일.

보인다. 본원사파 조선포교 당위성에 대해서는 "서본원사가 조선에 포교하는 이유는 거류민을 위해서도 아니고 또 결코 장례사업의 개업도 아닌, 말하자면 우리가 가지고 있는 힘으로 그들 조선인의 부족한 부분을 채워주기 위함"이다고 한다. 그러는 한편으로 "사상과 지식을 그들에게 주고 그 보수로서 돈이나 재산 등을 기부받는 것"[22] 이라고 말한다. 다케다만의 개인적 견해인지 어떤지 모르겠지만, 이 다케다의 발언은 조선포교를 일종의 이익을 창출하는 사업으로도 여기는 듯하다. 이어서 아래와 같이 발언한다.

> 조선인 대상으로 처음부터 염불하는 것은 참으로 그릇된 것으로 그들을 지도하는 데는 먼저 그들의 눈에 새로운 풍경을 직면하게 하는 것, 또는 제일 필요로 하는 학교와 병원과 같은 시설을 세워 가난한 환자는 병원에 보내 치료하게 하고, 무교육자는 학교에 가서 교육하게 하는 등이다. 이러한 자선적 사업을 일으켜 몸을 희생하고 그들을 지도 계발하여 조선인 스스로가 일본인은 자비로운 사람이다, 친절한 사람이다, 라고 인격을 믿게 하는 것이 가장 필요하다.[23]

위 내용에서 다케다는 앞서 언급한 내용과 다르게 조선인 대상의 포교가 자선을 기반한 행위임을 강조한다. 그 내면에는 일본인의 자비롭고 친절함을 강조하면서 신뢰 구축의 필요성을 강조하고 있다.

22 「武田師の韓國布教談(上)」, 『中外日報』, 1904년 10월 14일.

23 「武田師の韓國布教談(下)」, 『中外日報』, 1904년 10월 15일. 이 내용은 中西直樹(2013), 앞의 책, p. 267에서도 인용하고 있다.

그러면서 본원사파의 종교적 실천은 이러한 신뢰를 바탕으로 자연스럽게 흘러가야 한다고 한다. 그리고 이 신뢰를 가진 자가 본원사파 승려이고 부처를 숭배하는 자라면서, 이렇게 불교에 감화시키는 것이 중요하다고 강조한다. 하지만 이러한 포교계획에도 불구하고 당면한 큰 문제는 이를 담당할 적임자의 부재이다. 자금이 없으면 말사로부터 모금을 하면 되지만 사람은 그렇게 되지 않음을 아쉬워하면서 조선 포교에 대한 우려를 나타냈다.

한편, 러일전쟁의 일본 승리로 일본의 조선 식민지화 준비는 박차를 가하게 되고, 이러한 기운에 힘입어 한국통감부의 설치는 지금까지 부산, 마산 정도에 그쳤던 포교 활동에 큰 활력을 불러일으키는 동력을 제공했다. 이 시기 본원사파 조선 교세 확산은 다음과 같은 진전을 보였다.[24] 1905년 대구에서는 임시포교장이 만들어지고 불교자선회라는 조직도 생기면서 포교에 전념할 수 있는 환경이 구축되었다.[25] 또한 화재로 공사가 지연된 부산포교장도 1905년부터는 착공을 시작하여 1906년에 입불식(入佛式)을 거행했다. 이날 행사에는 본산의 주요 관계자도 참석하고 거류민들도 함께했는데, 지금까지 본원사파 행사 중 가장 성대하게 개최되었다.[26] 또한 1906년 4월에는 용산 부지를 구입하여 출장소를 신축하고 한국개교총감부(韓國開教總監府)를 만들어 이곳을 조선개교 중심지로 했다. 이때 초대 총감이 된 오타니 손포(大谷尊寶)는 조선에 총감부가 설치된 것을 "조선인

24 「朝鮮開教」, 앞의 기고문.

25 海外開教要覽刊行委員會, 앞의 책, p. 100.

26 「釜山布教場入佛式」, 『教海一瀾』, 1906년 7월 28일.

에게 종교상의 한국통감이고 한국종교계의 통솔자이다"고 생각할 정도로 큰 의미를 부여하고 있었다.[27]

한국개교총감부가 만들어진 전년인 1905년 12월에는 조선 개교의 진척을 도모하기 위해 중국(淸國)・사할린(樺太)과 함께 개교총감 규정이 조선에도 발포되었다. 이 규정 내용을 보면 '총감은 경성에 주재하면서 조선 전체를 감독하고 찬사장(贊事長), 찬사, 녹사(錄事), 출사(出仕)를 부하 직원으로 사무를 통솔하고 집행 지휘를 담당해야 한다. 또한, 감독 구역 내의 집행을 대표하고 공법인에 대해서도 본산을 대표하며 감독 구역 내에서 달시(達示)를 발포하고 집행을 대신하여 관리 징계례(懲戒例) 적용이 가능하다' 등을 담고 있다.[28] 총감에 대한 상당한 특권을 부여하고 있음을 알 수 있다.

이리 하여 경성을 중심지로 본원사파 조선 포교는 체계적인 포교 시스템을 갖추고 본격적인 박차를 가했다. 참고로 총감부에서는 동시에 본원사출장소를 개설했는데 이것이 용산 본원사출장소로 후일 경성별원이 된다.[29] 출장소개소식은 1906년 11월 17일에 거행되었다. 이를 위해 이틀 전부터 준비위원회를 열고 통감부, 조선 정부의 여러 대신, 군사령부, 거류민 내외의 유지 신도 등을 대상으로 300여 통의 안내장이 발송되었다. 개소식에는 오타니 개교총감의 기념인사로 그 시작을 알렸다. 총감은 참석한 내빈에게 고마운 마음을 전하면서 조선포교는 수년 전 계획을 세웠지만 드디어 오늘 출장소를

27 「朝鮮開教」, 위와 같음.

28 위와 같음.

29 海外開教要覽刊行委員會, 위와 같음.

열게 되었다고 내빈에게 고마운 마음을 전했다. 이어 이토 히로부미(伊藤博文) 통감도 축사를 하는 등 성대하게 개최했다. 이 행사에는 실제 조선의 고위직 간부들이 참석했는데 참정, 법부대신, 내부대신, 각 도 지부대신, 농상공부대신 등이다.[30] 이러한 고위 인사들의 참석은 본원사파의 조선에서의 입지가 어느 정도 가늠되는 대목이랄 할 수 있다.

같은 해 다른 지역 본원사파 포교 상황을 살펴보면, 부산지역은 앞서 언급한 부산포교장을 기반으로 포교활동의 본격적인 기틀이 마련되었고, 같은 시기 마산에서는 히다카 닷케이(日高達契)가 포교활동의 터전을 마련하고 있었다. 히다카는 러시아인 소유였던 빈집에 들어가 개교를 시작했는데 그 후 1910년에 포교소 전셋집이 해약되어 마산포 신정(新町)으로 이전해 활동을 이어갔다.[31] 또 대구에도 교선 확장을 위해 후가와 코테츠(府川宏哲)가 파견되었으며 1907년 부지 건물을 매입하여 여기에서도 포교 기반이 만들어졌다. 이어 평양에도 포교활동을 확장하여 아사에다 제이지츠(朝枝贅實)가 주재하여 임시포교장이지만 포교기반을 구축했다. 그리고 부산에서는 초량으로 교세를 더 확장하고 대구에서는 대전으로 출장 포교를 하는 등 조선에서의 본원사 포교는 상당한 진척을 보였다.[32]

그러나 이러한 본원사 교세 확산 분위기 속에도 조선포교 축소에 대한 애기가 언급되기도 했다. 1907년『중외일보』의 「청한개교축소

---

30 「韓國龍山本願寺出張所開所式」,『教海一瀾』, 1906년 12월 8일.

31 스와 시로, 하동길(번역), 한석택(해제),『마산항지』, 창원시청연구원, 2021, pp. 252-253.

32 「朝鮮開教」, 앞의 기고문.

문제(淸韓開教縮少問題)」 보도 내용에 따르면,

> 서본원사에서 최근 청한 양국의 개교지역 축소의 논의가 조금씩 거론되기 시작했다. 이는 지금처럼 재정이 어려운 본산에 앞으로 희망이 없는 청한양국에 매년 7만원 가까운 거액을 투자하는 것은 무모한 기획이라는 것이다. 앞으로 개교지역 포교를 지속하기 위해서는 본산 재원에 맞추어 작은 규모로 축소해야 할 것이며, 현 실정에 맞게 적합한 방법을 찾는 게 좋다. 그렇게 함으로써 1911년 대법연 행사에 만전을 기할 수 있고, 만약 여기에 여유가 있다면 일본 내 포교에 매진하는 것이 바람직하다. 어쨌든 전망 없는 재원을 청한 양국에 확장하는 것은 오히려 본원사 위신에 해를 입히는 것이다. 이런 개교 포교의 터무니없는 투자는 이것이 언젠가 현실이 되는 것을 모르고 하는 말이다.[33]

조선포교를 대폭 축소하고 오히려 일본 내 포교에 매진하는 것이 바람직하다는 『중외일보』에 보도된 기사는 어쩌면 러일전쟁 이후 활기를 보이기 시작한 본원사파 조선포교에 찬물을 끼얹는 셈이 된다. 그러나 이와는 무관하게 본원사파의 포교는 더욱 확대되어 갔다. 1908년에는 출장포교로 시작한 인천 욱정에 출장소가 만들어지고, 경남 통영에도 포교를 개시하여 포교소를 설립하게 된다. 또한 같은 해 경북 김천에도 김천포교소가, 평북 정주군에도 정주포교소가 세워졌다. 무엇보다 이 시기 주목할 만한 포교는 조선인 대상의 '교회'가

---

33 「淸韓開教縮少問題」, 『中外日報』, 1907년 11월 19일.

세워졌다는 것이다.[34] 주로 일본불교 각 종파는 일본인 대상의 포교가 주였는데 조선인만을 대상으로 한 종교시설이 세워진 것이다. 하지만 이 종교시설은 특이하게 '대성교회(大聖敎會)'라는 교회 이름을 사용했다. 이 종교시설에 대해서는 다음 장에서 상세히 논하고자 한다.

1908년 이후에도 경남 진해·거제, 경북 경산, 전남 광주·나주 전북 전주, 평남 진남포·안주, 황해도 황주 등에 포교소가 세워졌다. 그 외에 앞서 언급한 대성교회의 분교소, 분교회가 전국 각지에 만들어지고 본원사파는 적극적으로 조선 전 지역에 교세를 확산해 나간다.

3. 본원사파의 조선인 대상 포교

1) 이와오 조엔(巖常圓)의 조선 도항

본원사파에서 조선인 대상으로 조선포교를 처음 시도한 이는 이와오 조엔(巖常圓)이다. 이 인물과 대성교회에 대해서는 유일하게 일본인 연구자인 나카니시 나오키(中西直樹)가 소개한 글이 있다.[35] 이 장에서는 나카니시의 연구를 참고하면서 당시 신문과 잡지에 보도된 내용을 기반으로 이 인물에 대해 먼저 살펴보고자 한다. 그가 본원사 포교사 중에서도 초기 조선인 대상 포교 활동에 유일하게 적극적인 행보를 보인 인물이기 때문이다.

이와오가 처음 조선에 도착한 것은 1904년으로 부산에 도착한 이

34 「朝鮮開教」, 앞의 기고문.
35 中西直樹(2013), 앞의 책, pp.261-294.

와오는 당시 대가람이었던 부산 외곽에 위치한 범어사를 먼저 찾아 갔다. 그의 생각에는 말은 통하지 않더라도 범어사 승려와 필담으로 어느 정도 의사소통이 가능하리라 생각했기 때문이다. 가보니 5~60명 정도의 승려가 있었는데 필담이 가능한 승려는 고작 4~5명에 불과했다. 다소 걱정이 앞섰지만 시간이 흘러 조금씩 조선어를 알게 되고 범어사 경내로 찾아오는 아이들과는 과자를 건네면서 함께 책을 읽고 도움을 받아 발음을 연습하기도 했다. 범어사에 체재한 지 10개월이 지나서는 조선어도 어느 정도 익숙해지자 포교활동을 위해 강원도, 전라남도, 충청남도 일대를 시찰했다. 전라남도 서중부 지역에 가서는 운수(雲水)[36]를 하거나 약과 과자 행상을 하면서 생활을 이어갔다. 다시 부산으로 돌아온 이와오는 통역과 배 적하물 경호 일 등으로 자금을 모은 뒤 일본 영사의 주선으로 가토 키요마사(加藤清正)가 머물렀던 온천이 있는 곳에 한어학교를 세웠다. 그러나 가토의 침략을 받은 곳이라 하여 반일감정이 강해 현지 조선인은 좀처럼 마음을 열어주지 않았다. 이러한 상황을 영사와 의논하여 편의상 조선인과 친해지기 위해 이름을 조선식으로 변경하기로 했다. 그래서 조선인처럼 이용명(李容明)이라 이름하고 자신은 조선인 아버지와 일본인 어머니 사이에 출생했다고 설정했다. 즉, 아버지가 조선인 어부로 어업 중 폭풍우에 조난당하자 일본으로 표류되어 일본인 여자와 만나 본인이 태어났다는 것이다. 그렇게 하니 친근하게 교류하는 조선인도 늘어나고 그가 만든 학교에 학생들도 입학하게 되었다. 또 작

36 탁발(托鉢)하는 승려.

지만 집을 얻어 몇 명의 생도와 생활도 하면서 점점 조선인과 관계를 유지해 나갔다.[37]

그렇다면 왜 이와오는 이렇게 본산의 도움 없이 혼자 조선으로 건너와 고생하면서 조선인 이름까지 차용하면서 조선포교를 했을까? 1904년 당시 이와오는 일본 종교계에 크게 실망감을 가지고 있었다 한다. 그때 우연히 만난 조선인을 통해 조선 상황을 전해 들은 뒤 조선포교를 결심하고 본산의 다케다에게 조선포교 의사를 건넸다. 부진했던 조선포교를 해보겠다는 이와오의 얘기를 듣고 다케다는 무척 기뻐했고 적극적인 본산의 지원과 지지를 약속했다. 하지만, 이와오는 조선포교를 본산에서 허락해주는 대신 본산의 지지도 지원도 받지 않는다는 조건 하에 조선포교를 하기로 했다.[38] 그가 이렇게 생각한 이유에는 조선포교 성공을 위해서는 완전히 조선인처럼 되어야 한다는 그만의 생각이 있었던 것 같다. 이른바 조선어를 사용하고 조선인처럼 생활해야 하며 그들의 생각을 얻지 못하면 본원사파의 조선 포교는 실패할 것이라는 확신이 있었던 것이다. 그가 이용명이라는 이름으로 『중외일보』에 투고한 기사에는 이러한 이와오의 뜻을 읽을 수 있다.

> 조선포교를 성공하기 위해서는 기존 일본불교 포교 방법을 버리고 일본인처럼 행동해서는 조선인 교육은 형식에 끝난다. 조선개교를 위

37 京大 竹朗生(投), 「朝鮮人布教に苦心せる巖常圓氏」, 『中外日報』, 1913년 11월 15·16일자와 中西直樹(2013), 앞의 책을 참조하여 작성.

38 앞의 각주 35와 같음.

해서는 먼저 개교사는 조선어 및 조선인 기질, 조선인 풍습을 배워야 한다. 그 다음은 조선인의 식주(食住)에 익숙해져야 할 것이다.[39]

그 후 조선생활에 익숙해진 이와오는 경상남북도에서 조선인 포교에 착수하지만 좀처럼 생각대로 성과를 보지 못했다. 울산에서 경주까지 4번에 걸쳐 다녀왔지만 포교를 위해 장소를 빌려주는 사찰은 없고, 가두(街頭)에서 설법해도 듣는 이 없었다. 실망한 적도 많지만 끈기 있게 포교활동을 이어갔다. 다시 경주에 이르렀을 때 머문 숙소 주인에게 이 지역에 불교 신자가 없냐고 물으니 숙소 주인의 형이 불교 신자라 하여 그 인물을 중개로 불국사를 빌려 처음으로 설교다운 설교를 하게 되었다.[40]

한편, 이와오는 조선 포교가 어려운 이유 중 하나로 현지 승려의 사회적 지위가 낮아 그 설법을 들으려고 하는 의식이 조선인에게는 없다고 지적했다. 일본인과 달리 승려의 설법에 귀 기울이는 자가 적을 뿐만 아니라 무시한다는 것이다. 따라서 바로 포교활동하여 종교시설을 세우는 것보다는 교육을 선봉으로 학교를 세우고, 학교 교사로 하여금 살아가는 데 필요한 이야기를 조선인에게 하는 것이 좋다는 것이다. 교당(教堂)개방, 설교소 및 승려의 개교로는 성공하지 못함을 역설한다. 또한 승려교육을 통해 품위를 올리는 것도 필요하다 언급한다. 이와오가 교육사업에 먼저 매진한 이유는 이러한 이유였다.[41]

---

39 李容明, 「韓開教に就て」, 『中外日報』, 1906년 6월 15일.
40 京大 竹朗生(投), 앞의 기사.

이렇게 하여 세운 조선인 대상의 일본어학교가 경남 기장군에 있는 기장학당(機張學堂)이다. 이후 이 학교는 보명학교(普明學校)로 개명했다. 또한 이와오는 1906년 4월부터는 통도사 명진학교(明進學校 또는 明新學校)를 일으키는 데도 일조했다.[42] 이러한 교육사업을 기반으로 포교활동에도 큰 두각을 나타내는 데 그것이 바로 1906년 세워진 대성교회(大聖教會)다. 이 대성교회로 하여금 조선인 대상의 포교활동도 궤도에 오른다. 단신으로 조선으로 건너온 이와오의 조선포교가 드디어 결실을 보게 된 것이다. 이 교회에 대해서는 다음 장에 상세히 언급하겠지만 일본불교 각 종파 중에서도 가장 두각을 나타낸 조선인 대상의 종교시설로 자리 잡는다.

그 후 이와오는 대성교회 조선인 포교에 지속적으로 매진하면서 본산의 유학생 지도에도 그 지원을 아끼지 않았다.[43] 1910년 10월에는 대성교회 산하 교육기관으로 불교고등학원과 계명학교(啓明學校)가 설치되고 그 경영을 책임지는 학감으로 취임했다. 1912년 본원사파 개교사와 대성교회의 요직 사임한 후에는 전임 교회사로서 1913년 경성감옥교무소장, 1920년 대구감옥 교무계 주임으로 이와오는 취임했다. 조선인 감옥에서의 교회(教誨)가 통역을 매개로 이루어졌던 것이 일반적이었던 당시 이와오는 극히 드물게 조선어에 능한 교회사로 활동한 것이다. 1924년 교회사를 사임하고 같은 해 12월 이와오는 일본으로 귀국하면서 그의 조선에서의 활동은 종지부를 찍게

41 中西直樹(2013), 앞의 책, pp. 270-271.
42 中西直樹(2013), 앞의 책, p. 273.
43 京大 竹朗生(投), 위와 같음.

된다.[44]

2) 대성교회의 설립과 현황

대성교회는 일본불교 본원사파의 종교시설이다. 그렇다면 일본불교이면서 왜 '교회'라는 기독교 종교시설 이름을 빌린 것일까? 이와오는 이런 이름 설정에도 이유가 있었던 것 같았다. 대성교회 이름을 사용한 것에 "처음 포교를 할 때 본원사에 대해 조선인은 잘 모르고, 이미 외국선교사들에 의해 교회 또는 성(聖)이라는 글자는 다소 종교적 혁신적 의의가 있는 문자로서 인식되어 사용했다."고 전한다.[45]

이러한 대성교회 이름에 대해 나카니시는 "아마 이와오에게 일본불교 모습의 우월성에 대한 의식이나 그것을 강요하려는 의도는 전혀 없었다고 생각한다. 현지 실정에 부합한 새로운 종교단체를 모색하는 가운데 회(會)를 대성교회로 명명하지 않았을까?"라 언급한다. 나아가 "교단의 제약을 싫어하는 이와오는 본원사파 조선인 포교를 수용할 당시 자유로운 교회 운영을 조건으로 제시"했을 것이라고 한다. 그 이유 중 하나로 대성교회는 일본인 중심의 포교소와는 독립한 조선인 신도 주체의 별개 조직이며, 실제 정토종이 하나의 사원, 하나의 교회소에 일본인과 조선인을 동시에 소속했던 것과도 차별적이라 강조하고 있다.[46]

---

44 고려대학교 글로벌일본연구원, 『개화기 · 일제강점기(1876~1945) 재조일본인 정보사전』, 보고사, 2018, p.530.

45 「西本願寺韓人教會概況」, 『中外日報』,1908년 4월 7·8일, 中西直樹(2013), 앞의 책, p.276.

이처럼 교회라는 칭호를 사용하여 종교시설을 만든 일본불교 종파는 필자가 확인한 바로는 일본불교 중에서는 진종본원사파와 정토종이다. 특히 정토종에는 교회소(敎會所)라는 이름을 폭넓게 사용하고 있었다. 이러한 일본불교의 기독교 이용은 그 이후에도 불교뿐만 아니라 신도의 포교활동에서도 엿볼 수 있었다.[47] 그 당시 일본에 반일감정을 가진 조선인들에게 쉽게 다가갈 방법은 친근감을 가진 기독교의 활용이었고, 이와오에게서 이러한 부분을 활용했을 가능성은 충분히 엿보인다.

한편, 이장에서는 1937년까지 대성교회가 『관보』에서 확인되나[48] 이글의 연구 범위인 1910년까지의 대성교회 현황에 대해 언급하고자 한다. 대성교회가 만들어진 것은 앞서 언급한 것처럼 1906년이다. 다음 해 대성교회 현황을 『중외일보』기사에서는 다음과 같이 소개하고 있다.

---

46 中西直樹(2013), 앞의 책, 위와 같음.

47 황현의 『매천야록(梅泉野錄)』에는 한국병합 이전의 일본종교가 기독교처럼 포교활동을 하고 있는 것에 다음과 같이 언급하고 있다. '일본인이 中央福音傳道館을 설립했다. 이때 일본인들은 安重根, 李在明 등이 모두 기독교 출신이므로 기독교를 매우 미워하였지만 금지할 수 있는 힘은 미치지 못하였으므로 복음을 전도한다는 說을 퍼뜨린 후, 사람들을 福音傳道館으로 유혹하여 국가의 흥망과 자신의 生死를 생각하지 않게 하고, 오직 하늘만 믿으면 복음이 자연히 온다고 했다. 그것은 우리 국민으로 하여금 그 忠義思想을 없애어 虛無寂滅의 경지로 타락하게 하는 술책이었으나 愚民들은 그들의 꾐에 유혹된 것이다. 그리고 이때 일본인들이 설치한 교회는 神宮敬義會, 淨土宗, 神理敎, 天照敎로 지금 그들은 이 敎理를 이용한 것이다.' 黃玹 「中央福音傳道館」,『梅泉野錄』 제6권, 1910년(국사편찬위원회, https://db.history.go.kr/item/, 2024.01.04열람)

48 조선총독부, 「大聖敎會鍾路分會 布敎所廢止屆」, 『官報』, 1937년 4월 19일.

서본원사 개교에 종사하는 조선인교회는 작년을 시작으로 그 준비에 들어갔는데 9월 임시교회장으로서 경성 서서곡천정(西署谷川町) 대관정(大觀亭) 구역 내에 설립했다. 대성교회라는 교회로 1906년 9월 임시교회장으로 설립했다. 조선인 대상의 포교로는 정토종, 동본원사 2개 종파가 있었는데, 일정 시간이 흘렀지만 그렇게 성과를 보지 못하고, 드디어 서본원사가 작년부터 움직임을 보였고 현재 회원의 증가는 일진월보(日進月步)하고 있다. (중략) 본원사파의 교회 이름이 대성교회라고 했는데 대성(大聖)이라는 말은 조선인이 매우 좋아하기 때문이다. 개교사는 주임으로서 이와오 조엔(巖常圓)씨가 전념하고 있고, 이와오는 전에 경상남도 기장군 보통학교에서 교편을 잡은 자로 조선어에도 능통하고 작년부터 한국개교총감부에 초대되어 한국개교사로 임명받았다. 그 외 개교사 1명을 고용하고 있다.[49]

그렇다면 대성교회은 어떻게 운영되었는가? 그 조직과 구성원의 역할에 대해 『중외일보』에서는 예외적으로 아주 상세하게 보도하고 있는데 그 내용을 아래 <표 1>로 정리했다.

49 「西本願寺韓人教會概況」, 앞의 기사.

〈표 1〉 대성교회 조직 현황과 내용

	내용
교장(教場) 모습	임시교장으로 본디부터 매우 협소하고 정면 상단에 불단이 있고 좌측에 연단이 있다. 우측에는 개교사 자리가 있고, 그쪽에서 정면부터 좁은 길은 장내로 연결되어 그 좌우가 일반 신도 자리(參聽席)에 해당된다. 후방에는 교회 한인위원석이 있고 그 외 수의(隨意) 참청석이 있다.
교회 법요(法要)	교회 법요는 한국 풍습에 따라 오늘날 한국사회 실정에 맞게 조직적으로 운영하고 있다. 이는 오랜 연구와 회의 끝에 나온 결과로 이렇게 하여 교회는 특별교회와 정기교회 2종류로 구분된다. 정기 교회는 한 달에 2회로 남자부, 여자부로 구분된다. 총 4회로 모두 음력에 실시하고 있다.
직원	직원은 조선인으로 구성되어 있으며 강장(綱長), 교우장(教友長), 전도원(伝道員) 3종류이다. 전도원은 오로지 회원 관리를 하는 사람으로 유도(誘導) 및 신앙 행동 등에 주된 역할을 한다. 신자 50인 이상을 담당하는 자를 교우장, 100인 이상을 강장이라 하여 독실한 신앙자로 학문도 입지도 비교적 훌륭한 사람 중에 선발되기 때문에 특별 대우법이 만들어져 있다.
교회원기장(教會員記章)	교회원기장은 2개의 파(巴)중에 만(卍)이 있고, 그 외 57개의 동장(桐章)이 있다. 이 의장(意匠)은 巴는 한국 문(紋)으로 卍는 불교를 나타내고, 桐은 본원사의 문이다. 뒷면에는 불교진종본파본원사한국교회장(佛教眞宗本派本願寺韓國教會章)이라 기록하고 기장은 신도가 되어야 패용할 수 있다.
청년회	매월 1일 및 매주 일요일에 개회하고 한일 명사 및 개교사 연설이 있다. 조선어로 진행되고 조선어가 불가능한 사람은 통역을 하기도 한다.
부인회	부인회는 현재 계획 중에 있다. 조선부인의 회합은 실로 어려움이 따르므로 성립 상 크게 궁리가 필요하다.
교육	아직 이렇만한 성과는 없지만, 일본어, 영어, 역사 등을 학습한다. 학생은 남자 40명 정도 여자는 극히 드물다. 이 여자교육은 상당한 어려움을 겪고 있다. 특히 여학교는 시설부터 마련해야 하는데 현재 여자 학교가 그다지 없기 때문에 열심인 자는 남장을 해서 학교에 온다.
찬불집(讚佛集)	이는 식에 지참하는 것으로 교회일에는 회원이 휴대하여 참배한다. 그러나 지참하지 않은 자는 교회장에서 대용할 수 있다. 현재 제본 편찬 중으로 임시본을 사용하고 있다.

※ 출처 :「西本願寺韓人教會概況」(『中外日報』,1908년 4월 7·8일), 밑줄 친 부분은 필자에 의함.

이상의 내용에서 살펴보면 대성교회는 조선인 중심으로 구성되어 운영되고 있으며 법요 역시 조선어로 진행하고 있다. 또한 필요시에는 조선어를 하지 못하는 일본인을 대상으로 일본어 통역을 수반하고 있었다. 이러한 체계적 운영 시스템은 당시 내지인 중심의 일본불교 포교 활동에서는 좀처럼 생각해 볼 수 없는 방법으로, 이와오에 의한 본원사파만의 특징이 아닐까 생각한다. 또한 조선 풍습에 맞춰 법요를 운영하고 있다고 했는데 이와 관련된 기사 내용을 조금 더 살펴보면 '법식은 진종식과는 크게 다르다. 일본인과 조선인이 가장 칭찬하는 점은 승려도 신자도 함께 근식(勤式)을 하는 것과 근식 사이에 설교를 일정 부분 삽입하는 것'이라 한다. 기존에는 장시간 근식을 한 뒤 그다음에 다시 긴 설교가 있었는데 일본인들은 이를 지루하게 여겨 중요한 설교가 귀에 잘 들어오지 않는다는 불만이 있었다 한다.[50] 이를 개선한 것이 대성교회의 법요인 것이다.

이러한 대성교회 법요를 일본정부나 총독부에서도 크게 주목하고 있었고, 특히 서양종교 즉 미국, 프랑스, 영국의 기독교도 주목하고 있었다. 무엇보다 일본불교계 각 종파도 대적(大敵)이 나타났다고 경계심을 보였다. 또한 조선인들 중에서는 대성교회에 출장 포교를 희망하는 자가 있을 정도로 대성교회의 당시 성장세는 본원사파, 나아가 일본불교 조선인 포교의 대표적인 종교시설로 입지를 굳히고 있었다.[51]

그렇다면 대성교회의 신도 현황은 어떠했을까? 1908년 당시 회원

50 「西本願寺韓人教會概況」, 앞의 기사.

51 위와 같음.

수는 2천 2백여 명으로 회원 중에는 조선 정부의 고위 관직자들도 있었으며 경성의 유수 조선인들이 여기에 속해 있었다 한다. 이렇게 조선인들 참여가 많아지자 문도의 장(章)을 매매하여 이득을 챙기는 자까지 발생하여 본산에서는 이 문제를 해결하기 위해 조선인에게 무료로 장을 배부하기로 결정하기도 했다. 특히 그 문도 장에는 매매를 금지하는 문구까지 기록하여 그 병폐를 막고자 했다. 한편으로는 신앙심이 강한 조선인 중에는 경문을 읽고 싶어 하여 찬불집을 제작했는데, 정신게(正信偈), 화찬(和讃), 아미타경(阿弥陀經), 대가사오전(代価四五銭のもの)였다.[52]

그 이듬해 1909년에는 '한국경성대성교회지구절축하식(韓國京城大聖教會地久節祝賀式)'이 열렸다. 이때 대성교회 회원 현황은 다소 과장되어 보일 수 있겠지만 회원 수 남녀 합계 6천 명 이상을 넘었다고『용곡주보(龍谷週報)』에서는 전하고 있다. 이 잡지에서는 이와오의 축사 내용과 함께 교회 간부들의 이름이 나열되어 있는데, 주감과 그 아래 간사 1명, 지부주감과 그 아래 간사 3명, 부인부장과 그 아래 간사 3명, 예식위원 5명, 상축위원 2명, 봉노(奉爐) 2명, 봉향(奉香) 2명, 제술원(製述員) 2명, 서사원(書写員) 2명으로 되어 있고, 남자회원 3,622명, 부인회원은 2,399명으로 기록하고 있다. 이 관계자들이 모두 조선인이었다.[53] 또한 회원 중에는 '교사가 될만한 자격 수십 명에 이르러 포교와 함께 조선의 유력한 단체 중 하나'라고 언급하고 있다.[54]

---

52 「西本願寺韓國開教近況」,『中外日報』, 1908년 8월 18일.

53 「韓國京城大聖教會地久節祝賀式概況」,『龍谷週報』, 1909년 6월 12일.

54 「朝鮮開教」, 앞의 기고문.

한편, 1910년의 대성교회 종교시설 현황은 대성교회 분교장으로 동대문, 마포, 여주, 과천, 고양, 안양, 용산, 이천, 평양이 있었고, 그 외 출장소 분교장으로는 대전, 상주, 경산, 왜관, 밀양, 동래, 삼랑진, 고성, 삼천포가 있었다. 통영에는 별도로 한인교회를 설립하였고 회원 약 2백 명을 보유하고 있었다. 그 외 출장포교 지점은 약 40개소에 달했다. 각 출장소에서는 청년회, 부인회와 같이 단체를 조직하여 포교뿐만 아니라 각종 방면에서 활동을 하고 있었다. 그 외 경성, 영등포, 대구, 평양, 부산, 광주, 전주 7개의 감옥서(監獄署)의 죄수포교에도 종사했다고 한다.[55]

조선인 대상의 대성교회가 이렇게 단기간에 교세 확산이 가능한 것은 다른 종파와는 차별화된 이와오의 조선인 대상의 치밀하고 체계적인 밀착 포교 정책이 그 효과를 발휘했다고 할 수 있을 것이다. 그렇다면 1910년대까지 본원사파는 어느 정도의 종교시설을 조선에서 보유하고 있었을까? 다음 장에서는 이를 통해 본원사파의 종교교세 현황을 확인하고자 한다.

4. 본원사파의 1910년까지 종교시설 현황

본원사파의 조선에서의 종교시설을 고찰하기 위해서는 교단 내부에서 간행한 『해외개교요람(海外開敎要覽)』(1973)[56]이 도움된다. 이

55 위와 같음.

56 海外開敎要覽刊行委員會, 앞의 책, p.100.

문헌에 따르면 본원사파는 메이지 초 처음 해외포교를 개시하여 남미를 비롯하여 아시아 전역으로 그 세력을 확장해 나갔다. 이 책에 수록된 해외포교 거점지역을 보면 조선을 비롯하여 총 14곳으로 나타난다. 그 중 조선포교와 관련해서는 간단한 개요와 함께 본원사파의 종교시설(별원, 포교소, 사찰) 목록, 종교시설 분포도, 역대 개교 총감, 관련 종사자, 포교자의 명단을 제시하고 있다. 먼저 이 문헌에서 확인되는 본원사파 종교시설은 총 143곳이다. 경기도 지역이 10개소, 충청도 12개소, 경상도 32개소, 전라도 25개소, 황해도 13개소, 평안도 10개소, 강원도 7개소, 함경도 31개소이다. 이때 조선에 건너온 본원사 총감은 초대 총감인 오타니 손포를 비롯하여 총 11명이었고, 또한 종교시설에 종사한 포교사 및 관련 종사자는 전체 1,520명에 이른다.[57]

이하에서는 이 『해외개교요람』에서 확인되는 종교시설 중 1910년까지의 본원사파의 종교시설과 현황과 함께, 조선총독부편찬의 『제4차 조선총독부통계연보(第4次 朝鮮總督府統計年報)』(1911년), 『제2판 최근조선사정요람(第2版 最近朝鮮事情要覽)』(1912년), 조선총독부 발행의 『관보』(1915)를 참고로 본원사파 종교시설 현황을 고찰한다. 특히 『관보』에서는 본원사파가 제출한 1915년 '기설포교소계출(既設布教所屆出)'의 신고한 종교시설 현황을 참고하고자 한다. 조선총독부에서는 1915년

57 海外開教要覽刊行委員會, 앞의 책, pp. 100-159 참고. 이 책에 언급되는 본원사파의 종교시설 현황은 1945년 시점에서 확인되는 종교시설로 판단된다. 『관보』에서 확인되는 본원사파 종교시설 신규 등록 수는 193개이다. 문헌과 수적으로 차이가 나는 것은 이들 종교시설이 1945년까지 폐지 신고하여 그 수가 축소되는 것도 하나의 이유로 들 수 있다.

'포교규칙' 시행에 따라 그해 12월까지 종교시설 등록을 의무화 했는데 '기설포교소계출'가 이와 관련된 내용이다. 따라서 1915년 이전에 활동한 본원사파 종교시설도 등록해야 했으므로 1910년까지 본원사파 종교시설 현황 파악에 도움이 된다. 이러한 자료들을 바탕으로 종교시설 현황을 정리하면 다음의 <표 2>와 같다.

〈표 2〉 조선내 진종본원사파 종교 시설 현황

<table>
<tr><th rowspan="2">순번</th><th rowspan="2">설립연도</th><th colspan="2">『해외개교요람』 외 조선총독부편찬 자료 취합 현황</th><th colspan="2">관보 현황</th></tr>
<tr><th>포교소</th><th>주소</th><th>포교소</th><th>주소</th></tr>
<tr><td>1</td><td>1897</td><td>부산포교소</td><td>부산 사정</td><td></td><td></td></tr>
<tr><td>2</td><td>1898</td><td>본소사(本昭寺)</td><td>경상남도 부산부 부평정 1정목 15</td><td></td><td></td></tr>
<tr><td>3</td><td>1899</td><td>진종본파서본원사</td><td>부산 서정 4정목</td><td></td><td></td></tr>
<tr><td>4</td><td>1904</td><td>본명사(本明寺)</td><td>경남 부산부 목지도 영산정 서부 2027</td><td></td><td></td></tr>
<tr><td rowspan="2">5</td><td>1904</td><td>대구별원</td><td>경상북도 대구</td><td rowspan="2">본파 본원사출장소</td><td rowspan="2">경상북도대구부 대화정</td></tr>
<tr><td>1904</td><td>본파본원사</td><td>대구 대화정 1정목</td></tr>
<tr><td rowspan="2">6</td><td>1904</td><td>마산포교소</td><td>경상남도 마산 빈정</td><td rowspan="2">마산출장소</td><td rowspan="2">경상남도 마산부 완월리 308번지</td></tr>
<tr><td>1904</td><td>진종본파본원사 마산출장소</td><td>마산항</td></tr>
<tr><td>7</td><td>1905</td><td>본광사(本光寺)</td><td>평안남도 평양부 앵정 70</td><td>본파 본원사 평양출장소</td><td>평안남도 평양부 수옥리 137번지</td></tr>
<tr><td rowspan="2">8</td><td>1906</td><td>본서사(本誓寺)</td><td>경기도 경성부 원정 2정목 73</td><td rowspan="2">본파 본원사 용산출장소</td><td rowspan="2">경기도 경성부 원정 2정목 73번지</td></tr>
<tr><td>1906</td><td>본파본원사한국 개교원</td><td>용산 원정</td></tr>
<tr><td>7</td><td>1907</td><td>조선별원</td><td>경기도 경성부 약초정 107</td><td></td><td></td></tr>
<tr><td>8</td><td>1907</td><td>서본원사</td><td>경성 장곡천정</td><td></td><td></td></tr>
</table>

9	1907	초량포교소	경상남도 부산부 초량정 69		
10	1907	영등포출장소	경기도 시흥군 영등포	본파 본원사 영등포출장소	경기도 시흥군 북면
11	1907	평양포교소	평안남도 평양부 남문통	본파 본원사 평양출장소	평안남도 평양부 수옥리 137번지
12	1907	진종본파본원사 진주포교소	진주	본파 본원사 진주출장소 (1912)	경상남도 진주군 진주면
13	1907	본파본원사	대구 김천 하정		
14	1908	본서사(本瑞寺)	경기도 인천부 욱정 40		
	1908	인천출장소	인천 사정	본파 본원사 인천출장소	경기도 인천부 사정 제40번지
	1908	진종서본원사 출장소	인천항 궁정 2정목		
15	1908	대성교회	경기도 과천군 외비산		
16	1908	대성교회분교회	경기도 고양군 구파발리		
17	1908	대성교회분교회	경기도 고양군 지정리		
18	1908	본원사분교소	원산 함흥 동양리		
19	1908	통영포교소	통영		
	1908	명증사(明証寺)	경상남도 통영군 통영읍 조일정 369	통영출장소	경상남도 통영군 통영면 조일정 368번지
	1908	진종본파본원사 통영출장소	통영		
20	1908	정주포교소	평안북도 정주군 정주읍 성외동 280		
	1909	정주출장소	평안북도 정주		
21	1909	대성교회분교소	경기도 여주군 천사동		
22	1909	대성교회분교회	경기도 이천군 읍내		

23	1908	김천포교소	경상북도 김천군 김천 황금정		
	1909	김천포교소 김천	경상남도 금산군 김천	본파 본원사 김천출장소	경상북도 김천군 김천면 황금정 72번지
24	1909	장승포포교소	경상남도 거제군 장승포		
	1909	본파본원사 장승포출장소	거제군 입좌촌		
25	1910	대성교회분교회	경기도 죽산군 백암리		
26	1910	대성교회분교회	경기도 양주군 독천리 견성암		
27	1910	대성교회분교회	경기도 양주군 월예면 월곡리		
28	1910	나주출장소	전라남도 나주군 읍내		
29	1910	광주출장소	전라남도 광주 북문내	본파 본원사 광주출장소	전라남도 광주군 북성정
	1910	광종사(光宗寺)	전라남도 광주부 본정 4정목 54	본원사 광주포교소	전라남도 광주군 광주면 서성정
30	1910	겸이포포교소	황해도 황주군 겸이포		
31	1910	안주포교소	평안남도 안주		
32	1910	대광사(大光寺)	경상남도 창원군 진해읍 고사정 42-44	본파 본원사 진해출장소	경상남도 창원군 진해면 구도 39
33	1910	경산포교소	경상북도 경산군 경산면 중방동 331-7	본파 본원사 경산포교소	경상북도 경산군 경산면 삼남동
34	1910	상전사(雙全寺)	전라북도 전주부 고사정	전주출장소	전라북도 전주군 전주면
35	1910	정념사(正念寺)	평안남도 진남포부 명협정 16	본파 본원사 광주출장소	평안남도 진남포부 명협정

※ 출처 : 海外開教要覽刊行委員會, 앞의 책, pp.100-104, 朝鮮總督府編『第四次朝鮮總督府統計年報)』 1911, pp.169-170, 『第二版 最近朝鮮事情要覽』 1912, pp.364-366, 『官報』(1915년 본원사파 '旣設布教所屆出' 건)

이들 자료 중에 비슷한 연도 및 장소가 중복된다고 생각되는 부분은 동일 시설로 간주했다.[58] 그렇게 해서 보면 전체 종교시설 수는 총 35개소다.[59] 이를 연도별로 보면 1880~90년대 3개소, 1904년 3개소, 1905년 1개소, 1906년 1개소, 1907년 7개소, 1908년 7개소, 1909년 4개소, 1910년 11개소다. 즉 본원사파의 조선포교는 러일전쟁 이후인 1907년부터 포교활동이 어느 정도 안정적으로 정착해갔음을 알 수 있다. 『제2판최근조선사정요람』에 나타난 비슷한 시기의 진종대곡파 종교시설 수는 23개소, 정토종 25개소, 진언종 11개소, 조동종 6개소, 일련종 9개소다.[60] 이들과 비교해도 본원사파는 늦은 조선 포교활동에도 1910년까지는 어느 정도 성과가 확인된다. 지역별로 보면 경성, 경기도, 평안남북도, 황해도, 전라남북도, 경상남북도로 전국적으로 포교 영역을 확장해 갔다.

한편, 『관보』에 나타난 종교시설 현황과 비교했을 때 절반 이상이 줄어든 15개소의 종교시설만 확인된다. 물론 그 이유로 당시 종교시설 신고에 누락이 되었을 가능성도 있고, 1915년 시점에 이미 폐지된 종교시설도 생각할 수 있다. 다만 의문이 드는 점은 그렇게 왕성했던 대성교회 종교시설 현황이 1910년까지 확인되지 않다는 점이

58 『관보』와 조선총독부 자료 간에는 시기적으로 1년 정도의 차이를 보이는 것도 있지만 같은 항목으로 해서 하나로 간주했다. 진주포교소는 『관보』자료와 비교해 시기적 꽤 차이가 보여 별도로 연도를 표기하여 기입했다.

59 비슷한 시기라도 당시 총독부에서 발간한 자료들 사이에서도 종교 시설현황에는 차이를 보인다. 이들 자료를 종합적으로 정리한 자료로 반드시 정확한 데이터라고는 할 수 없지만, 본원사파의 당시 포교 현황을 파악할 수 있는 기준은 될 것으로 판단된다.

60 朝鮮總督府編, 『第二版 最近朝鮮事情要覽』, 1912, pp.362-371.

다. 1910년 자료에 따르면 "경성을 본부로 각지에 분교회를 두고 하나의 교회는 대략 5~60인 정도로, 분교회 수는 43개소, 각 분교회 사람들이 월에 1회 정도 회합을 하고 때로는 본부에 가기도 하며, 때로는 한 장짜리 인쇄물을 배부하거나 연합을 취하고 있다."[61] 고 소개할 정도로 왕성한 활동을 엿볼 수 있다. 필자의 역량 부족으로 이 글에서는 그 이유를 파악하지 못했지만 이와 관련해서는 새로운 자료 발굴 및 분석을 기반으로 다음의 논고를 기약하고자 한다. 그럼에도 <표 2> 본원사파 종교시설 현황은 당시 1910년까지의 본원사파의 조선에서의 교세 현황을 가늠하기에는 충분한 근거가 될 수 있을 것이다.

5. 나가며

이상 일본불교 중 본원사파의 조선에서의 포교 양상과 종교시설 현황에 대해 살펴보았다. 지금까지 이 시기 일본불교를 바라보는 관점은 조선 식민지화를 위한 첨병 역할, 내지는 조선인 · 조선불교를 일본화하기 위한 식민지 정책 수단 등으로 인식해왔다. 그 속에는 늘 진종대곡파가 대표적인 종파였고 다른 일본불교 종파에는 그렇게 시선을 두려 하지 않았는데, 그 이유는 한국 근대사의 '친일-항일' 대립구도 도식에 적합한 종파가 진종대곡파였기 때문이다.

61 京大 竹朗生(投), 앞의 기사.

이글에서 고찰한 본원사파의 조선 내 활동은 진종대곡파와는 다른 양상을 보였다. 개인 포교가 그 시작이었고 조선포교를 위한 본원사파 교단의 재정도 녹녹하지 않았다. 그리고 조선의 국내 사정으로 조선 포교에 몇 번이나 좌절의 경험을 거듭할 수밖에 없었다. 그리하여 조선 포교가 본격화된 시점은 진종대곡파보다 훨씬 늦은 러일전쟁 이후인 1907년이다. 무엇보다 진종대곡파와는 달리 조선인 대상의 포교가 활발했다. 대성교회의 신자는 몇천 명에 이르렀고 운영간부는 모두 조선인이었다. 조선인들이 운영하고 조선어 법요를 했으며 조선어가 안되는 일본인에게는 통역이 수반되었다. 즉 조선인 대상의, 조선인 중심의 본원사파 종교시설이었던 것이다. 또한 종교시설 역시 다른 일본불교 종파에 비해 많은 수를 차지했다. 이러한 양상들은 서론에 언급한 하나의 '일본불교' 틀에서는 도저히 볼 수 없는 본원사파만의 특징이라 할 수 있다.

이처럼 일본불교 개별 종파를 대상으로 조선에서의 그 실태를 파악하는 작업은 식민지 공간에서 일본불교 활동의 전체상을 파악하기 위해 가장 선행적으로 이루어져야 한다. 이러한 연구를 통해서만 일본불교의 조선포교 활동 의미와 역사적 의의를 종합적으로 도출할 수 있을 것이다. 마지막으로 이글에 다루지 못한 1910년 이후의 본원사파의 활동과 타 종파에 관한 연구는 향후 과제로 삼겠다.

제4장

일본계 기독교의 조선전도 양상 연구

『조선총독부관보』(1911~1945) 기록을 중심으로

김성은

1. 들어가며

1) 선행연구 분석

근대 한국에 일본계 기독교가 유입되었다는 사실은 잘 알려져 있지 않다. 그러나 청일전쟁 직후 1896년 12월 기독동신회의 노리마쓰 마사야스(乗松雅休)가 조선인 전도를 위해 경성에 왔다. 그 후 러일전쟁 시기인 1904년 2월 장로교회 전통의 일본기독교회(日本基督教会, 이하 기독교회)가 부산에서, 같은 해 5월 감리교회 전통의 일본메소디스트교회(日本メソジスト教会, 이하 메소디스트교회)가 경성에서, 같은 해 6월 회중교회 전통의 일본조합기독교회(日本組合基督教会, 이하 조합교회)가 경성에서 재조일본인을 위한 전도활동을 시작하였다.

그리고 1910년 한일강제병합을 계기로 일본계 기독교에서는 조선전도론이 본격적으로 전개되었다. 특히 조합교회는 조선총독부의 지원에 힘입어 1910년대에 단기간에 조선에서 교세를 확장한 교파로 알려져 있다.

그로 인해 일본계 기독교의 조선전도에 관한 선행연구는 와타제 쓰네요시(渡瀨常吉)가 주도한 조합교회의 전도활동에 집중되었다(裵貴得, 2012, pp.30-74; 박혜미, 2013, pp.79-126; 박은영, 2016, pp.101-120). 드물게 기독교회, 노리마쓰 마사야스에 관한 연구도 있다(코우즈키 이치로우, 2013; 李元重, 2016; 연승·이시준, 2016, pp.483-503).

그러나 이러한 선행연구는 특정 교파만 분석하였다는 점과 해당 교단이나 포교자의 개인 기록을 중심으로 분석하였다는 점에서 한계를 지닌다. 일본계 기독교의 조선전도의 전체상을 연구하기 위해서는 관련 자료 수집과 통계화, 그리고 이를 기반으로 한 종합적이고 구체적인 분석이 필요하다.

본고에서는 조선총독부 발행 『조선총독부관보』(이하 『관보』)의 일본계 기독교 관련 기록을 정리하고 통계자료로 작성하였다. 이를 토대로 일본계 기독교가 근대 한국사회에 유입된 양상, 즉 교파별, 지역별, 시기별 분포 현황을 분석하였다. 향후 일본계 종교가 근대 한국에 어떠한 영향을 미쳤는지 거시적 담론을 이끌어내기 위한 사전작업이라고 할 수 있다.

2) 『조선총독부관보』 내 종교 관련 기록 현황

『관보』는 1910년 8월 29일부터 1945년 8월 30일까지 일제강점기 35년 동안 지속적으로 발간된 조선총독부의 공식 기관지다. 연평균 298.5회, 35년간 총 10,450호가 발간되었다(대한불교조계종총무원, 2001,

p.8). 이 가운데 종교에 관한 기록은 1910년 9월 21일 발행한 메이지(明治) 21호의 「처분」에 기독교회 포교관리자 오타니 야스시(大谷虞)에 대한 선임 인가를 한 것이 최초의 기록이다. 종교 포교에 대한 사항을 「사사, 종교」로 따로 구분하여 기록한 것은 1911년 5월 11일에 발행된 메이지 207호부터이며, 1945년 7월 10일 쇼와(昭和) 5529호의 '포교담임자변경계'(布教担任者変更届)가 종교에 대한 마지막 기록이다(권동우, 2022, p.227).

종교에 관한 사항이 본격적이고 체계적으로 『관보』에 게재되기 시작한 것은 1915년 '포교규칙'과 '신사사원규칙' 시행에 따른 변화였다. '신사사원규칙'은 일본이 조선 각지에 세운 신사들과 일본불교 사원들에 대한 법령이기 때문에 일본계 기독교에는 적용되지 않았다. 그러나 '포교규칙'은 교파신도, 일본계 불교, 일본계 기독교와 조선불교, 조선기독교를 모두 적용 대상으로 하고 있었다. 따라서 조선에 진출한 일본계 기독교에 대해서는 '포교규칙'에 근거하여 포교자와 포교소를 관리하고 신규 및 변경사항을 『관보』에 게재하였다.

본고는 2021년 한국연구재단 일반공동연구지원사업의 일환으로 『관보』에 기록된 일본계 종교와 관련된 항목을 통계화하는 작업에 기초하였다. 불교, 교파신도, 기독교의 영역을 나누어 '교회당설치인가'(教會堂設置認可), '포교소설치인가'(布教所設置認可), '기설포교소에 관한 계출'(既設布教所ニ關スル屆出), '기설포교소계출'(既設布教所屆出), '포교소설립허가'(布教所設立許可), '포교소설치허가'(布教所設置許可), '포교소설립계'(布教所設立屆), '포교소설치계'(布教所設置屆), '포교소설립인가'(布敎所設立認可) 9개 건명으로 분석 통계자료를 추출하고 '포교소명칭변경계'(布敎所名稱變更屆), '포교소소재지변경계'(布敎所所在地變更屆)를 참고하면서 통계 오류를 수정하였다. 그리고 교파명, 교회명, 주소, 포교자명, 인가일, 발표일, 관보호수를 기준으로 정리하였다.

일본계 기독교의 조선전도에 관한 연구 가운데 『관보』자료를 통계화한 선행연구는 김태훈의 연구가 있다. 그는 2018년부터 2021년까지 일본 문부과학성 산하 일본학술진흥회의 연구지원을 받아 '식민지 조선에 있어서 일본인 종교자에 관한 기초적 조사 연구'를 진행하였고, 연구결과를 데이터베이스화하여 웹사이트에 공개하고 있다.[1] 또한 이와 관련된 연구논문도 발표하여 일본계 종교를 불교, 교파신도, 기독교로 나누어 지역별, 시기별 분포에 대해 개괄하였다(김태훈, 2020, pp.233-273). 다만 그의 연구는 후속연구를 위한 기초적인 연구로서 개별 종교에 대한 구체적 논증을 금후의 과제로 남겨두었다.

2. 일본계 기독교의 조선전도 전체 양상

김태훈은 『관보』에서 확인되는 각 종파별 포교 거점의 총수를 1,453개로 파악하고 있다. 포교 거점별 분포에 대해서는 일본불교가 955개로 전체의 66%, 이어서 교파신도가 385개로 26%, 그리고 일

1 '식민지 조선의 일본인 종교자' 웹사이트 주소는 다음과 같다. www.jrpkc.org

본계 기독교는 112개 8%로 가장 적다고 분석하고 있다. 일본계 기독교의 활동이 일본계 불교나 교파신도와 비교해서 적었다는 점을 밝힌 것이다(김태훈, 2020, pp.245-246). 그는 조합교회, 기독교회, 메소디스트교회 3교파를 통계대상으로 삼았는데 이후 성주현, 고병철의 연구도 김태훈의 통계자료를 기반으로 이루어지고 있다(성주현 · 고병철, 2021, pp.167-208).

그러나 『관보』를 살펴보면 3개의 주요 교파뿐만 아니라 동양선교회홀리니스교회, 나사렛교회, 기독동신회와 같이 다양한 교파가 패전까지 조선에서 전도를 계속하였음을 알 수 있다. 그러므로 본고에서는 3교파 외에도 『관보』에서 신규 포교소 설립이 확인되는 동양선교회홀리니스교회, 나사렛교회, 기독동신회도 통계수치에 포함하였다.

먼저 일본계 기독교의 교파별 신규 포교소 분포 비율을 살펴보자.

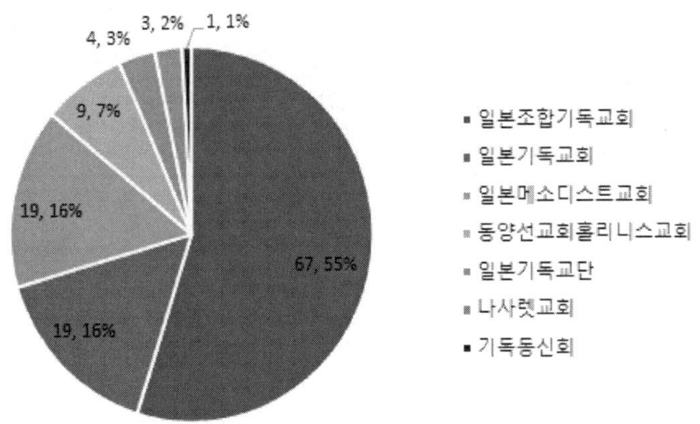

〈그래프 1〉 일본계 기독교 교파별 신규 포교소 분포 비율

<그래프 1>에서 보듯이 조합교회가 67개소로 전체의 55%, 이어서 기독교회와 메소디스트교회가 각각 19개소로 16%를 차지하고 있다. 일본 기독교의 주류를 이루고 있는 3대 교파가 신규 포교소의 87%의 비중을 차지하고 있는 것이다. 그 외에 눈에 띄는 교파는 동양선교회홀리니스교회와 일본기독교단이다. 동양선교회홀리니스교회는 다음 장에서 구체적으로 살펴보기로 하겠다. 일본기독교단은 1939년에 일본에서 시행된 '종교단체법'에 의해 1941년 6월 일본계 기독교의 주요 교파가 하나의 교단으로 통합되어 탄생했다. 일본기독교단의 성립과 동시에 일본 개신교회는 각 교파의 역사를 마감하게 된다. 따라서 일본기독교단 명칭으로 조선에 설립된 포교 거점은 1941년 이후에만 4개가 존재한다. 나사렛교회와 기독동신회는 각각 3개, 1개에 그치고 있다.

신규 포교 거점의 시기별 설립 추이는 <표 1>과 같다.

〈표 1〉 일본계 기독교 교파별 포교소 설립 추이

	일본 조합 기독 교회	일본 기독 교회	일본 메소 디스트 교회	동양 선교회 홀리니스 교회	일본 기독 교단	나사렛 교회	기독 동신회	합계
~1915	**27** **(32)**	**12** **(13)**	11			3	1	54
1916~1920	**36** **(24)**	1	2	1				40
1921~1925	**1** **(11)**	3	2	2				8
1926~1930	2	1	1	1				5

1931~1935	**0** **(1)**		2	5				7
1936~1940	1	**2** **(1)**	1					4
1941~1945					**4** **(3)**			4
합계	**67** **(71)**	19	19	9	**4** **(3)**	3	1	122

* 괄호는 김태훈 선행연구의 통계수치

<표 1>에서 밑줄 친 진한 부분은 김태훈의 통계와 일치하지 않는 수치다. 일본계 기독교는 1915년의 '포교규칙' 시행 이전에 이미 54개의 포교소가 설치되어 있었다. 그 후 신규 포교소는 1916년부터 1920년까지 40개소가 설치되었다. 1916년부터 1920년 사이에는 조합교회만 증가세가 두드러졌다.

연도별 신규 포교소 설립 추이를 그래프로 나타내면 다음과 같다.

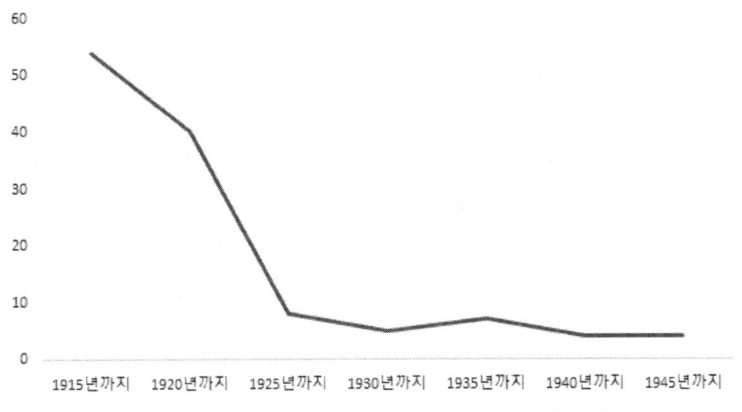

〈그래프 2〉 일본계 기독교 신규 포교소 설립 추이

<그래프 2>에서 주목할 시기는 1910년대와 1931년부터 1935년까지의 2시기다. 첫 번째 1910년대는 조합교회가 급격히 교세를 확장한 시기다. 언뜻 보면 1915년 이후 신규포교소 인가의 증가세는 감소하는 것처럼 보인다. 그러나 3대 교파인 기독교회, 메소디스트교회, 조합교회가 1904년부터 재조일본인을 대상으로 선교를 시작한 시점을 고려하면, 1915년까지 54개가 설치된 데 비해 1916년부터 20년까지 5년 사이에 40개가 신설된 것은 증가세가 계속된 것으로 해석할 수 있다. 1920년부터 정체기에 들어간 것이다.

두 번째 1931년부터 1935년까지는 포교소 신설이 일시적으로 증가한 시기다. <표 1>에서 이 시기에 신설된 7개중 가장 많은 5개 포교소를 신설한 교파는 동양선교회홀리니스교회다. 다른 교파의 정체기에 조선전도를 적극적으로 했던 배경과 원인에 대해서는 다음 장에서 살펴보겠다.

다음으로 각 지역별로 신규 포교소 분포를 살펴보자.

〈표 2〉 일본계 기독교 교파별 지역 분포

	일본 조합 기독 교회	일본 기독 교회	일본 메소 디스트 교회	동양 선교회 홀리니스 교회	일본 기독 교단	나사렛 교회	기독 동신회	합계
경성	**8** **(12)**	6	1	1	1	1	1	20
경기	6		2					8
부산	1	1	1	1				4
경상	3	**3** **(4)**	1	1	1			9

전라	18	6		2				26
충청	13		2					15
강원	**4** **(5)**							4
평양	2	1	1	3		2		9
평안	9	1	1					11
황해	1		3					4
함경	**2** **(1)**	1	7	1	2			13
합계	**67** **(71)**	19	19	9	4	3	1	123

김태훈은 평양과 평안도를 구분하지 않았는데 본고에서는 평양이 기독교가 부흥했던 지역임을 감안하여 구분하였다. <표 2>를 그래프로 나타내면 다음과 같다.

〈그래프 3〉 각 교파의 지역별 포교소 설치 분포

또한 김태훈에 의하면 교파신도, 일본계 불교, 일본계 기독교를 합친 전체 종교 포교소 분포 비율은 <그래프 4>와 같이 지역 분포가 고르다. 그러나 <그래프 5>를 보면 일본계 기독교의 포교소 분포 비율은 지역적 편차를 보인다.

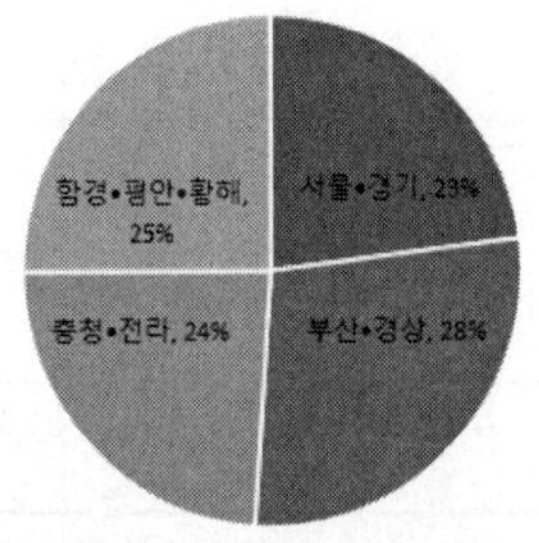

〈그래프 4〉 전체 종교 포교소 분포 비율(김태훈, 2020, p.250)

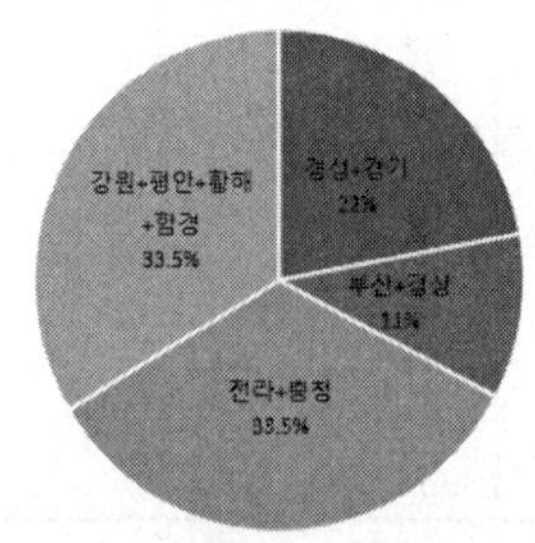

〈그래프 5〉 일본계 기독교 포교소 분포 비율

일본계 기독교는 포교 거점 분포 비율이 부산+경상 지역이 11%로 매우 적다는 점과 전라+충청이 33.5%, 강원+평안+황해+함경이 33.5%로 높다는 점에서 일본계 불교, 교파신도와 다르다. 이러한 지역적 특징이 나타나는 배경과 원인을 교파별로 살펴보자.

3. 각 교파별 조선전도 양상

1) 일본조합교회

조합교회는 기독교회와 함께 근대 일본의 2대 개신교파 중 하나다. 1869년 아메리칸 보드(American Board of Commissioners for Foreign Missions)에 속한 D・C・그린(Daniel Crosby Greene)이 일본에 온 것을 계기로 시작되었다. 미국 회중파의 신앙을 계승하여 각 교회의 자립, 자치를 중요시하였고 관서지역을 중심으로 교회를 형성해 갔다.

1886년 아메리칸 보드의 전도 결과 탄생한 31개의 교회가 모여서 정식으로 '일본조합기독교회'를 결성했다. 그 후 러일전쟁 시기인 1904년 6월 경성에서 조선전도를 시작하지만 재조일본인을 중심으로 한정되었다. 조합교회는 1910년 한일강제병합을 계기로 조선전도를 결의하고 조선전도부를 설립하였다. 그리고 와타제 쓰네요시가 조선전도부 주임으로 취임하여 1911년 6월에 경성에서 전도를 시작했다.

이와 같은 배경 속에서 시작된 조합교회의 조선전도 현황을 『관보』 자료를 통계화하여 살펴보자.

〈표 3〉 조합교회 시기별・지역별 포교소 설치 현황

	경성	경기	부산	경상	전라	충청	강원	평양	평안	황해	함경	합계
~1915	6	1			10	1		2	7			**27** **(32)**
1916~1920	1	5		3	8	10	4		2	1	2	**36** **(24)**
1921~1925						1						**1** **(11)**
1926~1930	1					1						2
1931~1935												**0** **(1)**
1936~1940			1									1

1941~ 1945											0
합계	**8** **(12)**	6	1	3	18	13	**4** **(5)**	2	9	1	**2** **(1)**	**67** **(71)**

<표 3>에서 주목할 점은 1925년까지 통계 수치가 김태훈 연구와 차이가 크다는 것이다. 본고에서는 1913년 6월 3일 '포교소설치인가'된 한성기독교회가 1915년 9월 10일 '포교소위치변경'을 하고 1915년 12월 23일 '기설포교소계출'을 한 것으로 확인되었다. 그래서 최초 1913년 6월 3일 '포교소설치인가'만 1건으로 수치화하였다. 또한 전라도에서는 '기설포교소계출'(1915.12.27.) 내용이 '포교소설립인가'(1914.12.29.) 내용과 교회명, 주소가 동일하여 1건으로 수치화했다. 이와 같은 기준으로 '기설포교소계출'은 이전의 '포교소설립인가'와 '포교소명칭변경계', '포교소소재지변경계'를 함께 참고하여 수치화했다.

다음으로 지역별 포교소 설치 분포를 그래프로 살펴보자.

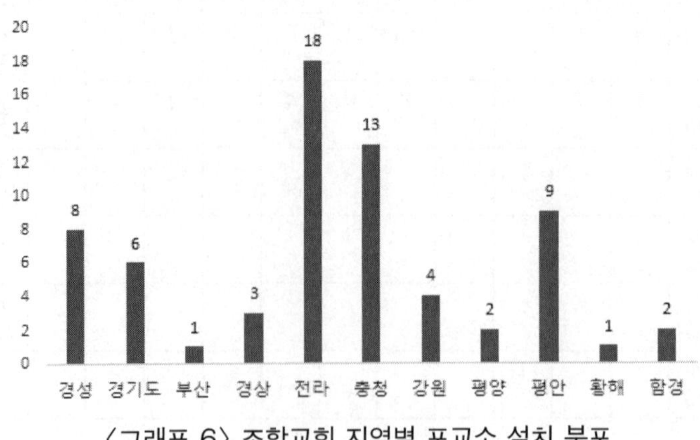

〈그래프 6〉 조합교회 지역별 포교소 설치 분포

조합교회는 전라+충청 지역에서 31개(46.2%)로 가장 높은 비율을 차지하고 있다. 다음으로 경성+경기 14개(20.9%), 평양+평안 11개(16.4%) 순서다. 앞서 <그래프 3>을 보면 조합교회는 유일하게 전국적으로 신규 포교소가 분포되어 있는 교파임을 알 수 있다. 특히 전라도와 충청도에서 다른 교파에 비해 압도적으로 우세하다. 경성+경기, 평양+평안에서도 다른 교파에 비해 약진이 두드러진다. 앞서 <그래프 5>에서 부산+경상지역에서 기독교 포교소가 적었다고 지적한 것처럼 조합교회의 포교소도 4개(6%)에 불과했다.

1903년 3월 조합교회의 대표 미야가와 쓰네테루(宮川経輝)와 기독교회 전도국 국장 기야마 고지로(貴山幸次郎)는 조선을 시찰하면서 북장로교 선교사 스미스(Walter Everett Smith)를 비롯한 재조 선교사들과 회합을 갖고 재조일본인과 조선인 전도의 가능성을 타진했다. 그 때 당시 경성학당의 학장이었던 와타제가 경성에서 오래 활동하였기 때문에 조합교회는 경성에서 전도를 개시하고 기독교회는 부산에서 전도를 개시하기로 하였다(山本秀煌, 1929, pp.304-305). 이와 같이 경성에서 시작된 조합교회의 조선전도가 어떻게 전라+충청 지역에서 단기간에 급성장할 수 있었는지, 그 요인과 배경을 살펴볼 필요가 있다.

배귀득의 선행연구에서 지적된 것처럼 조합교회 성장은 1910년 최중진이 전라북도에서 반선교사적, 반교권적 교회를 주장하며 장로교파에서 독립하여 자유교회를 설립한 사실과 깊은 연관이 있다(裵貴得, 2012, pp.30-36, pp.55-57). 자유교회 주요 인물로서 최중진 외에 평안도에서 장로교파에서 탈퇴한 차학연, 충청남도에서 감리교계통의 대한기독교를 탈퇴한 신명균 등을 꼽을 수 있다. 이후 차중진이 와타제를 방문하고, 와타제가 전라남북도, 충청남도 전도여행을 하면서 두 지역에서 자유교회의 조합교회 가입이 급속히 대량으로 이루어졌다(渡瀨常吉, 1914, pp.3-7, pp.18-21, pp.25-26, pp.42-43).

따라서 조합교회가 전라도와 충청도에서 다른 교파에 비해 압도적으로 우세했던 주요 요인은 1910년대에 서양 선교사들로부터 독립을 추구한 조선인 기독교 그룹의 조합교회 가입이라고 말할 수 있다. 이와 같이 전라+충청 지역에서 단기간 교세확장은 조합교회의 지역적 특성, 나아가 일본계 기독교의 지역적 특성으로 통계에 드러난 것이다.

그러나 선행연구에서 조합교회의 조선전도활동이 1919년 3·1운동을 계기로 1920년대에 막을 내렸다는 내용은 검토가 필요하다(도히 아키오, 2012, p.290). 포교 폐지신고 인가 통계자료와 부합하지 않는 점이 있기 때문이다.

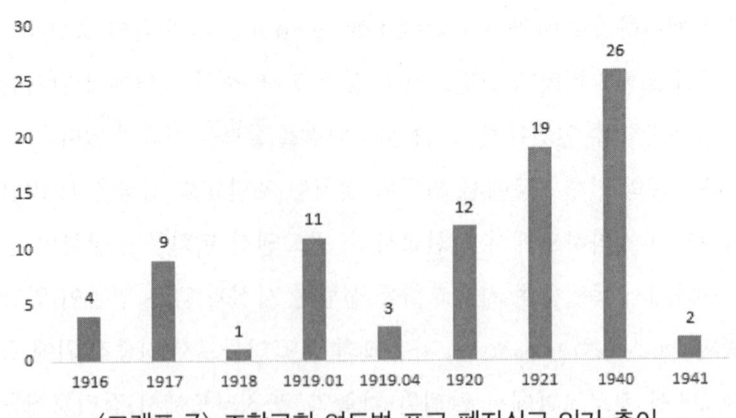

〈그래프 7〉 조합교회 연도별 포교 폐지신고 인가 추이

<그래프 7>을 보면 87건의 포교 폐지신고 중에 25건(28.7%)이 1919년 3월 1일 이전에 인가되었다. 특히 1919년 1월, 3·1운동 직전에 11건(12.6%)으로 높은 건수를 보인 점은 주목해야 한다. 3·1운동 이전부터 28.7%에 달하는 포교소가 폐지 신고를 한 원인과 배경이 무엇인지 금후의 과제로 검토해야 한다.

또한 3·1운동 직후라고 할 수 있는 1919년 4월 및 1920년, 1921년에 34건(39.1%) 못지않게 1940년, 1941년에 28건(32.2%)에 달하는 것도 주목해야 한다. 조합교회가 1921년 연차총회에서 조선전도를 폐지하고 '조선회중기독교회'(朝鮮会衆基督教会)로 전환한다고 했지만, 1940년, 41년까지 조합교회의 조선전도는 계속되었던 것이다. 3·1운동 이후인 1919년 6월에도 신규 포교 거점이 인가되고 1920년대 2개, 1930년대 2개로 미미하지만 꾸준히 개설되고 있었다.

이와 관련하여 『조선의 종교와 향사일람』(朝鮮における宗教及享祀一覧), 『조선의 종교와 향사요람』(朝鮮における宗教及享祀要覧)에 기초하여 작성한 표를 살펴보자. 이것은 조선총독부가 종교와 조선 전통 향사를 구별하고 종교로 구분된 교파신도, 불교, 기독교를 각 교파별로 포교소 수, 포교자 수, 일본인 신도수와 조선인 신도수 등을 조사하여 매해 발간한 자료다.

〈표 4〉 조합교회 연도별 신도수 추이[2]

연도	일본인	조선인	외국인	계
1916	480	11,280	0	11,760
1917	542	11,228	0	11,770
1918	587	13,541	0	14,128
1919	618	14,387	0	14,905
1920	698	14,254	0	14,952
1921	636	0	0	636
1922	763	3	0	764
1923	665	1	1	667
1924	747	3	3	751
1925	907	6	2	915
1926	919	3	2	924
1927	842	3	2	847
1928	916	8	2	926
1929	945	7	3	955
1930	975	5	2	982
1931	1,054	15	2	1,071
1932	761	6	2	769
1933	1,054	12	4	1,070
1934	1,036	8	4	1,038
1935	1,156	15	9	1,180
1936	1,105	36	0	1,141
1937	1,103	1	0	1,104
1938	747	11	0	758
1939	611	262	0	873
1940	627	20	0	647

2 1926년, 1936년 『조선의 종교와 향사일람』(朝鮮における宗教及享祀一覧), 1940년 『조선의 종교와 향사요람』(朝鮮における宗教及享祀要覧)에 기초하여 연도별 신도수 추이를 표로 작성하였다. 이하 동일.

통계자료를 살펴보면 1916년부터 1920년까지 조선인 신도수가 일본인 신도수보다 2배 이상 많았다. 그러나 1921년에는 조선인 신도수가 0을 기록하고 이후 1939년에 262명을 제외하면 미미한 수치에 머무른다. 반면 일본인 신도수는 1920년대에도 꾸준히 증가하고 있고 1935년에 1,156명으로 최대 인원을 기록한다.

앞서 1920년대, 1930년대에 개설된 신규 포교소 지역을 구체적으로 살펴보면 1924년 청주, 1926년 대전, 1930년 경성, 1939년 부산이다. 모두 일본인 인구수가 많았던 지역임을 고려할 때, 1920년대부터는 조합교회의 조선전도가 재조일본인 대상으로 선회되어 계속되었음을 추측할 수 있다.

2) 일본기독교회

다음으로 근대 일본의 최대 개신교파였던 기독교회의 조선전도를 살펴보자. 기독교회는 1887년 미북장로교회, 화란개혁교회, 스코틀랜드장로교회 선교부가 논의를 거쳐 '일본기독일치교회'(日本基督一致教会, the United Church of Christ)를 연합교회로 세우면서 시작되었다. 이후 1890년 일본인 스스로 자주적인 신앙고백과 헌법을 제정하고 1891년 '일본기독교회'를 설립하였다. 조합교회가 관서지역을 거점으로 한 것에 비해 기독교회는 관동지방을 거점으로 삼아 전국으로 교세를 확장했다. '요코하마밴드'(横浜バンド)[3]로 불리는 우에무라 마

3 삿포로밴드, 구마모토밴드와 함께 일본 개신교의 원류가 되는 일본 기독교인 그룹, 1872년 요코하마에서 일본기독공회를 결성한 멤버를 요코하마밴드라고 부른다.

사히사(植村正久), 오시카와 마사요시(押川方義)가 이 교파의 대표적 인물이다.

기독교회에서 조선전도를 먼저 주장한 것은 시마누키 효다유(島貫兵太夫)다. 그는 1892년 10월 21일 『복음신보』(福音新報)에서 「가서 조선에서 전도하라」(往て朝鮮に伝道せよ)라는 글을 발표했다. 일본이 동양의 맹주이며 모든 분야에서 지도적 입장에 있기 때문에 전도의 책임도 있다는 논지였다(小川圭治 · 池明観, 1984, pp.18-23). 이후 1894년 청일전쟁이 발발하여 일본의 아시아 지배가 본격화되면서 조선전도론은 활기를 띠기 시작했다. 1903년 기독교회 회합(大会)에서 조선전도 개시 결의안이 만장일치로 가결되었다. 이러한 경위를 거쳐 1904년 기독교회는 아키모토 시게오(秋元茂雄)를 부산에 파송했다. 이 시기의 조선전도는 재조일본인을 대상으로 한 것이었다.

이와 같은 배경 속에서 시작된 기독교회의 조선전도 현황을 『관보』 자료를 통계화하여 살펴보자.

〈표 5〉 기독교회 시기별 · 지역별 포교소 설치 현황

	경성	경기	부산	경상	전라	충청	강원	평양	평안	황해	함경	합계
~1915	4		1	**3** **(4)**	3				1			**12** **(13)**
1916~1920								1				1
1921~1925	1				2							3
1926~1930					1							1
1931~1935												0

1936~1940	1 (0)										1	2 (1)
1941~1945												0
합계	6 (5)	0	1	3 (4)	6	0	0	1	1	0	1	19

여기서 2건이 김태훈의 선행연구와 수치상 차이를 보인다. 첫 번째로 경상지역 4건 중 1914년 6월 12일 창원군의 '포교소설치인가'는 1915년 12월 20일 '기설포교소계출'과 같은 주소로 중복된다. 그래서 본고에서는 3건으로 수치화했다. 두 번째로 『관보』에는 일본기독일치교회(日本基督一致教会) 명칭의 '포교소설치계'가 1937년 3월 9일 경성에서 1건 있었다. 앞서 설명한 것처럼 기독교회의 전신이 되는 교파이기 때문에 기독교회로 합쳐서 통계를 냈다.

다음으로 지역별 특징을 그래프로 살펴보자.

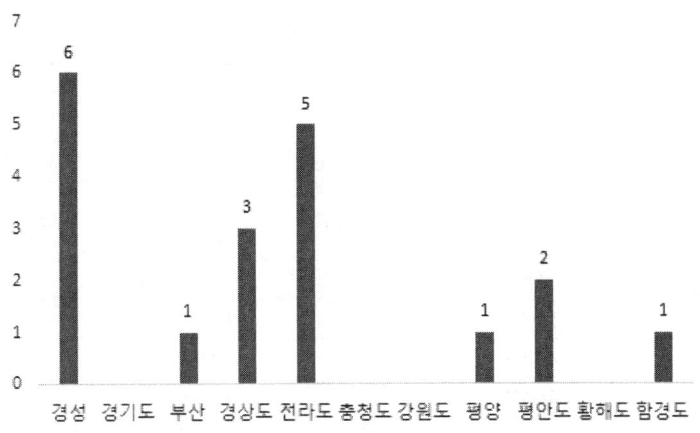

〈그래프 8〉 기독교회 지역별 포교소 설치 분포

<그래프 8>을 <그래프 5>와 비교해 보면, 기독교회는 다른 교파와 달리 부산+경상 지역이 4개(21%)로 높은 비중을 차지하고 있는 점이 특징적이다. 기독교회가 부산에서 전도활동을 시작한 점과 연관성이 있는지 금후 검토가 필요하다.

또 하나 주목할 점은 지역별 세부 분포다. 경성 6, 목포 2, 익산 1, 전주 1, 광주 1, 부산 1, 대구 1, 마산 1, 창원 1, 평양 1, 평안도 신의주 2, 함경도 경흥군 나진읍 1이다. 이와 같이 기독교회의 전도활동은 도시 중심으로 이루어졌음을 알 수 있다. 특히 목포, 마산, 부산은 재조일본인 거주지가 조성된 항구도시이고 나진도 대륙진출의 거점으로 삼은 항구다.

이와 관련하여 기독교회의 전도와 당시의 지역 인구 분포와의 관계성을 살펴보기 위해 『조선총독부통계연보』(朝鮮總督府統計年報)를 확인해 보자(朝鮮總督府, 1944, p.17).

〈표 6〉 1942년 말 기준 지역별 인구 분포

지역	조선인		일본인	
	호 수	인구	호 수	인구
경기	570,957	3,223,856	46,180	206,627
충청	173,033	2,647,263	2,462	37,645
	292,347		6,506	
전라	315,725	4,538,748	8,134	80,613
	527,146		10,627	
경상	477,674	5,105,096	10,991	144,218
	464,010		22,949	
황해	365,336	1,956,156	6,802	26,189

평안	338,702	3,737,723	12,429	83,515
	334,317		8,866	
강원	333,912	1,866,260	5,806	21,101
함경	356,318	3,286,299	17,499	152,915
	233,492		20,098	
계	4,782,969	26,361,401	179,349	752,823

전국 인구 분포를 볼 때 재조일본인의 거주 양상은 경기 20만을 비롯하여 함경, 경상, 평안, 전라, 충청, 황해, 강원 순으로 되어 있다. 경성, 함경, 경상, 평안, 전라의 대도시와 재조일본인 거주지에 기독교회 포교소가 집중된 것을 보면 일본인 인구와 포교소 설치의 상관관계가 어느 정도 성립된다고 할 수 있다. 일본인 인구 비율이 낮은 충청도, 황해도, 강원도 지역에는 포교소가 설치되지 않았다.

다음으로 시기별 추이를 그래프로 살펴보자.

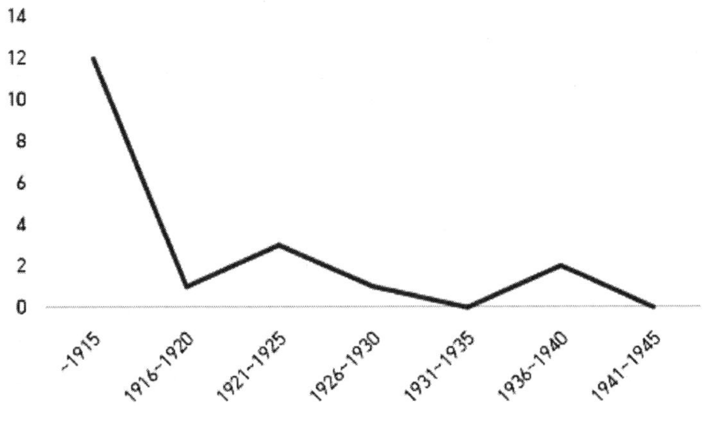

〈그래프 9〉 기독교회 신규 포교소 설립 추이

시기적 특징은 1916년부터 1920년 사이에는 증가세가 급감하다가 1921년부터 1925년 사이에 신규 포교소 수가 일시적으로 증가했다는 점이 눈에 띈다. 조합교회가 1920년 이후 정체기에 들어간 것과 차이를 보인다. 이와 관련하여 신도수 추이를 표로 살펴보자.

〈표 7〉 기독교회 연도별 신도수 추이

연도	일본인	조선인	외국인	계
1916	414	8	0	422
1917	577	18	0	595
1918	511	144	0	655
1919	1,087	113	0	1,202
1920	1,228	0	0	1,338
1921	1,192	0	0	1,192
1922	1,228	0	0	1,228
1923	1,493	0	0	1,493
1924	1,541	0	0	1,541
1925	1,526	15	0	1,541
1926	1,529	0	0	1,529
1927	1,309	77	0	1,286
1928	1,556	69	0	1,625
1929	1,768	73	2	1,843
1930	1,916	19	0	1,933
1931	2,083	95	0	2,178
1932	1,516	125	0	1,641
1933	1,781	21	0	1,802
1934	1,555	162	0	1,718
1935	1,503	16	0	1,519
1936	1,228	180	0	1,408

1937	1,457	16	0	1,473
1938	1,682	42	0	1,724
1939	1,428	533	7	1,968
1940	1,584	252	0	1,836

이와 같이 기독교회의 교세는 다소의 변동은 있었지만 1931년까지 일본인 신도수가 꾸준히 증가했다. 그에 비해 조선인은 때때로 100명 이상의 신도수를 기록하기도 하지만 대부분은 100명이 되지 않는 규모에 그치고 있다. 조선인 전도를 위한 노력이나 조선인의 교회 출입은 있었지만, 결국 재조일본인을 주체로 한 전도에 머물렀다고 말할 수 있다. 1904년 재조일본인 전도를 목적으로 시작된 조선전도의 기조가 1940년까지 변함없었던 것이다.

따라서 기독교회의 조선전도는 시종일관 재조일본인 전도가 중심이었다. 재조일본인이 많은 개항지, 혹은 식민지 지배를 위해 개발한 도시에 포교자를 파송하고 포교소를 설립했다. 그 결과 재조일본인 신자가 꾸준히 증가했다. 결국 기독교회의 조선전도는 일본 국내 전도의 연장선에서 이루어졌다고 말할 수 있다. 재조일본인 전도를 기반으로 조선인에게 전도가 확대되는 경우는 매우 제한적이었던 것이다.

3) 일본메소디스트교회

근대 일본에는 미국 북감리교회, 캐나다 감리교회, 미국 남감리교회에서 선교사가 파송되었다. 먼저 미국 북감리교회, 캐나다 감리교회가 1873년 일본전도를 시작하여 각각 '미이교회'(美以教会), '일본

메소디스트교회'라고 불렀다. 미국 남감리교는 1886년 일본에 와서 '남미이교회'(南美以教会)라고 칭해졌다.

1907년 이 3개 교파가 합동해서 '일본메소디스트교회'를 설립했다. 전도활동 뿐만 아니라 교육사업에도 열심이어서 아오야마학원(青山学院), 간세이학원(関西学院) 등 일본의 대표적인 미션스쿨을 설립한 교파다.

조선전도에 가장 먼저 나선 것은 미이교회였다. 미이교회는 3개 교파 합동 전에 1904년 혼다 요이쓰(本多庸一)가 제출한 「조선전도결의안」을 만장일치로 승인하였다. 이 결의에 따라 기하라 호카시치(木原外七)가 1904년 5월 조선에 파송되었다. 그 후 약 10년간 조선에서 전도하며 메소디스트교회의 조선전도의 토대를 마련하였다.

기하라는 파송된 다음 달에 메소디스트교회 기관지 『호교』(護教)에 「조선전도에 임하여」(朝鮮伝道に就て)라는 제목으로 조선전도의 기본방침을 발표했다. 청일, 러일 전쟁은 조선의 독립을 완수하고 조선을 문명으로 나아가게 하기 위한 것이고 조선 경영을 위해서는 정치, 경제 분야뿐만 아니라 종교가도 그 역할을 해야 한다고 강조했다(小川圭治・池明観, 1984, pp.82-83).

이와 같은 배경 속에서 시작된 메소디스트교회의 조선전도 현황을 『관보』자료를 통계화하여 살펴보자.

〈표 8〉 메소디스트교회의 시기별 · 지역별 포교소 설치 현황

	경성	경기	부산	경상	전라	충청	강원	평양	평안	황해	함경	합계
~1915	1	1	1			1		1	1	1	4	11
1916~1920				1						1		2
1921~1925						1					1	2
1926~1930										1		1
1931~1935		1									1	2
1936~1940											1	1
1941~1945												0
합계	1	2	1	1		2		1	1	3	7	19

메소디스트교회는 전라, 강원을 제외하고 거의 전국 규모로 포교소를 설치하였다. 함경지역이 7개로 36.8%를 차지하고 있는 점이 주목된다. 1915년에 이미 경성(鏡城) 2, 함흥 1, 원산 1과 같이 4개가 설치되어 있었고 이후 청진 1, 함주 1, 회령 1과 같이 꾸준히 설치되었다. 메소디스트교회가 함경지역에서 전도가 활발했던 요인과 배경에 대해서는 금후 검토가 필요하다.

다음으로 시기적 추이를 그래프로 나타내면 다음과 같다.

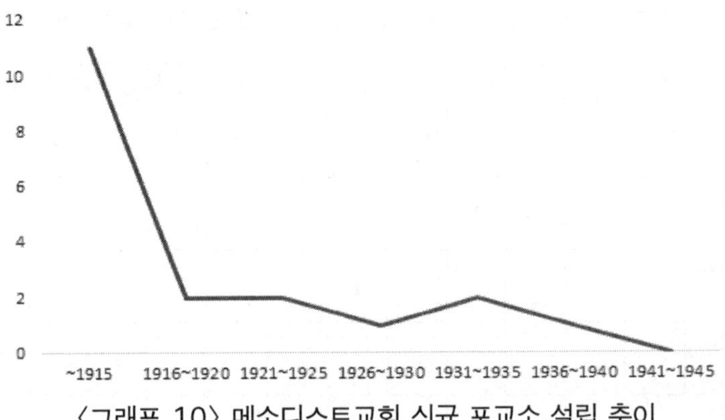

〈그래프 10〉 메소디스트교회 신규 포교소 설립 추이

시기적 특징은 1916년 이후 신규 포교소 설치수가 급격히 감소하지만 1940년까지 꾸준히 설치하고 있다는 점이다. 또한 1931년부터 1935년 사이에 일시적으로 증가한 점도 흥미롭다. 1931년 함경남도 함주군, 1937년 함경북도 회령군에서 '포교소설치계'가 인가된 것을 보면, 만주사변, 중일전쟁 시기를 전후하여 함경도를 대륙진출 거점으로 하여 재조일본인 인구가 증가한 것이 원인으로 추측된다. 이와 관련하여 신도수 추이를 표로 살펴보자.

〈표 9〉 메소디스트교회 연도별 신도수 추이

연도	일본인	조선인	외국인	계
1916	706	1	2	709
1917	801	1	2	804
1918	827	1	2	830
1919	844	1	2	847
1920	816	0	0	816

1921	988	0	0	988
1922	1,206	0	0	1,206
1923	1,370	0	0	1,270
1924	1,205	0	0	1,205
1925	1,286	0	0	1,286
1926	1,360	0	0	1,260
1927	1,643	0	1	1,644
1928	1,438	523	0	1,961
1929	1,468	7	0	1,475
1930	1,039	154	0	1,193
1931	1,310	24	0	1,334
1932	1,441	18	1	1,470
1933	1,607	44	4	1,655
1934	1,647	45	3	1,694
1935	1,638	808	9	2,445
1936	1,423	6	1	1,430
1937	1,937	11	2	1,950
1938	1,795	73	0	1,867
1939	1,939	120	3	2,062
1940	2,021	141	1	2,163

메소디스트교회는 재조일본인을 주요 전도대상으로 삼고 있었으며 1940년까지 꾸준히 일본인 신도수가 증가했다. 조선인 신도수는 일본인에 비해 미미했다. 다만 1928년 523명, 1935년 808명으로 일시적으로 급증한 배경과 요인은 금후 과제로 검토할 필요가 있다.

이와 같이 메소디스트교회의 조선전도는 꾸준히 교인수가 증가했지만 어디까지나 재조일본인을 주된 전도대상으로 삼고 있었다. 기독교회와 마찬가지로 재조일본인 전도가 중심이었다. 1910년 한

일강제병합이후 재조일본인 증가에 비례하여 메소디스트교회의 신도수도 늘어난 것이다.

4) 동양선교회홀리니스교회

해외전도의 뜻을 품은 카우먼(Charles Elmar Cowman)은 1897년 미국 무디성서학원에 유학온 나카타 주지(中田重治)를 만난다. 그는 1901년 일본에 와서 나카타 주지와 함께 초교파적 전도활동을 하다가 1905년 '동양선교회'(Oriental Missionary Society)를 조직했다. 이후 동양선교회가 재편성되어 일본전도는 나카타 등 일본인을 중심으로 하고 카우먼, 킬번(Earnest Albert Kilbourne) 등 외국인 선교사는 일본 이외의 지역, 즉 조선, 중국 등에서 전도를 추진하게 되었다.

1917년 동양선교회홀리니스교회가 정식으로 조직되어 나카타가 감독으로 취임하였다. 동양선교회홀리니스교회는 그의 강력한 리더십 아래 해외선교에도 적극적으로 임하여 1919년 재조일본인 전도를 시작했다. 당시 조선에서는 동양선교회 소속의 미국인, 영국인 선교사가 1907년부터 조선전도를 시작하여 경성에 동양선교회성서학원을 설립하고 조선인 목회자를 양성하고 있었다.

일본계 기독교라고 할 수 있는 동양선교회홀리니스교회는 1919년 3월 광주에서 첫 교회를 설립하였다. 그리고 같은 해 5월에 나카타를 초청하여 광주에서 수양회를 열었다(ホーリネス教会, 1919.7.10., p.8).

이와 같은 배경 속에서 시작된 동양선교회홀리니스교회의 조선전도 현황을『관보』자료를 통계화하여 살펴보자.

〈표 10〉 동양선교회홀리니스교회 시기별 · 지역별 포교소 설치 현황

	경성	경기	부산	경상	전라	충청	강원	평양	평안	황해	함경	합계
~1915												0
1916~1920					1							1
1921~1925	1			1								2
1926~1930								1				1
1931~1935			1		1			2			1	5
1936~1940												0
1941~1945												0
합계	1	0	1	1	2	0	0	3	0	0	1	9

『관보』에서도 1920년 광주에 첫 포교소 설립인가가 확인된다. 지역적 특성을 보면 평양이 3건으로 가장 많다. 그 외에도 경성 1, 부산 1, 전라 광주 2, 경상 진주 1과 같이 도시 중심으로 전도활동이 이루어졌음을 알 수 있다.

다음으로 시기적 특성을 그래프로 살펴보자.

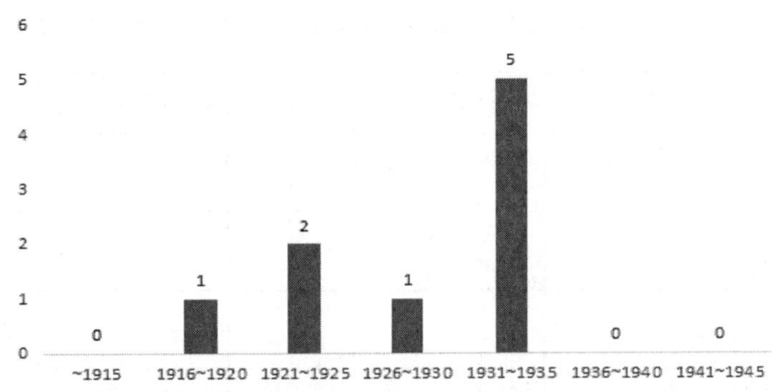

〈그래프 11〉 동양선교회홀리니스교회 신규 포교소 설립 추이

동양선교회홀리니스교회의 시기별 포교소 설치 추이는 일본계 기독교의 다른 교파와는 차이를 보인다. 앞서 설명한 것처럼 다른 교파는 1920년대부터 정체기에 들어갔다. 그러나 동양선교회홀리니스교회는 신규 설치 9건이 모두 1920년부터 1935년 사이에 이루어졌다. 특히 1931년부터 1935년 사이에 절반 넘는 5개의 신규 포교소가 설치되었다.

그렇다면 동양선교회홀리니스교회의 전도대상은 누구였을까? 이와 관련하여 신도수 추이를 표로 살펴보자.

〈표 11〉 동양선교회홀리니스교회 연도별 신도수 추이

연도	일본인	조선인	외국인	계
1920	22	0	0	22
1921	55	0	0	55
1922	105	0	0	105
1923	75	0	0	75

1924	42	1	0	43
1925	111	0	0	111
1926	92	2	0	94
1927	92	2	0	94
1928	66	363	0	429
1929	91	852	0	943
1930	102	1,146	0	1,248
1931	123	642	0	765
1932	401	1,146	0	1,547
1933	299	961	0	1,260
1934	206	652	0	858
1935	192	2,055	0	2,247
1936	175	1,953	0	2,128

<표 11>을 보면 광주에 포교소 설립이 인가된 1920년부터 일본인 신도수가 기록되어 있다. 조신인 신도수는 1924년에 처음으로 1명을 기록하고 1928년부터 급증하여 일본인 신도수를 능가했다. 1935년에는 2055명으로 최대인원을 기록했다.

이와 같은 신도수 추이를 볼 때 초기의 조선전도는 재조일본인을 대상으로 시작되었지만 점차 조선인으로 확대된 것을 알 수 있다. 나카타 주지는 조선전도 대상에 대해 다음과 같이 말하고 있다.

> 사도행전을 보면 옛 사도들은 유대인을 초석으로 삼아 다른 민족까지 전도한 것을 알 수 있다. 조선과 만주에 있는 일본인을 전도하는 것은 곧 조선인 또는 중국인을 전도하는 지름길이 될 것으로 생각된다. 조만간 그렇게 되어야 한다. 우리는 이런 의미에 대해서 이 전도에 대

해서 많은 희망을 걸고 있는 것이다.(中田重治, 1975, pp.236-237)

동양선교회홀리니스교회의 해외전도는 해외 거류 일본인 전도를 기반으로 그 지역민까지 전도를 확대하는 것을 목표로 하고 있었다. 먼저 재조일본인에게 전도를 시작하고 이후 조선인에게 전도를 확대한 것이다. 앞서 살펴본 기독교회, 메소디스트교회가 시종일관 재조일본인 전도에 집중했던 것과는 차이를 보인다.

참고로 동양선교회홀리니스교회는 1933년에 나카타를 비판하는 성교회(聖教会)와 그를 지지한 기요메교회(きよめ教会)로 분열되었다. 이후 두 교파로 나뉘어서 각각 해외 선교사업을 계승하였다. 그래서 『조선의 종교와 향사요람』에서도 1937년에서 1940년까지는 성교회와 기요메교회가 각각 구분되어 신도수가 기록되어 있다. 양 교파 모두 일본인, 조선인 신도수를 합쳐도 100명 미만으로 교인수가 급감했다. 예외적으로 1937년에 성교회는 일본인 163명, 조선인 2명으로 총 165명을 기록했다.

『관보』에서도 포교소변경, 폐지 자료를 살펴보면 1936년 10월 19일에 동양선교회경성홀리니스교회(東洋宣教會京城ホーリネス教會) → 경성성교회(京城聖教會), 동양선교회광주홀리니스교회(東洋宣教會光州ホーリネス教會) → 광주성교회(光州聖教會), 동양선교회김해홀리니스교회(東洋宣教會金海ホーリネス教會) → 김해성교회(金海聖教會), 동양선교회부산홀리니스교회(東洋宣教會釜山ホーリネス教會) → 부산성교회(釜山聖教會), 동양선교회황주홀리니스교회(東洋宣教會黃州ホーリネス教會) → 황주성교회(黃州聖教會)와 같이 교파가 분열되면서 포교소 명칭 변경이 두드러진다.

4. 나가며

본고에서는 일본계 기독교가 근대 한국에 유입된 양상을 『관보』 자료를 통계화하여 각 교파별 지역적, 시기적 특징을 살펴보았다. 김태훈의 연구가 일본계 종교 유입의 전체상을 개괄하였다면, 본고에서는 일본계 기독교에 초점을 맞추어 각 교파별로 『관보』자료를 분석하였다. 이러한 작업을 통해 다음 3가지 결론을 얻을 수 있었다.

첫째, 『관보』의 신규 포교소 설치 분포를 지역별, 시기별로 통계화하고 『조선의 종교와 향사일람』, 『조선의 종교와 향사요람』의 신도 수 자료를 비교, 분석한 결과 각 교파의 전도대상을 명확히 할 수 있었다. 조합교회는 1910년대에 조선인을 주요 전도대상으로 하였지만, 1920년대부터는 재조일본인을 대상으로 선회하였다. 기독교회와 메소디스트교회는 시종일관 재조일본인을 주요 전도대상으로 삼고 있었다.

둘째, 3대 교파 외에 동양선교회홀리니스교회의 전도양상을 밝혔다. 동양선교회홀리니스는 다른 교파의 정체기인 1920년에 처음으로 신규 포교소 설립을 인가받았다. 초기에는 재조일본인을 전도대상으로 삼았지만 이를 기반으로 조선인에게도 적극적으로 전도하여 1930년대에는 재일조선인보다 많은 수의 조선인 신자를 획득했다. 기독교회와 메소디스트교회가 초기부터 재조일본인을 전도대상으로 삼고 1940년까지 시종일관 재조일본인 전도에 집중했던 것과는 차이를 보인다.

셋째, 각 교파의 지역적 분포 특성을 밝혔다. 조합교회는 전라와 충청에서, 기독교회는 전국적으로 고른 분포이지만 도시에서, 메소디스트교회는 함경에서 높은 분포를 보였다. 조합교회는 전라, 충청 지역에서 자유교회그룹의 대량 가입이 이루어졌기 때문이며, 기독교회는 재조일본인 거주지를 중심으로 전도활동이 이루어졌기 때문이다. 메소디스트교회가 함경에서 전도활동이 활발했던 배경과 요인은 금후 검토가 필요하다.

이와 같이 본고에서는 일본계 기독교의 조선전도 양상을 교파별로 고찰하였다. 『관보』자료와 함께 필요에 따라 『조선의 종교와 향사일람』, 『조선의 종교와 향사요람』, 『조선총독부통계연보』자료도 비교, 분석하였다. 그러나 이러한 통계화된 수치를 더 깊이 있게 해석하기 위해서는 각 교파에서 발행된 신문, 잡지, 포교자 개인의 기록 등도 함께 검토하며 정성적 분석을 더해가야 할 것이다. 본고의 한계를 인지하면서 금후 과제로 남기고자 한다.

제5장

「조선총독부종교관련문서」의 전체상과 일본불교사원 창립에 관하여

김태훈

1. 들어가며

본 논문에서는 「조선총독부기록물」중 종교관련 기록물을 정리하고 그를 바탕으로 일제시기 일본불교사원창립의 법적절차를 구체적인 사례를 통해 확인해 보고자 한다. 「조선총독부기록물」중 종교관련 기록물은 지금까지 여러 선행연구에서도 중요한 사료로서 참고되어 왔다. 특히 제점숙은 『사사종교(社寺宗敎)』[1]를 분석하면서 당시 일제의 식민지 종교정책이 정착되기 위한 과도기적 양상에 주목하여 제도화된 종교정책의 인식 결여로 인한 시행착오와 불협화음 속에서 식민지 조선의 종교정책이 정착되어 갔다는 점을 밝히고 있다[2]. 또한

1 1911년(명치 44년)/생산부서 : 내무부 지방국 지방과/관리번호 : CJA0004741

2 제점숙, 「1911년 조선총독부의 종교정책과 조선 내 종교계 동향: 조선총독부 『사사종교(社寺宗敎)』 자료를 중심으로」, 『일본연구』 29, 2018.

원광대학교 종교문제연구소에서는 『종교에 관한 잡건철(宗教ニ関スル雑件綴)』[3]과 위 『사사종교(社寺宗教)』의 번각, 한국어번역을 출간한 바 있다[4]. 이처럼 「조선총독부기록물」의 종교관련 기록물에 대한 연구는 현재 활발하게 진행되고 있다고 볼 수 있겠다.

하지만 지금까지의 연구들에 대해서는 종교정책이나 개별 종파에 관한 각 연구자들의 연구영역 안에서 부분적으로 참고되거나 사료집 형태로 일부 발간되면서도 종교관련 기록물의 전체상을 확인할 수 있는 기초적인 연구가 이루어지지 않았다는 점을 지적할 수 있겠다.

따라서 이 글에서는 우선 「조선총독부기록물」 중 종교관련 기록물이 얼마나 존재하는지 그 전체상을 파악하려고 한다. 그리고 그 중 일본불교사원의 창립과정을 확인할 수 있는 사료를 중심으로 창립의 법적 절차와 그것이 행정문서 속에 어떤 형태로 반영되어 있는지를 살펴보겠다.

그에 앞서 본 서두에서는 우선 「조선총독부기록물」 검색의 문제점에 대해서 언급해 두겠다. 국가기록원 데이터베이스 「조선총독부기록물」의 검색은 기본적으로 한국어와 한자로 검색이 가능하다. 일본어 원문으로는 검색이 되지 않아서 예를 들면 한국어로 검색할 수 없는 일본의 연구자들에게는 이 훌륭한 데이터베이스를 이용하기 어렵다는 치명적인 한계를 지닌다. 또한 한국어 검색에 있어서도 한국어 한자음으로 목록이 작성되어 있어 특히 인명의 경우 한글 건명

3 1906년(명치 39년)/생산부서 : 통감부 지방부/관리번호 : CJA0004731

4 박광수 · 이부용 외 『종교에 관한 잡건철(1906~1909)(원광대학교 종교문제연구소 자료집총서 1)』, 집문당, 2016; 『조선총독부 공문서: 사사종교(1911)(원광대학교 종교문제연구소 자료집총서 4)』, 집문당, 2018.

만을 보아서는 그 사료의 내용을 전혀 추측할 수도 없다는 불편함이 있다. 이를 보완하는 작업이 필요할텐데 이에 대해서는 본론에서 다시 언급하도록 하겠다.

2. 「조선총독부종교관련문서」에 대해

조선총독부에 의해 작성된 행정문서들은 현재 국가기록원에 소장되어 있으며 그 방대한 원문들은 「조선총독부기록물」로 데이터베이스화 되어 웹상에서 확인할 수 있다[5]. 이 데이터베이스에서는 경무, 외사, 학무 등 문서들의 생산부서별로 카테고리를 분류하여 검색할 수 있게 하고 있다. 원문 검색의 또 다른 방법은 국가기록원 홈페이지의 상세검색을 통해서 직접 검색할 수도 있는데[6] 때로 이 방법이 필요한 이유에 대해서는 후술하도록 하겠다[7]. 그 중 종교관련문서들은 '사회교육' 아래 '종교관계' 카테고리에 분류되어 있다. '종교관계'에는 다시 '종교일반관계', '유교일반관계', '불교관계', '기독교관계', '일본종교관계'의 다섯 분야로 나뉘어져 있는데 일본계 종교관계 문서들은 '종교일반관계'와 '일본종교관계'에서 확인할 수 있다.

아래 <표 1>과 <표 2>에서 정리한 바와 같이 '종교일반관계'에는

---

5 「조선총독부기록물」, https://theme.archives.go.kr/next/government/viewMain.do

6 국가기록원 국가기록포털, https://www.archives.go.kr/next/viewMainNew.do

7 그 외 미공개자료 등 국가기록원 내부전산망을 이용하는 방법도 있는데 이는 직접 방문 조사가 필요한 부분이다.

12철, '일본종교관계'에는 9철의 문서들이 있다. 즉 이 분류에서 확인할 수 있듯이 종교일반과 일본종교에 관한 문서들과 조선의 불교, 유교, 기독교에 관한 문서를 따로 분류하고 있다는 것이 되겠다. 하지만 필자가 확인한 바로는, 조선사찰에 관한 문서를 분류한 것으로 되어 있는 '불교관계'의 문서철 안에도 일반 종교행정관련이나 일본불교, 신사, 교파신도에 관한 문서들이 다수 포함되어 있다. 『사찰관계서류』(내무부 지방국, 1915, 관리번호CJA0004747, p.503), 『사유재산 및 사유림 벌채외 기타 관계 서류』(학무국 종교과, 1922, 관리번호CJA0004757, p.686), 『사원창립원 재산관리 주지취직인가에 관한 건』(학무국 종교과, 1925~1926, 관리번호CJA0004768, p.82)이 그것인데『사찰관계서류』와 『사유재산 및 사유림 벌채외 기타 관계 서류』에 포함된 일본종교관련 건명들은 <표 3>으로 정리하였다[8]. 그리고 '기독교관계' 문서 중 『기독교 기타 관계 서류』(사회교육과, 1936-1937, 관리번호CJA0004842, p.754)에는 여러 건의 일본기독교에 관한 문서들과 교파신도인 부상교에 관한한 건이 포함되어 있다. 또한 신사에 관한 철은 '지방행정'에 『국폐사 관계철』(지방행정, 1941, 관리번호CJA0003582, p.537)과 『신사 인사 관계철』(지방행정, 1942, 관리번호CJA0003724, p.604)이 있다[9].

8 『사원창립원 재산관리 주지취직인가에 관한 건』은 모든 건이 일본불교와 교파신도에 관한 문서들이다. 특히 이 철의 문서들 중에는 현재 웹 상에서 미공개 되어 있어 원문을 확인할 수 없는 건들도 있는데 필자가 국가기록원 방문 조사를 통해서 원문을 확보하여 번각작업을 완료했다. 이에 대해서는 발표자의 데이터베이스 '식민지조선의 일본인 종교자'(https://www.jrpkc.org/)의 해당페이지에서 확인할 수 있다.

9 『신사 인사 관계철』에 대해서는 青野正明, 「植民地期朝鮮の神職に関する基礎的研究—戦時体制下の神職任用を中心に—」, 松田利彦・やまだあつし編, 『日本の朝鮮・台湾支配と植民地官僚』, 思文閣出版, 2009과 山口公一, 「植民地朝鮮にお

그 외에 「조선총독부기록물」에는 누락된 것으로 보이는 문서철이 두 개 있다. 『사원신도에관한철』(생산기관미상, 1924, 관리번호CJA0004760)과 『사원창립원의건및기타관계』(사회교육, 1929, 관리번호CJA0004784)가 그것인데 일본불교사원과 교파신도들에 관한 문서철인데 왜인지 「조선총독부기록물」에서는 검색이 되지 않고 국가기록원의 상세검색을 통해서만 확인할 수 있다.

〈표 1〉 종교일반관계 분류 기록물

기록물철명	생산년도	생산부서	관리번호	총면수
종교에 관한 잡건철	1906	통감부지방부	CJA0004731	256
사사종교	1911	내무부 지방국 지방과	CJA0004741	326
종교잡건철	1926	학무국 종교과	CJA0004776	225
종교재산 관리관계	1934	학무국 사회과	CJA0004821	501
종교사원에 관한 잡건철	1938	학무국 사회교육과	CJA0004847	543
종교사원 창립허가 및 재단법인 기타관계서류	1939	학무국 사회교육과	CJA0004850	582
종교사원에 관한 잡건철	1939	학무국 사회교육과	CJA0004854	475
종교사원 기타관계서류	1940	학무국 사회교육과	CJA0004876	645
종교사원 및 신도잡건철	1940	학무국 사회교육과	CJA0004877	525
신도사원법인 기독교법인 인가관계서류	1941	학무국 사회교육과	CJA0004896	603
종교법인사원 관계서류	1942	학무국 연성과	CJA0004899	419
사유건물 수선 사유재산관리 및 종교기타관계서류	1941	학무국 연성과	CJA0004903	563

ける神社と「帝国意識」—在朝日本人社会と神社」, 『人民の歴史学』 221, 2019에서 상세히 검토하고 있다.

〈표 2〉 일본종교관계 분류 기록물

기록물철명	생산년도	생산부서	관리번호	총면수
포교소에 관한 철	1907	지방부	CJA0004732	390
포교자에 관한 철	1907	지방부	CJA0004733	180
금광교 관계서류	1910	지방부	CJA0004735	520
포교관리자관계 및 재단법인 기타관계서류	1922	학무국 종교과	CJA0004759	233
사원 창립허가 포교관리 기타의 건	1932	학무국 사회과	CJA0004799	286
사원 신도불도에 관한 건	1933	학무국 사회과	CJA0004807	375
종교사원 잡건철	1933	학무국 사회과	CJA0004813	521
종교사원창립포교관리자 기타에 관한 건	1936	학무국 사회교육과	CJA0004831	536
사원에 관한 잡건철	1937	학무국 사회교육과	CJA0004841	396

또한 '종교일반관계'에 분류된 문서철에는 일본계 종교가 아닌 조선불교나 기독교 그리고 유교관계의 건들도 상당수 포함되어 있으며 식민지적 상황 속에서 조선과 일본의 종교에 중첩되는 내용을 다루고 있는 문서들도 다수 존재한다. 그리고 앞서 언급한 누락 건에서 추측할 수 있듯이 일본계 종교에 관한 문서들이 앞으로 지속적인 조사를 통해 더 발견될 수도 있다는 사실이다.

이처럼 「조선총독부기록물」 속에서 일본계 종교와 관련된 문서들만을 추출해 내는 작업은 그다지 용이하지 않다. 따라서 본 발표에서는 「조선총독부기록물」데이터베이스가 분류한 기왕의 카테고리 '종교일반관계'와 '일본종교관계'를 기준으로하여 일차적으로 분석하고 그 외 다른 분류에 포함되어 있는 문서들에 대해서는 다음 기회의 작업으로 남겨두기로 하겠다[10].

〈표 3〉 불교관계 분류 철 중 일본종교관련 건

기록물철명	건명(교종파, 서류일련번호)
사찰관계서류	포교 관리자 변경의 건(조동종, 1069-1090) 신사 사원 규칙시행에 관한 건(각도장관, 1097-1114) 포교규칙 시행에 관한 건(각도장관, 1115-1135) 신사 사원 규칙 및 포교규칙의건(각종대표, 1136-1142) 종교에 관한 사무인계에 관한 건(각도장관, 1165-1172) 신사 창립에 관한 건(목포송도신사, 1179-1186) 신사 창립에 관한 건(수원신사, 1250-1288)
사유재산 및 사유림 벌채외 기타 관계 서류	고리증축에 관한 건(조동종흥복사, 0357-0362) 서룡사 당우 증축원의 건(조동종, 0386-0428) 사원경내지평수 변경의 건(진종본원사경성별원, 0562-0567) 법륭사 창립원의 건(진언종고야파, 0777-0808) 대성사 창립원의 건(진종본원사파, 0816-0843) 대광사 창립 허가의 건(진종본원사파, 0873-0899) 현본 법화종 포교원의 건(0923-0932) 사원 창립에 관한 건(정토종황주사, 0933-0958)

서두에서 언급한 바와 같이 「조선총독부기록물」 검색은 일본어 검색이 불가능하고 한국어 한자음으로 목록을 데이터베이스화하고 있기 때문에 건명을 통해서 정확한 문서의 내용을 파악하기 어렵다는 문제점이 있다. 이를 보완하기 위해서 각 철과 건들의 일본어 원문표기와 문서의 내용이 어느 종교와 관련된 것인지를 확인하여 정리한 것이 「부록1」자료이다. '종교일반관계'와 '일본종교관계'로 분류된 문서는 모두 21철 828건, 9100면이다(표지와 색인포함). 지금부터 이 문서들을 교종파별, 지역별로 재정리하여 그 전체상을 파악해 보겠다[11].

10 그 외 다른 분류에 포함되어 있는 문서들에 대해서는 각주8의 홈페이지를 참조바람.

먼저 조선종교와 일본종교 그리고 기타(표지, 색인 등)로 구분해 보면, 조선종교는 167건 2833면이고 일본종교는 576건 5840면이다. 그 외 기타가 85건 427면이다.

〈표 4〉 종교관련문서의 건, 면수

구분	건수	면수
조선종교	167	2833
일본종교	576	5840
기타	85	427
합계	828	9100

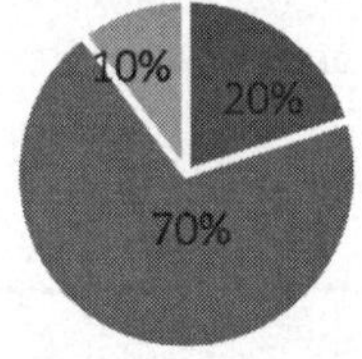

조선종교와 일본종교 건별 비율

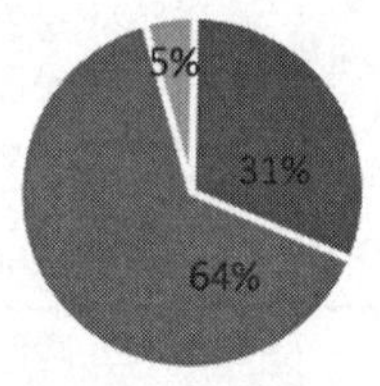

조선종교와 일본종교 면별 비율

이 중 일본종교 문건을 다시 불교와 신도 및 신사, 일본기독교로 분류해 보면 <표 5>와 같다. 다만 앞의 <표 4>에서 정리한 일본종교 576건 5840면과 차이가 있는 이유는 가령 한 건에 불교와 기독교관련 내용이 중복된 문서들이 있는데 이들을 중복 처리했기 때문이다.

11 건수와 면수의 정확성에 대해서는 검증가능성이 요구되는 바, 이에 대해서는「부록 1」과 각주 8의 홈페이지를 참고 바람. 아울러 본 논문에서 정리한「부록 1」과「부록 2」는 지면관계상 각주 8의 홈페이지를 통해 다운로드 할 수 있게 하였다. https://www.jrpkc.org/収集資料公開

〈표 5〉 일본종교 교파별 분류

구분	건수	면수
일본불교	415	4333
신도 및 신사	133	1316
일본기독교	39	240
합계	587	5889

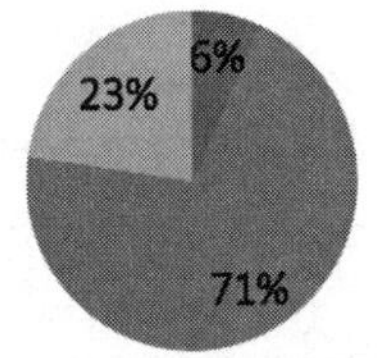

일본종교 건별 비율

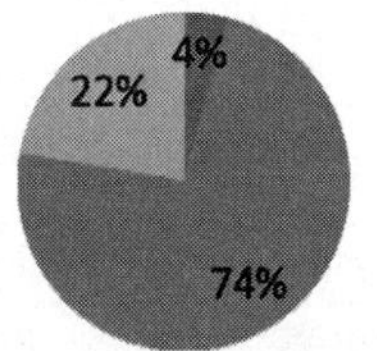

일본종교 면별 비율

이어서 각 종교를 다시 종파별로 세분하여 파악해 보자. 우선 기독교관련 문서는 일본메소지스트교회가 19건으로 가장 많았다.

〈표 6〉 일본기독교 문건 분류

구분	건수별				
종파	1	2	5	6	19
	· 경성기독교 청년회 · 나사렌교회 · 일본성공회 · 기요메교회 · 약초정일본 기독교회	· 기독동신회 · 일본기독교단	· 일본기독교회	· 일본조합 기독교회	· 일본메소 지스트교회

다음으로 불교는 진언종이 84건으로 가장 많으나 진종대곡파와 본원사파 그 외 진종을 모두 합치면 135건으로 진종관련 문서가 가장 많음을 확인할 수 있다. 그리고 교파신도와 신사관련은 금광교 관련 문서가 31건으로 가장 많았다. 또한 전체 문서들을 지역별로 분류해 보면 다음 <표 9>와 같다. 10건 이하의 지역은 <표 10>으로 정리하였다.

〈표 7〉 일본불교 종파별 분류

종파	건수
진언종	84
정토종	71
진종대곡파	63
진종본원사파	60
조동종	44
일련종	40
법화종	14
그외 진종	12
임제종	9
기타	8
황벽종	7
천태종	6
화엄종	4

〈표 8〉 교파신도와 신사관련 분류

종파	건수
금광교	31
천리교	27
신리교	22
기타	12
대사교	10
실행교	8
신습교	7
신도본국	5
수성파	3
어악교	3
흑주교	3
부상교	2

〈표 9〉 전체 지역별 분류

지역	건수
경성	230
부산	52
평양	38
인천	30
대구	27
용산	26
원산	20
진남포	13
목포	11

〈표 10〉 10건 이하 지역 분류

건수	
1	고성 대동 보은 삼랑진 강진 경성(함북) 구포 남원 순안 강계 고원 논산 양산 부여 순창 강릉 개풍 곡성 시흥 양평 경북 고산 성진 신천 안동 안변 여수 영등포 영천 용암포 울산 울진 의주 이천 익산 임실 장성 장흥 정읍 조치원 진주 진해 창녕 천안 철원 충북 칠곡 평산 함양 함평 해남 황주
2	감포 강원 양산 광주(경기도) 김해 고양 상주 김제 서흥 김천 밀양 사천 안주 여주 영변 용천 울릉도 정주 청주 청진 충남 평창 하동
3	강경 대덕 함주
4	삼척 마산 사리원 겸이포 공주 춘천 통영 해주
5	전주 회양
6	함흥
7	신의주 홍남
8	개성 군산 경주 합천
9	수원 대전

일본기독교관련 문서들의 지역별 건수는 <표 11>, 일본불교관련 문서는 <표 12>와 같다. 그리고 불교관련 문서의 10건 이하 지역은 <표 13>으로 정리하였다. 마지막으로 교파신도 및 신사관련 문서들의 지역별 건수는 <표 14>와 같다.

〈표11〉 일본기독교관련 지역별 분류

지역	건수
경성	15
평양	5
인천	4
대구	3
부산	3
진남포	3
원산	2
무안	1
수원	1
용산	1
의주	1

〈표 12〉 일본불교관련 지역별 분류

지역	건수
경성	126
부산	27
평양	23
인천	18
용산	18
원산	16
대구	14
진남포	12
기타	44

〈표 13〉 일본불교관련 10건 이하 지역별 분류

건수	
1	황주 함평 칠곡 춘천 천안 창녕 진해 조치원 익산 울산 용암포 영등포 여수 양산 안동 시흥 순안 상주 삼척 삼랑진 사리원 구포 광주(경기) 공주 경주 경성(함북)
2	해주 하동 청진 청주 전주 울릉도 영변 여주 안주 서흥 사천 밀양 마산 대덕 김해 김천 감포
3	강경
4	통영 겸이포

5	홍남 개성
6	함흥 신의주
7	수원
8	군산
9	목포 대전

〈표 14〉 교파신도 및 신사관련 지역별 분류

지역	건수
경성	47
기타	33
부산	22
용산	8
인천	8
마산	2
사천	2
평양	2
홍남	2
개성	1
목포	1
성진	1
수원	1
원산	1
평산	1

이상 828건 9100면에 달하는 이 행정서류들의 내용은, 조선총독부의 종교정책관련 문건들과 각 교종파의 포교자 신고, 이동, 교회소 및 사원 등의 설치와 이동에 관한 것들인데 이른바 『조선총독부관보』에 정식으로 고지되기 전의 내부문서인 것이다. 관보에서는 각

교종파별 허가 내용에 대한 간략한 정보만이 고지되지만 이 내부문서들을 통해서 포교관리자의 이력, 포교시설의 설치에 관한 상세한 내용 등 허가를 위한 구체적인 사항들을 확인할 수 있기 때문에 반드시 참고해야 할 중요한 사료들인 것이다.

3. 「신사사원규칙」의 시행

1915년 8월에 조선총독부는 종교에 관한 법률로서 「신사사원규칙」(부령제82호) 과 「포교규칙」(부령제83호)을 반포, 시행했다. 이는 통감부 시기인 1906년에 시행된 「종교의 선포에 관한 규칙」(통감부령제45호) 이래 조선총독부로서는 처음으로 종교에 관한 법령을 제정한 것이다. 이로 인해 조선에서 일본종교의 포교활동은 이 두 법령 「신사사원규칙」과 「포교규칙」의 규정에 따라야 했는데 일본불교 포교의 경우 승려의 포교 신고, 포교소의 설치 및 이동에 관해서는 「포교규칙」, 그리고 사원의 설립 등에 관해서는 「신사사원규칙」에 의거하여 총독부의 허가를 받아야 했다. 그 규정의 내용을 먼저 확인할 필요가 있겠는데 「포교규칙」에 관해서는 이미 여러 선행연구에서 언급되어 왔으나 「신사사원규칙」에 대해서는 아직 상세히 거론된 적이 없는 듯 하다. 따라서 우선 이하 「신사사원규칙」의 전문을 번역해 두기로 하자.

신사사원규칙[12]

제1조 신사를 창립하고자 할 경우 다음 사항을 구비하여 창립지 승

경자 30인 이상 연서하여 조선총독의 허가를 받을 것.

1 창립이유

2 신사의 칭호

3 창립지명

4 제신

5 건물과 경내지의 평수, 도면 및 경내지 주위의 상황

6 창립비 및 그 지불방법

7 유지방법

8 숭경자수

제2조 사원을 창립하고자 할 경우 다음 사항을 구비하여 창립지 단신도 30인 이상 연서하여 소속종파 관장의 승인서를 첨부하여 조선총독의 허가를 받을 것.

1 창립이유

2 사원의 칭호

3 창립지명

4 본존과 소속종파의 명칭

5 건물과 경내지의 평수, 도면 및 경내지 주위의 상황

6 창립비 및 그 지불방법

7 유지방법

8 단신도수

제3조 신사에는 신전과 배전을 구비할 것

---

12 『조선총독부관보』 제911호, 1915년 8월 16일.

제4조 사원에는 본당과 고리를 구비할 것

제5조 신사 또는 사원창립의 허가를 받은 자는 허가일로부터 2년 내에 신전, 배전 또는 본당, 고리를 건설하지 않을 경우 허가는 그 효력을 상실한다. 단 특별한 사유가 있을 경우 조선총독의 허가을 받아 그 건설을 준공한 경우는 조선총독에 계출할 것

제6조 재해로 인하여 신전, 배전 또는 본당, 고리를 망실한 경우 또는 망실한 신전, 배전 또는 본당, 고리를 재건한 경우에는 조선총독에 계출할 것

신전, 배전 또는 본당, 고리를 망실한 날로부터 6년 내에 재건하지 않을 경우는 창립허가는 그 효력을 상실한다.

제7조 신사 또는 사원을 이전할 경우에는 다음 사항을 구비하여 조선총독의 허가를 받을 것

1 이전이유

2 이전지 지명

3 건물과 경내지의 평수, 도면 및 경내지 주위의 상황

4 이전비 및 그 지불방법

제8조 제5조의 규정은 신사 또는 사원이전의 경우 이를 준용한다.

제9조 신사 또는 사원을 폐지 또는 합병할 경우 그 사유 및 재산의 처분방법을 구비하여 조선총독의 허가를 받을 것

제10조 다음 사항에 있어서는 조선총독의 허가를 받을 것

1 신사의 칭호를 변경하거나 또는 제신을 증감 변경할 경우

2 사원의 칭호를 변경하거나 또는 본존을 증감 변경할 경우

3 사원의 소속종파를 변경할 경우

4 신사 또는 사원의 유지방법을 변경할 경우

5 건물 또는 경내지의 평수를 증감할 경우

전항 제5호의 경우에 있어서는 그 도면을 신청서에 첨부할 것

제11조 사원에는 주직을 두어 사원에 관한 사무를 관리케 할 것

주직에 임명되었을 경우에는 본인, 사망 그 외 주직 이동이 있을 경우에는 단신도총대가 이를 조선총독에 계출할 것

제12조 신사에는 숭경자총대, 사원에는 단신도총대 각3인 이상을 두고 그 주소 씨명을 그 신사 사원 소재지를 관할하는 도장관에 계출할 것 그 이동이 있을 경우 또한 같음

도장관은 전항의 총대를 부적임으로 인정할 경우 변경할 수 있다.

총대는 신사 또는 사원의 유지 보존에 관해 신직 또는 주직을 보조하여 신사 또는 사원에 관한 신청원, 계출서에 연서할 것

제13조 신사 또는 사원은 그 소유에 속하는 부동산 및 보물에 관해 다음 사항을 구비하여 조선총독에 계출할 것 그 이동이 있을 경우 또한 같음

1 토지는 소재지, 지번호, 지목, 면적 및 경내지, 경외지의 구별

2 건물은 소재지, 건평, 명칭, 구조의 종류 및 경내지에 있는 건물과 경외지에 있는 건물의 구별

3 보물은 그 명칭, 원수, 품질, 형상, 촌척, 작자 및 전래

제14조 신사 또는 사원은 재산대장을 구비하여 그 소유에 해당하는 부동산 및 보물에 관해 전조 각호의 사항을 등재할 것

제15조 다음 사항의 경우 조선총독의 허가를 받을 것

1 부동산 또는 보물을 매각, 양여, 교환, 전당 또는 저당할 경우

2 경내지의 죽목을 벌채할 경우

3 부채를 생성할 경우

제16조 경내지 및 그 건물은 도장관의 허가 없이 신사의 제전의식 집행, 사원의 전법, 포교, 법요집행 및 승니 거주의 목적 이외에 함부로 이를 사용하거나 또는 사용하게 할 수 없다.

제17조 제5조 제1항 단서, 제7조, 제9조, 제10조 또는 제 15조에 의거해서 사원이 제출하는 원서에는 그 소속종파 관장의 의견서를 첨부할 것

제18조 본령에 의한 계출은 그 사고 발생일로부터 2주간 내에 이행할 것

제19조 본령 중 사원에 관한 규정은 내지 불교 각 종파에 속한 것에 한하여 이를 적용한다.

제20조 허가를 받지 않고 신사 사원 또는 이에 유사한 건조물을 설치한 자는 1년 이하의 금고 또는 2백엔 이하의 벌금에 처한다.

부칙

본령은 대정4년10월1일부터 이를 시행한다.

본령 시행 시 이미 존재하는 신사 또는 사원은 본령 시행일로부터 5개월 이내에 제1조 또는 제2조의 수속을 행할 것

총 20개조와 부칙으로 구성된 「신사사원규칙」은 국가신도로서 비종교시 되었던 신사와 민간종교인 불교사원을 동일 법령에서 규정하고 있다는 점에서 필자가 지금까지 다른 글들을 통해 지적해 온 종교개념의 미확립이 1915년 단계에서도 확인되는 사례라 할 수 있

겠다. 이는 1936년 8월에 「신사규칙」과 「사원규칙」으로 분리되기까지 유지된다[13]. 「신사사원규칙」에서 일본불교사원의 창립에 관련된 중요한 사항을 확인하자면, 제2조에서 규정하는 바, 창립의 사유, 명칭, 창립지명, 본존과 소속종파의 명칭, 건물과 경내지의 평수, 도면 및 경내지 주위의 상황, 창립비 및 그 지불방법, 유지방법, 단신도수를 명시해야 했다. 특히 신도수 30인 이상이 창립원에 이름을 올려야 했고 소속 종파 관장의 승인서도 첨부해야 했다.

「신사사원규칙」의 시행에 있어서는 일본불교계 대표들과 일종의 협의가 있었다는 사실을 행정문서를 통해서 확인할 수 있는데 일본불교계 대표 大幸頓恵[14]와 松原含藏[15]는 세 가지 사안에 대해서 건의하고 있다. 그 전문은 다음과 같다.

> 이번에 발포된 부령 제82호 동 제83호의 실시에 있어서는 모두 시행세칙을 제정할 것으로 사료됩니다. 이 세칙 제정에 있어서는 각 종파 대표들의 협의에 따라 다음과 같이 상신드리오니 가능한 채용되길 부탁드립니다.
>
> 대정 4년 9월 2일
>
> 불교 각 종파 대표자 大幸頓恵
>
> 동 松原含藏

13 「신사규칙」과 「사원규칙」의 분리는 『조선총독부관보』 제2874호, 1936년 8월 11일.

14 진종대곡파 조선포교관리자, 1907년 2월 12일에 인천별원의 개교사로 신고하여 1916년에 포교관리자, 인천별원윤번, 1918년2월 경성별원윤번.

15 1914년 9월, 진종본원사파 조선포교관리자, 1923년 7월 14일 사망.

조선총독부 내무부 어중

다음

1. 사원과 설교소의 차이는 갑은 법인, 을은 비법인으로 그 취급에 있어서는 내지의 사원과 설교소에 관한 규정에 따른다는 설명입니다만 조선에서 가령 설교소가 종교 상의 의식으로서의 장례와 제사의 집행을 할 수 없게 된다면 포교소의 발전 및 증설에 있어서 불편할뿐만 아니라 사원이 부족한 지역적 한계에 의해 신도들의 불만과 불평을 야기할 것에 대해서는 유감인 바입니다. 설교소라 하더라도 특별한 사정을 감안하여 신도들이 원할 경우 종교 상의 의식 및 장례, 제례의 집행을 허가할 것을 바랍니다.

2. 부령 제82호 신사사원규칙이 독립적 법규로 될 경우 이 법규 상에 관리자의 감독권을 규정하지 않는다면 사원 재산의 감독과 종규 위배자의 규제, 주직의 변경 및 사망에 따른 감독 상의 유감이 적지 않으므로 세칙 중에 감독자의 감독권을 기입할 것을 부탁드립니다.

3. 내지에서 각 종파가 해당 관청의 인가를 받은 종제, 사법 및 사법세칙 그 외의 종규는 조선에 있어서도 그 효력을 인정한다는 점을 명기할 것을 부탁드립니다.

이상

이를 요약하자면 1. 설교소(포교소)에서의 장례, 제사 의식 허가, 2. 포교관리자의 감독권 명시, 3. 내지 종규 등의 조선 적용 인정, 이상으로 정리할 수 있겠는데 이 세 가지의 요구사항에서 2와 3에서 알 수 있듯이 조선에서 설립되는 일본불교사원에 대한 내지 본산의 권한을 인정하라는 요구인 것이다. 이 점은 식민지조선과 내지의 종교적 관계성에 대한 큰 틀에서 매우 중요한 사항으로서 앞으로의 연구에 있어서도 염두해 두어야 할 점이라 하겠다.

이에 대한 총독부의 회답은 다음과 같다.

대정 4년 9월 14일 기안

건명 신사사원규칙 및 포교규칙에 관한 건

내무부장관

경성남산본원사내

불교 각종파 대표자 大幸頓恵

동 松原含藏

9월 2일자 상기 건명에 대한 상신에 관해서는 다음과 같이 회답 드립니다.

다음

1. 설교소에서의 장례 제례 의식 집행은 문제 없음.

2. 원래 포교관리자는 포교 상의 필요에 의해 이를 인정였으므로 사

원에서의 포교 그 외 종교 상에 있어서는 관리자에게 감독권이 있다고 하겠지만 사원의 유지 존속에 관해서는 포교관리자의 자격으로서는 어떠한 감독권을 인정하지 않는다는 취지이다. 하지만 건의 사항 중에 보이는 사원 재산의 관리에 대해서는 총독에게 감독권이 있으며 또한 주직의 임면 등은 종제 사법에 따라 결정할 사항이므로 이에 대해 관리자의 감독권을 인정하지 않더라도 아무런 문제가 되지는 않을 것이다. 다만 관리자가 포교에 있어서 종규에 위배되는 자를 감독할 수 있음은 원래부터 문제가 되지 않는다.

3. 채용 불가. 다만 대체적, 실제적으로는 이를 인정할 수 있다.[16]

여기서 보듯이 총독부의 입장은 다음과 같다. 즉 불교계의 요구사항 중 2와 3은 실제 법령 시행에 있어서는 대체로 인정하나 명문화할 필요는 없다는 것을 명시하고 있는 것이다. 특히 2에서 총독부가 인정하지 않는 부분과 3에서 채용 불가로 회답한 내용에 주목할 필요가 있겠는데 즉 포교, 신앙적 측면에서 내지 본산의 권한(포교관리자를 통한 감독권)은 인정하나 조선에 설립되는 일본불교사원의 재산 관리권은 조선총독에게 있다는 사실을 명시하고 있는 것이다. 신앙적 관리권과 물리적 재산권을 분리하는 관점인 것일텐데 이는 조선불교사찰에 대한 일본불교의 영향력을 단절시키고자 했던 사찰령(1911)이 가지는 의미와 상통한다는 점에서 매우 중요하다 하겠다.

16 이상, 「신사사원규칙 및 포교규칙에 관한 건」, 『사찰관계서류』(1915년, 관리번호 CJA0004747)

총독부가 사원 재산의 관리권을 중시했다는 사실은 위 회답이 있은 후 9월 17일에 각 도장관에게 하달한 명령서에서도 확인된다. 예를들면 창립비 지불 방법 및 유지 방법은 확실한지 경내지 및 신전 배전 또는 본당 고리는 그 신사 또는 사원의 소유인지 아닌지에 대해 상세히 보고할 것, 또한 각 도청에서는 신사와 사원의 건물 및 토지에 대한 상세한 대장을 보관할 것을 명령하고 있다.[17]

4. 일본불교사원의 창립에 관해서 — 목포 일련종 통조사 창립원을 사례로

이처럼 「신사사원규칙」의 시행과 더불어 이후 조선에서 설립되는 일본불교사원은 이 법령에 근거하여 허가를 받았다. 1945년까지 관보에서 확인되는 일본불교사원의 창립허가는 「부록 2」로 정리한 바와 같이 142개소의 사원명과 지역이 확인된다. 물론 1915년 이전에 이미 「종교의 선포에 관한 규칙」에 의해 허가 받아 설립된 사원들도 「신사사원규칙」시행 후 1916년도 관보를 통해 거의 확인할 수 있다.

마지막으로 본 4절에서는 이 사원들 중 1923년 7월에 목포에서 설립된 일련종 통조사의 창립원 서류를 바탕으로 「신사사원규칙」의 적용 사례를 확인하고자 한다. 여기서 목포를 한 지역 사례로 설정한 이유는 경성이나 부산에 대에서는 일제시대 일본종교에 대한 선

17 「신사사원규칙시행에 관한 건」, 위의 주와 동일.

행연구들이 이미 여럿 있었으나 초기 개항장의 하나였던 목포의 일본종교에 관한 연구가 없었던 점, 그리고 현재 목포시에는 구시가지로서 식민지시기의 유적이 비교적 많이 보존되고 있다는 점에서 이번 논문을 통해 앞으로 목포에 대한 연구를 이어가기 위한 발판을 마련하고자 하는 취지에서이다.

아래 <사진 1>에서 목포에 설치되었던 일본종교시설의 대략적인 위치를 확인할 수 있는데 이를 바탕으로 필자는 2022년 7월에 현지조사를 다녀왔다. 사진에서는 상단부터 하단의 순으로 통조사(일련종), 흥선사(조동종), 동본원사별원, 서본원사(진광사), 정토사(정토종), 대사사(진언종지산파)의 일본불교사원들과 목포부청의 남쪽 목포대에 인접한 천리교, 금광교, 일본기독교회의 위치가 확인된다.

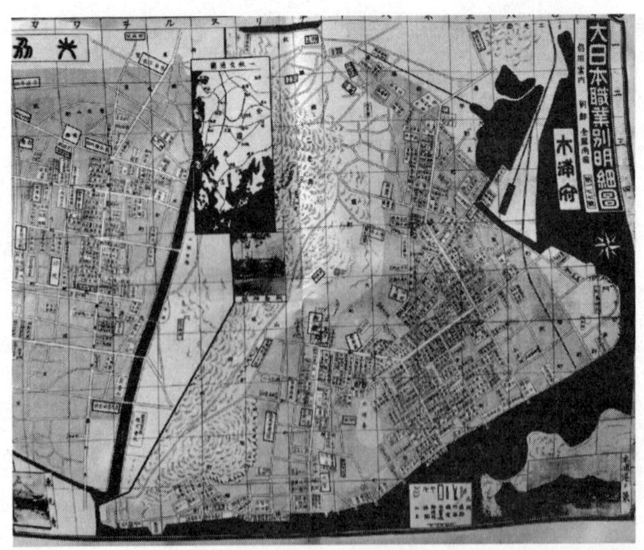

〈사진 1〉 목포의 일본종교 시설

우선 현지조사를 통해 확인한 현재의 모습을 사진으로 보자면 다음과 같다.

〈사진 2〉 목포 동본원사 본당

〈사진 3〉 목포 동본원사 계단

〈사진 4〉 목포 동본원사 내부

〈사진 5〉 목포 서본원사 주변

〈사진 6〉 목포 통조사 주변

〈사진 7〉 목포 흥선사 정문

〈사진 8〉 목포 흥선사 본당

〈사진 9〉 목포 흥선사 석상과 석탑

〈사진 10〉 목포 흥선사 내부

동본원사의 본당 건물은 해방 이후 기독교 목포제일교회가 사용하다가 현재는 목포시가 인수하여 문화시설로 관리하고 있다. 서본원사가 있던 자리는 사진에서 보듯이 상가 건물이 들어서 지금은 그 흔적을 찾을 수 없다. 통조사가 있던 자리는 <사진 6>에서 보이는 건물 뒷편에 비교적 넓은 주차장이 있는데 다음에서 볼 「통조사경내배치도」의 토지 형태와 비교해 볼 때 현재 주차장으로 이용되고 있는 곳이 통조사 부지였던 것으로 추정된다. 조동종 흥선사는 현재 조계종 산하 정광정혜원의 불교 사원으로 남아 있는데 특히 흥선사 당시의 본당과 고리 건물이 그대로 보존되어 있으며 지붕의 향배와 내부에는 일본 사원 특유의 내진이 보존되어 그 가치를 더하고 있다.[18]

한편 일련종 통조사는 1912년 9월 20일 일련종 목포포교소로 설립 인가를 받아 시작되었고 1923년 7월 16일에 통조사 창건 허가를

18 일반적으로 군산의 동국사(일제시대 조동종 금강사)가 현재 불교사원으로 사용되고 있는 유일한 일본식 사원 건물로 알려져 있으나, 정광정혜원에서 확인할 수 있는 바와 같이 동국사 이외에도 불교사원으로 현존하는 건물들이 더 남아 있음을 알 수 있다. 부산의 반야사, 대구의 관음사가 일제시대에 지어진 건물을 사용하고 있으며 현재는 사원으로 사용하고 있지 않지만 전술한 목포 동본원사 본당과 경주 서경사 본당 건물이 남아 있다.

받는다. 포교담임자로는 深川文明(1915.12.17), 清水玄正(1917.10.10), 岡田榮源(1922.10.10), 小原正泰(1929.8.3)의 이름을 확인할 수 있다. 창립원은『포교관리자관계 및 재단법인 기타 관계서류』[19]에 포함된「일련종통조사창립원의 건」인데 총 21면(일련번호 0067-0087)으로 되어 있다. 이를「신사사원규칙」의 규정에 비추어 검토해 보면, 신청자는 岡田榮源 외 37명이고 일련종 관장의 승인서, 본당 및 고리의 정면도, 측면도를 첨부하고 있다. 설립지 주소는 목포부 죽동 53번지, 통조사 측의 허가 신청일은 5월 12일인데 일련종 관장의 승인서는 6월 5일인 것으로 보아 후일 첨부된 것으로 보인다. 그리고 허가를 위한 전라남도지사의 부신서는 6월 21일자로 되어 있다. 마지막으로 관보의 허가 일자는 7월 16일이다. 이 문건에서 특히 주목하고자 하는 부분은「사원창립원에 대한 조사요령」(일련번호 0069-0071)과 이를 바탕으로 속탁 渡邊彰가 작성한 조사 보고서「통조사창립원의 건」(일련번호 0072-0073)이다.「사원창립원에 대한 조사요령」은「신사사원규칙」의 적용을 위해 총독부가 내부적으로 조사요령을 규정한 양식인데 사원창립에 관한 세부 조건을 확인할 수 있다. 이는 이 양식의「규칙 및 내규의 요지」란을 통해 확인되는데, 건물의 평수에 대해서는 본당과 고리는 각각 25평 이상(겸용의 경우 40평 이상)으로 규정하고 경내지 300평 이상, 사원 유지를 위한 확실한 수입은 500엔 이상일 것, 단신도수는 200호 이상으로 규정되어 있다. 또한 상술한 바와 같이 토지 및 건물의 소유권자에 대한 확인란도 있는데 본당과 고리에 대한「건물소유명의」, 경내지에 대한「소유자명의(국유 및 민유의 구별)」을

19 『布教管理者関係及財団法人其他関係書類』1922, 관리번호: CJA0004759

명시하게 하고 있다. 이처럼「신사사원규칙」에는 없는 상당히 세부적인 내규가 있었음을 확인할 수 있다.

통조사에 대한「사원창립원에 대한 조사요령」의 내용에는 본당 평수가 22평으로 3평이 부족하고 고리는 36평5합으로 기준보다 11평5합이 넓다. 그리고 경내지는 329평으로 29평 넓다. 본당과 고리의 소유자는 목포포교소 대표자로 되어 있으며 경내지의 소유자는 일련종호법재단으로 되어 있다. 즉 경내지의 소유자가 내지 본산인 것이다. 유지를 위한 수입은 800엔이며 단신도수는 134호로 기준 200호에 66호가 부족하다.

이상 내규에 부합하지 않는 사항이 있으나 조사원 渡邊彰의 보고서 내용은 다음과 같다.

> 이 건을 조사한 바 사원으로서의 용태를 갖추고 그 유지를 확고히 하기 위한 목적으로 정해진 내규에 비추어 본당의 건평은 3평 부족하고 유지 인원인 단신도의 호수 66호가 부족하다. 하지만 유지를 위한 수익은 내정의 표준액보다 연수 140엔이 많고 본당 건평의 증가 등 필요에 따라 수년 내에 증축의 필요가 있을 것으로 생각된다. 따라서 본당 고리의 소유명의를 사원창립 허가 후 통조사 소유로 할 것을 조건으로 창립을 허가할 수 있을 것으로 생각된다.「통조사창립원의 건」(일련번호 0072-0073)

즉 이 보고서에서는 본당의 건평과 신도 수의 부족을 지적하면서도 사원 유지를 위한 수익이 확실한 점, 본당 증축의 필요성과 가능성 그리고 무엇보다 소유 명의를 일본 내지의 본산 소유에서 식민지 조선에서 건립되는 현지의 통조사 소유로 할 것을 조건으로 창립 허가가 가능할 것으로 보고하고 있다. 물론 이 보고서를 근거로 통조사의 창립은 허가된다. 통조사의 예를 통해서 확인할 수 있는 중요한 점은, 식민지시기 조선에서 일본불교의 지역적 확산을 연구할 경우, 그것이 당시의 법제적 관련성과 그 법제가 추구하는 방향성이 어디였는가를 아울러 확인해야 한다는 점일 것이다. 마지막으로 경내 배치도와 건물 도면을 확인해 두자.

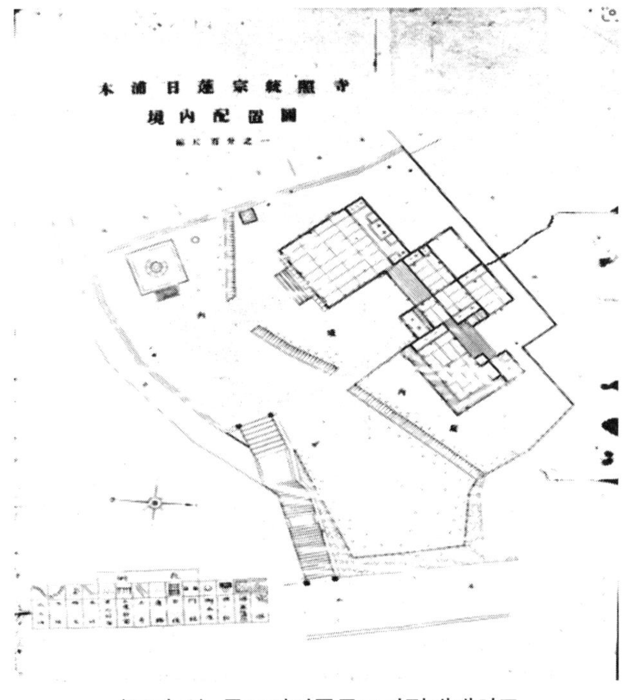

〈도면 1〉 목포일련종통조사경내배치도

木浦日蓮宗統照寺
本堂及庫裡正面圖
縮尺五十分之一

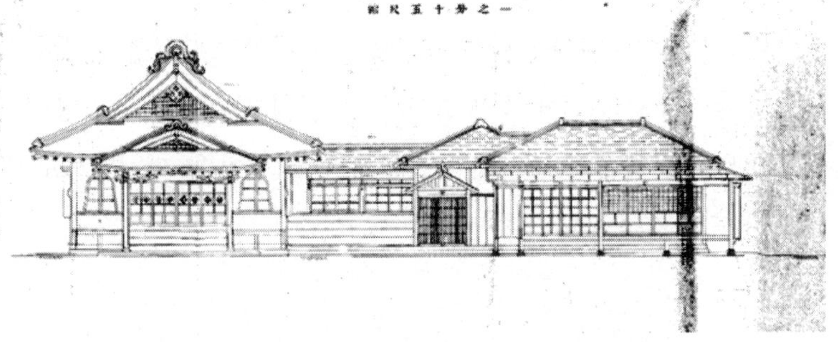

〈도면 2〉 목포 일련종통조사본당 및 고리정면도

木浦日蓮宗統照寺
本堂及庫裡側面圖
縮尺五十分之一

〈도면 3〉 목포일련종통조사본당및고리측면도

경내배치도에 계단과 석벽이 있었던 것으로 보아 현재 도로에 면한 상가 건물의 뒷편, 즉 북서쪽 경사지에 위치했던 것으로 생각된다. 또한 경내에는 종루와 석탑도 있었던 것으로 보인다. 본당은 경내의 남쪽에 위치하여 동남향, 그리고 북동향으로 고리가 이어져 있다. 확실히 본당보다 고리의 평수가 확연히 넓다. 아쉽게도 지금 그 흔적은 남아 있지 않지만 앞서 사진에서 확인한 흥선사의 구조와 비슷하기 때문에 그 모습을 대략 유추해 볼 수는 있겠다. 흥선사의 본당은 경내 북동향에 위치해 있어 통조사와는 정반대 방향으로 건물이 배치된 구조라고 생각된다.

5. 나가며–「조선총독부종교관련문서」의 활용과 전망

이 글에서는 「조선총독부종교관련문서」를 바탕으로 일본불교사원의 창립 절차와 관련된 법적, 행정적 내용을 심층적으로 분석하였다. 조선총독부에 의해 작성된 방대한 행정문서들은 현재 국가기록원에 소장되어 있으며, 이 데이터베이스를 통해 조선과 일본의 종교 정책 및 절차를 명확히 이해할 수 있다.

본 연구의 주요 목적은 일본불교사원이 조선에서 설립되는 과정을 문서들을 통해 구체적으로 확인하는 데 있었다. 특히, 「신사사원규칙」과 「포교규칙」을 중심으로 일본불교의 포교 활동과 사원 설립이 어떻게 법적으로 규제되고 있었는지를 살펴보았다. 이러한 규칙들은 일본불교의 포교 신고, 포교소의 설치 및 이동, 사원의 설립 등에 관한 엄격한 절차를 요구하였으며, 총독부의 허가를 받도록 규정하였다. 이는 일본불교사원이 조선에서 활동함에 있어 상당한 행정적 절차와 규제를 따랐음을 보여준다.

목포 일련종 통조사의 사례를 통해서는 일본불교사원의 구체적인 창립 절차와 행정적 세부사항을 보다 명확히 확인할 수 있었다. 통조사는 1923년 7월에 목포에서 설립 허가를 받았으며, 이 과정에서 사원의 창립 이유, 명칭, 창립지명, 본존과 소속 종파의 명칭, 건물과 경내지의 평수, 도면 및 경내지 주위의 상황, 창립비 및 그 지불방법, 유지방법, 단신도수 등의 구체적인 사항들을 총독부에 제출해야 했다. 이를 통해 당시 종교정책의 일환으로서 일본불교가 조선에서 어떻게 자리 잡았는지를 파악할 수 있었다.

또한 일본불교계 대표들과 총독부 간의 협의를 통해 「신사사원규칙」의 시행에 있어 포교관리자의 감독권과 내지 본산의 권한 인정에 대한 요구가 있었다는 점도 확인할 수 있었다. 총독부는 포교 신앙적 측면에서 내지 본산의 권한은 인정하면서도 조선에 설립되는 일본불교사원의 재산 관리권은 총독부에 있음을 명확히 하였다. 이는 조선불교사찰에 대한 일본불교의 영향력을 단절시키고자 했던 정책의 연장선상에서 매우 중요한 의미를 가진다.

이와 같은 분석을 통해, 「조선총독부종교관련문서」는 당시 식민지 조선에서의 종교정책과 일본불교의 활동을 이해하는 데 매우 중요한 사료임을 알 수 있다. 그러나 그 방대한 양과 검색의 한계로 인해 개별 연구에 이용하기가 어려운 점도 지적되었다. 이를 극복하기 위해서는 디지털인문학 기반의 데이터베이스 활용 기법을 고안하고 발전시키는 것이 필요하다. 디지털인문학은 방대한 문서 자료를 체계적으로 분석하고 효율적으로 활용할 수 있는 도구와 방법을 제공할 수 있기 때문이다.

앞으로의 연구에서는 이러한 디지털인문학적 접근을 통해 「조선총독부종교관련문서」를 보다 체계적으로 분석하고 활용할 수 있을 것이다. 이를 통해 식민지 시대의 종교정책에 대한 보다 깊이 있는 이해가 가능해질 것이며, 일본불교사원의 창립 및 활동에 대한 구체적이고 실증적인 연구가 이루어질 수 있을 것이다. 이러한 연구는 나아가 당시 조선과 일본의 종교적 관계와 상호작용을 이해하는 데 중요한 기여를 할 것으로 기대된다.

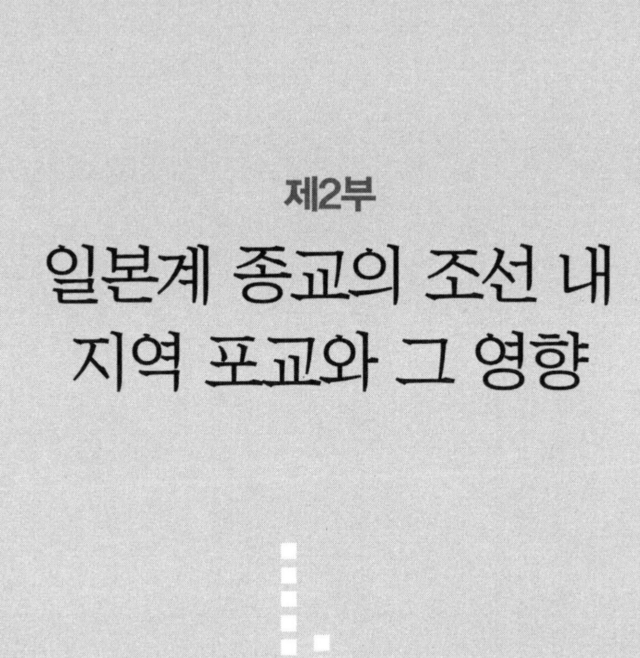

제2부

일본계 종교의 조선 내 지역 포교와 그 영향

제6장

신궁봉재회의 다중성과 한국인의 맥락적 반응

신궁봉경회・신궁경의회를 중심으로

고병철

1. 들어가며

이 글은 일본의 신궁봉재회(神宮奉齋會)와 관련해 대한제국 시기에 등장한 신궁봉경회(神宮奉敬會)와 신궁경의회(神宮敬義會) 등의 사례와 이 단체들이 종교를 내세우지 않았지만 종교단체로 인식되었다는 다중성에 주목한다. 이 주제와 관련된 관점은 단체의 성격이 맥락에 따라 종교적・경제적・정치적・사회적 차원에서 인식된다는 것이다. 이 관점은 근대 시기에 교파신도와 신사신도 간, 그리고 종교와 비종교 간 인식의 경계가 불명확하다는 점을 전제한다.

신궁봉경회는 통감부 설치 직후인 1906년 9월경부터 언론에 등장하고, 약 3년 뒤인 1909년 8~9월경에 신궁경의회로 개칭되었다거나 신궁경의회가 분립되었다거나 신궁봉경회 측이 신궁경의회로 개칭한 적이 없다는 주장 등이 담긴 기사에 재등장한다.[1] 그리고 1910년에는 2월 이후 신궁봉재회가 언론에 나타나고, 7월에 신궁봉재회의 규칙을 모방해 신궁경의회가 단군과 아마테라스(天照大神)의 위패 봉안 의식 절차를 만들고 있다는 기사도 보인다. 1912년 5월에는 이용구(李容九) 장례식에 신궁봉재회 회장 이하 신관 7명, 악사(樂士) 3명이 참석해 관전제(棺前祭)를 진행한, 즉 신궁봉재회와 시천교의 밀접한 연관성을 드러낸 기사도 보인다.[2]

이 단체들에 대해서는 서영대(2001), 문혜진(2020), 박성혜(2021), 권동우(2018, 2022), 한상아(2022) 등이 다룬 바 있다. 선행연구들은 아마테라스·단군 합사론에 주목하는 경향과 신궁봉경회·신궁경의회 등과 신궁교(神宮教)·신습교(神習教)·천리교(天理教)의 연관성에 주목하는 경향으로 구분된다. 이 가운데 후자의 논의 범위가 전자를 포함하고 있어 넓은 편이다.

구체적으로, 서영대(2001)는 아마테라스와 단군의 합제론이 단군을 스사노오(素盞嗚尊)와 동일시한 일선동조론(日鮮同祖論)에 따른 것이며, 신사신도 측이 직접 나선 단계(1906~1907)와 신궁봉경회·신궁경의회 등 친일파를 사주(使嗾)해 신궁 건립을 추진한 간접 추진 단계(1909~1910)로 한국병합의 합리화 움직임을 설명한다.[3] 이와 유사하게 박성혜(2021)는 신궁봉경회 등의 아마테라스·단군·태조[이성계] 합사 움직임을 배경으로 나철의 원단군교가 등장해 신궁봉경회 등의

1 『황성신문』, 1906.09.15; 『대한매일신보』, 1906.09.16; 『대한매일신보』, 1909.08.22; 『황성신문』, 1909.08.31; 『대한매일신보』, 1909.09.01.

2 『대한매일신보』, 1910.02.05; 『황성신문』, 1910.07.15; 『매일신보』, 1912.05. 29.

3 서영대, 「한말의 단군운동과 대종교」, 『한국사연구』 114, 2001, pp.217-264.

움직임에 반담론으로 기능했다고 주장한다.[4] 한상아(2022)는 신궁봉경회의 다카하시(高橋久司)와 이준용(李埈鎔)의 제신 논리를 비교하면서, 정신적 종속론과 국조 숭경론의 충돌이 안암신궁의 설치라는 타협으로 이어졌다고 주장한다.[5]

그에 비해 문혜진(2020)은 아마테라스신앙 수용 사례를 신궁봉경회·신궁경의회 등('친일파')과 무속인으로 구분한 후, '친일파'와 신궁교, 천조교(天照教)와 신습교, 김재순과 천리교의 연관성을 지적한다.[6] 권동우(2022)는 신궁봉경회(1906, 1909)·동우회(同友會, 1907)·대동회(大同會, 1908)의 연관성과 함께, 이 단체들에 참여한 다카하시(高橋久司)가 1911년 10월에 '신습교의 대강의(大講義)'로 재등장한 부분을 통해 천조교와 신습교의 연관성에도 주목한다. 그리고 이를 통해 당시 교파신도와 신사신도 또는 신도 관련 단체들 간의 경계가 명확히 구분되는 것이 아니라 느슨했다는 관점을 제시한다.[7]

이상의 연구사를 보면, 신궁봉경회 등과 신궁봉재회의 연관성은 아직 주목받지 못하고 있다. 그렇지만 신궁봉재회의 기반이 이세신앙이고 신궁봉경회 등이 그에 대한 반응이라면, 양자의 연관성은 근대 시기에 '이세신앙' 또는 신기신앙(神祇信仰)의 한국 진출 현상과 그

---

4 박성혜, 『근대계몽기 단군 이야기의 양상과 의미 연구』, 서울대학교대학원 박사논문, 2021, pp.127-128, p.169, p.243.

5 한상아, 「신궁봉경회의 활동과 제신 논리의 변용」, 『일본역사연구』 58, 2022, pp. 143-178.

6 문혜진, 「한일병합 이전 한성의 아마테라스(天照大神) 수용양상－신도계 종교단체 창설을 중심으로」, 『민속학연구』 46, 2020, pp.93-99.

7 권동우, 「통감부 시기, 신습교(神習教)의 한국포교 양상 연구」, 『한국학』 45-2, 2022, pp.261-286; 「京城神宮奉敬會의 근황」(憲機 第一四七六號), 『統監府文書』 6권, 1909년 7월 26일자(http://db.history.go.kr/id/jh_096r_0010_5210, 2023.5.24).

에 대한 한국인의 반응 방식을 보여줄 수 있다. 그리고 권동우(2022)가 신궁봉경회를 '신궁봉재회의 한국 지부'[8]라고 지적한 바 있지만, 이 단체들의 활동 시기나 '신궁'의 명칭 공유 등도 신궁봉재회와 신궁봉경회·신궁경의회 등의 연관성을 시사한다.

이 연구는 선행연구들과 신문자료 등을 중심으로 신궁봉경회 등과 신궁봉재회의 연관성에 집중해 신궁봉재회의 한국 진출과 한국인들의 반응을 살펴보고자 한다. 즉, 이세신앙과 관련된 신궁봉재회의 역사와 성격 및 한국 진출 현상, 신궁봉경회의 결성 등을 통한 한국인의 반응 등을 다루고자 한다. 그리고 이를 통해, 특히 권동우(2022)가 제시한 신사신도와 교파신도의 관계론과도 연결되지만, 근대 시기에 종교와 비종교 간 경계의 불명확성과 단체의 맥락적 인식과 구성론에 대해 사유하는 계기를 갖고자 한다.

2. 변형과 구성: 신궁교회, 신궁교, 신궁봉재회

우선, 일본에서 이세신궁(伊勢神宮)[9]의 신궁교회가 신궁교를 거쳐 신궁봉재회로 이어지는 과정을 보자. 메이지정부는 출범 직후 신불분리령[神佛判然令, 1868]을 공포했지만, 1870년대부터 대교선포조서(大教宣布の詔, 1870.2) 등을 공포해 국가 신도화를 본격적으로 추진한다.

8 권동우, 위의 글, p.2663.

9 이세신궁은 황실 조상신('天照大御神')을 안치한 내궁(内宮: 皇大神宮)과 약 4㎞ 거리에 있는 외궁(外宮: 豊受大神宮)을 중심으로 이세(伊勢) 지역의 신사들을 총칭한다.

대교선포조서에는 천신(天神)과 천황을 연결한 제정일치 추구, 유신의 대도(惟神の大道) 선양을 위한 선교사(宣教使) 설치 등이 담긴다.[10] 이어, 교부성은, 신불분리령으로 발생한 폐불훼석 현상에도 불구하고, 1872년부터 1875년의 대교원 해산 때까지 교원(教院: 大 · 中 · 小) 시설과 교정(教正: 大 · 權大 · 中 · 權中 · 少 · 權少) · 강의(講義: 大 · 權大 · 中 · 權中 · 少 · 權少) · 훈도(訓導: 訓導 · 權訓導)로 구성된 14개 무급교도직의 신관 · 승려를 중심으로 대교선포운동을 진행한다.[11]

1870년대 대교선포운동에서는 두 가지 변화가 주목된다. 첫째는 '이세신궁을 정점에 둔 사격제도의 시작' 현상이다. 이와 관련해, 일본정부는 1871년 5월에 '신사의 제사가 국가의 종사이기에 사유화할 수 없고 신관도 세습할 수 없다'고 공포하면서, 종래 신사들을 관폐사(官幣社) · 국폐사(國幣社) · 부번현사(府藩縣社) · 향사(鄉社)로 등급화하고 등급별 직원과 규칙을 규정한다.[12]

둘째는 '신도 포교를 위한 개별 기관들의 출현' 현상이다. 즉, 1872년 신궁교회(神宮教會), 1873년 수성강사(修成講社)와 출운대사경신강(出雲大社敬神講)과 어악교회(御嶽教會), 1875년 부상교회(扶桑教會)가 출현한다. 이어, 대교원 해산 이후인 1878년에 실행사(實行社), 1879년

---

10 河野省三 解, 文部省教学局 編, 『歴代の詔勅』, 東京: 内閣印刷局, 1940, pp.66-69.

11 木津無庵 著, 『酬恩録』, 名古屋: 破塵閣書房, 1935, pp.50-52; 배관문, 「국학의 메이지 유신－복고의 착종으로부터 신도를 창출하기까지」, 『일본비평』 19, 2018, pp.91-92.

12 外史局 編纂, <官社以下定額及神官職員規則>, 『明治四年 布告全書 五 明治辛未』, 1871, pp.21-31. 당시 등급별 신사의 최고위를 보면, 신궁은 제주(祭主), 관폐국폐대사는 대궁사(大宮司), 관폐국폐중사와 관폐국폐소사는 궁사(宮司), 부번현사와 향사는 사관(祠官)이다(Ibid., pp.27-29).

에 대성교회(大成教會), 1880년에 신습강(神習講)과 신리교회(神理教會) 등이 출현한다.[13]

특히 사격제도로 인해 이세신궁(정식: 신궁)은 전국 신사의 정점에 서게 된다. 구체적으로, 우선, 1871년에 신궁의 사무 조직을 신궁사청(神宮司庁)으로 새롭게 정비한다.[14] 이어, 이세신앙의 포교를 위해 1872년 10월경 우라타 나가타미(浦田長民, 1840~1893, 少宮司) 등이 이세강(伊勢講)을 토대로 신궁교회를 조직하고, 동경 일비곡대신궁(日比谷大神宮; 東京大神宮)에 설치된 신궁교원(神宮教院)을 교회 본부 겸 이세신궁 출장소로 활용하게 된다.[15]

1872년 10월경 이후 신궁교회는 신궁 사무 조직인 신궁사청와 연계해 신궁대마(神宮大麻)[16]와 역(暦)[17]의 전국적 배포를 담당한다. 이 업무는 1871년 12월 이후 신궁의 대궁사(大宮司)를 배포 주체로[18] 신궁사청이 각 부현에 배포한다는 정부 방침[19]과 '대마 · 역이 대신(大神)의 분령(分靈)과 황조(皇朝)의 정삭(正朔: 暦)이기에 제국신민이라면 삼

13 이노우에 노부타카 외, 박규태 역, 『신도, 일본 태생의 종교시스템』, 제이앤씨, 2010, pp.314-319.

14 中村徳五郎, 『皇大神宮史』, 東京: 弘道閣, 1921, pp.357-360.

15 中野了随, 『東京名所図絵』, 東京: 小川尚栄堂, 1890, p.18; 安藤希章, 『神殿大観』(2011, http://shinden.boo.jp/wiki/神宮教, 2023.5.24).

16 江坂神社(http://www.esakajinja.or.jp/jingutaimaQA.html, 2023.5.24)에 따르면, 신궁(이세신궁)이 일본 전국을 수호하는 전체 우지가미(総氏神)이고 지역 신사의 우지가미(氏神)는 지역 수호신이다.

17 明法寮[司法省 編, <自第六至第十二/ 太陰暦ヲ太陽暦ニ改ラルノ事>, 『憲法類編. 第二十一』, 京都: 村上勘兵衛[ほか, 1873, pp.2-6.

18 内閣官報局, 『法令全書. 明治 4 年』, 東京: 内閣官報局, 1912, p.3.

19 神宮神部署 編, 『神宮大麻及暦頒布関係例規』, 宇治山田市: 神宮神部署, 1934, pp.34-41.

가 받들어야 한다는 논리'로 수행된다.[20] 비록 1878년 4월 대마의 수령 여부[受不]를 '인민의 자유'에 맡기는 조치가 나오기도 하지만[21] 대마와 역 배포 자체는 지속된다.

1870년대 신궁교회는 신궁사청과 미분리 상황이었지만, 특이하게도 신도를 종교적 맥락에서 인식한다. 이는 신궁교회를 조직한 우라다(浦田長民)가 1877년 『대도본의』 서문에 '우리 가르침[我教]은 천신천조(天神天祖)가 창립하고 후손인 천황이 계승해, 외국 제교(外國 諸教: 儒·道·佛·天主·耶蘇)와 비할 수 없다'[22]고 서술한 데에서, 즉 다른 종교들과 비교 우위에 두는 방식으로 이세신앙의 우월성을 강조했다는 데에서 확인할 수 있다.

신궁교회는 1880년대 이후 두 차례 형태 변화를 보인다. 첫 번째 변화는 1882년 신궁교(神宮教; 神道神宮派, 1882~1899.9) 전환이다. 그 배경에는 메이지정부가 '신사=제사시설' 논리로 1882년 1월부터 시행한 '신관의 교도직 겸보(兼補) 폐지 및 장례활동 금지 조치'가 있다. 당시 부현사 이하 신관의 경우에는 당분간 종전대로 겸보를 유지하게 했지만,[23] 이 조치로 인해 개인은 신관이 될 것인지 교도직이 될 것인지를, 신사 관련 교회 조직은 '신사 부속 숭경단체'가 될 것인지 '신사로부터 독립한 포교단체'가 될 것인지를 선택해야 하는 기로에

20 坂常三郎 編, 『神都の繁華 : 御鎮坐紀念』, 東京: 同益社, 1897, pp.28-29.

21 山田覚治 編, 『現行類聚社寺法令. 2版の別冊附録(自明治8至明治30年11月)』, 松田武兵衛, 1898, p.10; 神宮神部署 編, Op. cit., 1934, p.35.

22 浦田長民 著, 『大道本義. 上巻』, 東京: 博聞社, 1877(神宮教院 藏版).

23 <府縣社以下神職教導職兼補二關スル件>(内務省乙第7號達, 明治15.1.24); 日吉紋次郎 編, 『現行府県社以下神社法規』, 宮崎町: 宮崎県神職会, 1915, p.148; 広島県神職管理所 編, 『現行神社法令』, 広島: 広島県神職管理所, 1914, p.57.

서게 된다.

신궁교회는 신궁사청으로부터 독립하는 길을 선택한다. 다만, 신궁교가 종래처럼 포교나 장례활동 등과 함께,[24] 대마와 역의 전국적 배포 업무를 지속했다는 점에서 이 선택이 이세신궁과의 관계 단절을 의미하지는 않는다.

신궁교의 독립성은 1884년 8월 신불교도직 폐지와 함께 도입된 관장제(제2조)와 교규종제의 내무경 인가제(제3조) 등의 정책으로[25] 강화되는 것처럼 보인다. 그렇지만 초대 관장인 다나카 요리츠네(田中賴庸, 1836~1897) 사례는 관장제가 신궁교와 이세신궁의 연관성을 전제했다는 것을 보여준다. 구체적으로, 다나카(田中頼庸)는 신궁의 궁사(宮司)와 대교정(大教正)이었던 1880년에 『일본기(日本紀)』 등을 교정한 바 있지만, 관장이 된 이후에도 1887년에 『고사기(古事記)』 등을 교정하고,[26] 1893년에 '인위(人爲) 없이 오직 신의 뜻대로'라는 간나가라노미치(惟神の道)를 신궁교의 최상위 가치로 설정해서[27] 이세신앙을 강조한다. 또한 신궁교는 장례 등 의례를 통해서도[28] 이세신궁의

24 藤井稜威 編,『神宮教会葬祭式』, 山口県: 山口 神宮教會, 1883, pp.1-9; 藤井稜威 編,『神宮教会教徒心得』, 廣島: 神宮教廣島本部, 1885.

25 <太政官 布達 第19号/ 神佛教導職廢止>(明治17.8.11.),『官報』, 1884年08月11日.

26 田中頼庸 校訂,『日本紀. 1』, 田中頼庸, 1880; 田中頼庸,『賢所祭神考証』, 田中頼庸, 1881; 田中頼庸 校,『古事記 : 校訂. 上』, 神宮教院, 1887.

27 田中頼庸 撰, 藤井稜威 述,『神宮教立教大意述義』, 東京: 神宮教々校, 1893, pp. 1-11; 일본위키(https://ja.wikipedia.org/wiki/, 田中頼庸, 2023.5.24).

28 후지이 이츠(藤井稜威)는 신궁교 제15교구 히로시마 본부장(廣島本部長)이자 권소교정(權少教正)이었던 1885년에 신궁교회 교도가 준수할 사항[心得, こころえ]으로 '탄생식(誕生式), 창업식(創業式), 혼인(婚姻), 주공(奏功, 사업성취), 장제(葬祭)'의 5대 의례를 소개한다(藤井稜威 編, Op. cit., 1885, pp.1-9.).

포교기관 역할을 수행한다.

당시 사회적으로도 신궁교와 이세신궁은 연관된 것으로 인식된다. 이와 관련해, 신궁교가 사용한 일비곡태신궁(日比谷太神宮) 내의 신궁교원은 1890년에 '이세신궁 출장소'로 표현된 바 있다.[29] 그리고 1895년에 교토 신궁교회는 이세신궁을 제사하고 신궁 사무를 취급하고 신찰(神札)도 배부해 이세참궁인(伊勢參宮人)들이 많이 출입하는 곳으로 표현된 바 있다.[30]

1890년대에는 신궁교가 '만세일계(萬世一系)의 천황 통치(제국헌법 제1조)' 기조에 적극 호응하는 양상을 보인다. 예를 들어, 1891년 5월 러시아황태자가 방일 중 상해를 입어 정부 입장이 난처해지자 신궁교는 황태자 회복 기원 의례를 연출한다.[31] 또한 청일전쟁(1894.7~1895.4) 시기에 신궁교원과 지방 본부 · 교회들이 임시제전 · 기도 · 위문 등을 진행하고, 다른 교파신도들처럼 종군포교에 참여하는 모습을 보여준다.[32]

두 번째 변화는 1899년 9월 신궁교 해산과 신궁봉재회(神宮奉斎会, 財團)의 설립인가이다.[33] 신궁봉재회는 종교단체를 숭경단체로 전환한 것이라거나,[34] 신궁교를 종교도 아니고 신사도 아닌 애매한 존재

29 中野了随, Op. cit., 1890, p.80.

30 内藤彦一, 『京都名勝便覧図会 : 明治改正』, 東京: 内藤奎運堂, 1895, p.25.

31 <彙報 / 神宮教院 祈禱>(明治24.5.15); <彙報 / 祈禱執行>『官報』, 1891年05月19日.

32 穂波徳明, 『征清戦史: 武勇日本. 下』, 東京: 大日本中学会戦史部, 1901, pp.1070-1071.

33 <内務省 告示 第99号/ 神宮奉齋會設立認可神宮教解散>(인가 明治32.9.4); <彙報 / 殘務取扱 神宮教(内務省)>, 『官報』, 1899年09月05日.

34 長崎市役所 編, 『長崎市史. 地誌編 神社教會部 下』, 長崎: 長崎市, 1929, pp.498-507.

로 만드는 결과를 초래한 것이라는 평가를 받지만,[35] 신궁교가 '숭경성과 종교성의 다중성'을 유지하면서 외면을 '종교성에서 숭경성으로 바꾼 사례'로 보인다.

신궁교가 신궁봉재회로 전환한 배경에는 '대마 배포로 인한 경제적 수익' 차원, 즉 신궁대마의 배포 대금인 초수료(初穂料)를 유지하려던 의도가 있었던 것으로 보인다.[36] 이와 관련된 경위를 보면, 신궁봉재회 전환 시점은 내무성이 1896년 11월 <신궁사청관제>를 공포해 신직 73명으로 구성된 신궁사청을 만든 이후이다.[37] 이 조치로 인해 신궁교는 사적 차원의 종교단체로 남는 한 국가적 차원의 대마·역 배포 활동이 어렵게 된다.[38] 이에 따라, 신궁교는 1899년 신궁봉재회로 전환하면서 문제 상황에서 벗어나게 된다.

특히 신궁봉재회 출현 시기는 1900년대 이후 정부가 추진한 대마·역 제조·배포의 제도화 직전이다. 구체적으로, 1900년 9월에 신직 약 17명으로 구성된 신부서(神部署, 1912.9 이후 神宮神部署)를 설치해 대마·역의 제조·배포와 신민의 봉새(奉賽: 禮參) 업무를 부여한다.[39] 신궁봉재회는 이 제도화 직전에 등장해 대마·역의 배포 업무

35 安藤希章,『神殿大観』(2011, http://shinden.boo.jp/, 神宮敎, 2023.5.24).

36 江坂神社(http://www.esakajinja.or.jp/jingutaimaQA.html, 2023.5.24). 신궁대마의 배포는, 우지가미의 신찰처럼, 유료이다. 신찰이 신앙 대상물로 나누어 받은 것이기에 상품이나 매매대상처럼 '판다'(売る)거나 '산다(買う)'가 아니라 '반포한다'(頒布する; お頒ちする)라는 표현을 사용하고, 받는 돈도 초수료(初穂料)라고 부른다. 한편, 신궁교가 '대마·역 배포 활동'을 포기하지 않았던 배경이 '경제적 이익'이었을 것이라는 시각은 2022년 12월 16일 연구발표회(권동우)에서 갖게 된 것이다.

37 <勅令 第371号 / 神宮司廳官制>(明治29.11.28),『官報』, 1896年11月30日.

38 神祇院教務局,『神社局時代を語る: 懇談会速記』, 東京: 神祇院教務局調查課, 1942, pp.66-67.

를 유지하게 된다. 관련 사례를 보면, 신궁봉재회 오카야마(岡山)본부는 신부서 설치 시기에 신부서 지서(支署) 역할을 한다.[40]

주목할 부분은 두 차례의 형태 전환에도 불구하고 '숭경성과 종교성의 다중성'이 유지되었다는 점이다. 우선, 숭경성 측면의 경우, 신궁봉재회는 1910년대에 간나가라노미치(惟神の道)와 종교, 신사와 교회, 대마와 본존(本尊)을 대비하면서 '대마는 종교의 본존이 아니고(大麻は宗教の本尊にあらず)', 신기(神祇)가 정치 · 교육 · 종교 · 도덕 · 윤리 일체의 것을 포함하며, 대마 보급이 '천조(天祖)에 대한 국민의 절대적 숭경'이라는 입장을 보인 바 있다.[41] 그리고 이 입장은 1920년대에 신사비종교론으로 이어지게 된다.[42]

다음으로, 종교성 측면의 경우는 신궁봉재회가 교파신도나 종교적 맥락에서 인식된 현상에서 유추할 수 있다. 예를 들어, 1904년 러일전쟁 전사자 장례용 신도 축사문(神道 祝詞文)에 신궁봉재회의 초혼제(招魂祭) 제문과 제식(祭式)이 신도본국이나 금광교 등의 자료와 혼재된 부분,[43] 1907년 『일본종교사』에서 신궁교가 '1899년부터 종교

---

39 <勅令 第374号 / 神部署官制>(공포 明治33.9.26. 시행 明治33.10.15), 『官報』, 1900年09月27日; <神宮神部署 官制>(明治45.4.20, 勅令 第85號), 『官報』, 1912年04月22日; 当山春三, 『神宮大麻と国民性』, 仙台: 神宮奉斎会本部, 1916, pp. 1-9.

40 岡山市役所 編, 『岡山市史. 第5』, 岡山: 合同新聞社印刷部, 1938, pp.3465-3467; <内務省 告示 第38号 / 神宮神部署支署名稱位置及管轄區域表>(明治45.5.22), 『官報』, 1912年05月22日; 神祇院教務局, Op. cit., 1942, pp.66-67. 安藤希章, 『神殿大観』(2011, http://shinden.boo.jp/, 神宮教, 2023.5.24)에 따르면, 대마 배포는 1926년에 각지 신직회(神職會)에 위임한다.

41 当山春三, Op. cit., 1916, p.6, pp.22-24.

42 今泉定介, 『神社非宗教論』, 東京: 神宮奉斎会, 1926, pp.1-18.

43 当麻小太郎, 『神道祝詞文例 : 軍人葬祭』, 東京: 増田英治本店, 1905, pp.17-18,

관할을 탈피해 신궁봉재회를 조직'했다는 종교사적 서술[44] 등이 그에 해당한다. 또한 1920년대 자료에서 신궁봉재회는 아마테라스 신앙을 토대로 "절대 존귀한 황도, 최고 존엄한 국체, 비할 데 없이 우수한 민족적 대정신"[45]을 내세워 '이세신앙' 또는 신기신앙을 핵심으로 삼는데, 이 모습은 신궁교의 경우와 유사하다. 이처럼 '숭경성과 종교성의 다중성'은, 마치 1920년 8월 신궁봉재회가 다른 부상교(扶桑教) 등 신도 각파와 협력한 사례처럼,[46] 신궁봉재회가 조선에서 다른 교파신도들과 협력하는 배경이 된다.

3. 포교와 위상: 신궁교와 신궁봉재회

다음으로, 신궁교(1882~1899.9)가 조선에 진출하는 과정을 보자. 근대의 이세신앙은 1880년대 이전에도 거류민회에 공유되었지만,[47] 신궁교는 1894년 7월경, 즉 일본군의 경복궁 점령 후 친일 내각이 시작한 갑오개혁(1894.7~1896.2) · 청일전쟁(1894.7~1895.4) 시기에 조선 포

pp.20-22, pp.30-32, pp.38-39.

44 土屋詮教, 『日本宗教史』, 東京: 早稲田大学出版部, 1907, pp.420-426.

45 当山春三, 『敬神と実際生活. 続編』, 仙台: 神宮奉斎会宮城本部, 1923, p.271.

46 『매일신보』, 1920.08.01.

47 박진한, 「식민지시기 '인천대신궁'의 공간 변용과 재인천 일본인－유락과 기념의 장소에서 식민지배의 동원장으로」, 『동방학지』 162, 연세대학교 국학연구원, 2013, pp.397-411; 문혜진, 「한일병합(1910년) 이전 남산대신궁의 종교적 성격에 관한 연구－거류민신사의 서민종교성을 중심으로」, 『서울과 역사』 83, 2013, pp.255-257; 青井哲人(AOI Akihito), 「ソウル・南山の神域化―植民都市と神社境内」, 『明治聖徳記念学会紀要』 第43号, 2006, p.79.

교를 개시한다. 구체적으로, 신궁교는 청일전쟁 직전에 조선 포교와 시찰을 위해 고니시 센키치(小西千吉, 權少教正)의 파견을 기획한다. 고니시(小西千吉)는 조선 통행권을 얻은 후 1894년 7월 26일에 부산에 도착해 총영사 대리 방문으로 일정을 시작한 후, 일본군 주둔지가 있는 육로를 통해 8월 13일경 경성에 도착해서 경성과 인천 등에서 포교하다가 10월에 원산항에 도착하지만 병사(病死)한다.[48]

한편, 신궁교원은, 고니시(小西千吉) 파견과 별도로, 1894년 7월 26일 후지이 이츠(藤井稜威, 大教正)와 가이 카즈히코(甲斐一彦, 權大教正)를 위문사(慰問使) 자격으로 조선에 파견한다. 이들은 청일전쟁 관련 선전 조칙 공포(8.1)[49] 직후인 1894년 8월 6일 부산에 도착해 육해군 책임자에게 위문장을 준다. 이어, 경성주재전권공사 오오토리 케이스케(大鳥 圭介, 재임 1893~1894)에게도 위문장을 주고, 각 군대 위문 후 귀국한다.[50]

이어, 신궁교원은 1895년 2월에 히로시마 대본영(大本營)의 허가를 받아 가이 카즈히코(甲斐一彦, 權大教正), 츠카다 스가히코(塚田菅彦, 中教正), 야마구치 토오루(山口透, 權中教正) 등 3인에게 종군포교 임무를 부여한다.[51] 이 가운데 츠카다(塚田菅彦, 中教正)는 청일전쟁 종전 직후인 1895년 6월 말경부터 의주부(義州府)에서 시작해, 선천부(宣川府)에서 종군포교를 하고, 평양에서 신직(神職) 스가(須賀軍曹)를 재주(齋主)로

48 穂波徳明, Op. cit., 1901, pp.1072-1074; 阪井 弁,『明治畸人伝』, 東京: 内外出版協会, 1903, pp.56-58

49 <詔勅 / 淸國ニ對スル宣戰ノ件>(明治27.8.1),『官報』, 1894年08月02日.

50 穂波徳明, Op. cit., 1901, pp.1074-1076.

51 Ibid., pp.1076-1087.

전사자 추도제(追悼祭)를 진행한다. 이어, 인천거류지 묘소에서 추도제를 하고, 경성에 도착한다. 7월에는 일본공사관, 흑주교(黒住教)와 신도교(神道教) 포교사 등과 협조해 왜성대(倭城臺)에서 군신보새제(軍神報賽祭)를 진행한다. 이 의례에는 일본군 관계자 외에 군부대신대리[柳赫魯], 내무협판[俞吉濬] 등이 참여한다. 당시 츠카다(塚田菅彦)는 신부(神符)·신찬(神饌)·과자(菓子) 등을 조선 국왕에게 바치고자 '신궁교 포교사' 명의로 궁내대신에 서신을 보내고, 각 대신에게 신부와 신찬 등을 보낸다.[52] 이어, 8월 경성에서 군 사망자를 위한 장제(葬祭)와 군대 방문 등을 하고, 일본군 주둔지들을 거쳐 부산에 도착한 후, 9월에 나가사키항(長崎港)을 통해 귀국한다.[53]

청일전쟁 이후 신궁교의 조선 포교는 러일전쟁(1904.2~1905.9) 이후에 재개된다. 이 시기는 대한제국(1897.10.12.~1910.8.29.) 시기이고, 단체 명칭은 신궁봉재회(1899.9~)이다. 비록 러일전쟁 당시 신궁봉재회가 신대(神代) 이래 한반도가 일본과 관계가 있고 신공황후의 삼한정벌로 약 절반이 일본 보호국이 되었다고 인식한 자료가 보이지만,[54] 신궁봉재회의 한국 진출은 1907년 통감부 자료에서 볼 수 있다. 이에 따르면, 1907년 3월에 성진(城津) 이사청의 부이사관 오키 야스노스케(大木安之助)가 근래 신도 소속 신궁(神宮)들로부터 대마 반포 초수료(初穗料: 기원·기도비) 징수 인가원이 많이 제출되고 있고 금전 모집이

52 Ibid., pp.1087-1091. 군신보새제(軍神報賽祭) 부분은 pp.1090-1091 참조. 보새(報賽, '굿')는 가을 농사 후 신의 은덕에 감사하는 제사를 뜻한다.

53 Ibid., pp.1091-1092.

54 植木直一郎, 『日露交渉史』, 東京: 神宮奉斎会本院, 1904, p.220; <詔勅 / 露國ニ對シ宣戰>(明治37.2.10), 『官報』, 1904年02月10日.

기에 <보안규칙> 제3조를 적용하지만, '대마 반포가 포교방법'이라면 <종교의 선포에 관한 규칙>을 적용할 수 있으므로 판단을 요청한다. 이에 통감부는 대마 반포 목적이 금전 모집에 그치지 않고 교리 설파와 교도 확보에 해당하면 <보안규칙> 외에 <종교의 선포에 관한 규칙>도 적용해야 한다고 회신한다.[55] 이 회신은 신궁대마 반포에 대한 통감부 인식이 '비종교와 종교'의 경계를 넘나들고 있었다는 점을 시사한다.

또한 1907년 11월에 신궁봉재회 부총재 니조 모토히로(二條基弘, 公爵)와 회장 후지오카 요시후루(藤岡好古)는 지금껏 거류민단에 맡겼던 대마 및 달력 반포를 담당할 이사 후나비키 마모루(船曳 衛)의 파견 사실을 통감부에 알리고 보호를 요청한다. 통감부는 대마와 달력 반포 및 회무 확장 행위가 '금품 모집 또는 단체 가입 권유'와 관련된 <보안규칙> 제3조에 해당해 이사관 인가 사항이므로 출장처의 관할이사청 이사관과 논의해야 한다고 회신한다. 동시에 각 이사관에게 <보안규칙> 제3조로 단속하되 신궁봉재회의 편의를 제공하라고 통지한다. 그 직후인 동년 11월에 회장 후지오카(藤岡好古)는 평양과 신의주 외의 재한일본거류민에 대한 후나비키(船曳 衛)의 신궁대마 및 달력 반포를 인가해 달라고 통감부에 청원한다.[56]

---

55 박광수 · 이부용 · 장혜진 · 최세경 · 편용우, 『「종교에 관한 잡건철」 1906~1909』, 집문당, 2016, pp.31-32. 초수(初穂, はつほ)는 '첫 이삭'을 의미하며, 추수한 농작물 중 먼저 신불(神佛)이나 조정에 바치는 것, 또는 신불에게 바치는 돈 · 음식 · 술 등을 뜻한다.

56 위의 책, pp.76-81. 후나비키 마모루(船曳 衛)는 시천교의 이용구 장례식에 부재주(副齋主)로 참여하고, 1918년 3월 궁내성 종7위(從7位)에서 정7위(正7位)로 서임된다(『官報』, 1918年03月15日).

그 외에 1909년 5월 1일에는 '회장 후지오카(藤岡好古), 부총재 공작 니조(二條基弘), 신궁봉재회 한국본부장 후나비키(船曳 衛)' 명의로 농상공부대신 조중응(趙重應)에게 '경기도 용산방 만리창계 효창원 국유삼림 내 약 13,919평을 신궁봉재회 한국본부 건설부지'에 대한 대부원(貸附願)을 제출한다. 이 청원은 부총재 니조(二條基弘) 등이 재한 일본거류민 요청을 받아 신궁봉재회 본부를 설립하려는 모양새로, 통감부를 거쳐 궁내부에 전달되지만, 해당 지역이 감옥 부지로 결정되면서 받아들여지지 않는다.[57]

그러다가 병합 이후 총독부가 감옥 부지 변경 움직임을 보이자 신궁봉재회 회장과 부총재는 1911년에 신궁봉재회 기성동맹회를 결성하면 조선 통치에 도움이 된다는 의견을 담아 재청원한다. 그렇지만 1911년 5월 3일자 총독부 비서관 고다마 히데오(兒玉秀雄, 1876~1947) 문건에는 신궁봉재회가 이세신궁을 봉재하던 종교단체로 출발해 황태신궁의 부적·역서 배포 법인이 되었으며, 이 법인의 사무소 설치에 관유지(官有地) 지급이 불필요하다는 의견이 담긴다.[58]

이 과정을 보면, 이세신앙은 개항장 중심의 대신궁들을 통해 일본거류민회에 공유되고 대마와 달력이 반포되다가, 1907년 11월경부터 신궁봉재회가 대마와 달력의 배포 업무를 맡게 된다. 그렇지만

57 내무부 지방국 지방과, <신궁봉재회 청원서안의 건>(1911.5.3.), 『사사종교』, 내무부 지방국 지방과, 1911(CJA0004741); 박광수·이부용·장혜진·최세경·편용우, 『사사종교 1911』, 집문당, 2018, pp.736-744; 『대한매일신보』, 1910.02.05; 『대한매일신보』, 1910.02.05.

58 내무부 지방국 지방과, 위의 책, 1911; 박광수·이부용·장혜진·최세경·편용우, 위의 책, 2018, pp.736-744.

통감부와 총독부는 신궁봉재회를 숭경성과 종교성의 경계에서 인식한다. 대마와 달력 배포 목적이 '금전 모집'이지만 교리 설파와 교도 확보를 위한 '포교방법'일 수 있다는 시선, 대마와 달력 반포를 위한 법인에 관유지를 지급할 필요가 없다는 시선은 이 다중성을 시사한다.

4. 선택적 반응: 종교적 맥락과 정치 경제적 맥락

1) 신궁봉재회의 이세신앙에 대한 반응

신궁봉재회에 대해 한국인은 고종이 1906년 9월 만수성절(萬壽聖節)에 은사금을 보낸 바 있는 신궁봉경회의 결성으로 반응한다..[59] 1906년 3월 기사에서 '신궁회(神宮會)'를 신궁봉경회로 보면,[60] 단체 결성 시기는 통감부 · 이사청이 업무를 개시한 1906년 2월 전후이다. 다만, 신궁봉재회가 종래 교회소(敎會所)를 '봉재소(奉齋所)'로 전환했다는 점을 고려할 때,[61] 봉경회라는 명칭 자체는 신궁봉경회가 신궁봉재회의 지회가 아니었다는 것을 시사한다.

1906년 9월 이후 신궁봉경회 관련 기록은, 1907년 2월의 신궁회 설립 기사 외에,[62] 거의 없다. 그러다가 1907년 5월 31일부터 6월 20일까지 다카하시 히사시(高橋久司: 元神宮奉敬會 會長) 명의로 신궁봉경회

59 『황성신문』, 1906.09.15; 『대한매일신보』, 1906.09.16.

60 『대한매일신보』, 1906.03.01; 『대한매일신보』, 1909.07.03.

61 安藤希章, 『神殿大観』(2011, http://shinden.boo.jp/wiki/神宮教, 2023.5.24).

62 『황성신문』, 1907.02.15.

해산(5.28) 광고가 지속된다.[63] 그 배경은 다카하시가 와타츠 코쇼(渡津公照, 男爵, 동인회 회장) 등과 함께 1907년 5월경에 한일동인회(韓日同寅會)를 조직해 개칭한 동우회(同友會)와 목적('한일 시조의 합사')이 같다는 데에서 비롯된 갈등이다.[64]

1907년의 동우회는 7월의 네덜란드 헤이그 특사 파견사건(일명 海牙問題事件) 이후 회장[李允用] 사임과 함께, 해체된다. 그 과정에는 일본 사령부의 노방개회(路傍開會) 금지령, 경시청의 이학재(李學宰) 등 체포와 문서 압수,[65] 1907년 12월 이후 평리원(平理院)의 동우회 사건 집중 심사와 판결 등이 개입된다.[66] 동우회 해체 이후에는, 1908년 2월에 우치오 우나이(內尾宇內)와 한인들이 대한동우회(大韓同友會)를 정사회(政社會)로 개칭해 동우회 회원들의 무고(無辜)를 알리기도 하지만,[67] 대동회(大同會)라는 새로운 단체가 만들어진다.

1908년 2월의 대동회 설립 취지는 '정치 강구(講究), 교육 실시, 상

---

63 『황성신문』, 1907.05.31; 『대한매일신보』, 1907.05.31; 『대한매일신보』, 1907.06.20.

64 『황성신문』, 1907.05.09; 『황성신문』, 1907.05.11; 『황성신문』, 1907.05.16; 『대한매일신보』, 1907.05.18; 『대한매일신보』, 1907.05.24; 『황성신문』, 1907.05.28; 『대한매일신보』, 1907.05.30; 『대한매일신보』, 1907.05.31; 『황성신문』, 1907.06.05; 『황성신문』, 1907.06.17; 『대한매일신보』, 1907.06.30; 『대한매일신보』, 1907.06.07.

65 『황성신문』, 1907.07.20; 『황성신문』, 1907.07.23; 『황성신문』, 1907.07.29; 『대한매일신보』, 1907.07.30.

66 『대한매일신보』, 1907.12.17; 『황성신문』, 1907.12.17; 『대한매일신보』, 1907.12.19; 『대한매일신보』, 1908.01.01.(이학재 석방); 『황성신문』, 1908.01.01.(이학재 등 3인 석방).

67 『황성신문』, 1908.02.15; 『황성신문』, 1908.02.16; 「神宮奉齊會再建운동건」(憲機 第1132號, 1909.05.31), 『統監府文書』 10권, 1909, (http://db.history.go.kr/id/jh_100r_0100_0540, 2023.5.24).

업 발달'을 통한 '국권 독립과 민생 보전과 문명 조국(文明祖國)'이고, 회장과 부회장은 이근호(李根澔)와 이학재가 맡지만, 고문에 다카하시(高橋久司), 감사에 와타나베 데츠겐(渡邊哲玄)과 우치오(內尾 宇內) 등을 선임한다.[68] 그렇지만 대동회는 1908년 설립과 함께 '도별로 보부상을 조직'하면서, 법부대신 중심의 동아개진교육회(東亞開進敎育會)의 상무과(商務課)와 대립하다가 동년 10월에 치안 방해를 이유로 내부(內部, 송병준)로부터 해산 명령을 받는다.[69]

1908년 10월의 대동회 해산 이후 1909년경부터 관련 단체 설립 경향은 세 갈래로 갈라진다. 첫 번째는 이학재 중심의 대한상무조합·천조교(天照敎)·신습교(神習敎)로 이어지는 흐름이다. 이학재는 1909년에 대한상무조합 임원이었다가[70] 1910년 4월에 상무조합부 폐지 움직임이 보이자 천조교의 설립을 기획한다.[71] 그리고 다카하타 이사오(高烟庸)와 협력하다가 5월에 천조교를 신습교로 개칭한다. 그렇지만 이사청 인가가 없어 신습교 문패는 철거된다.[72]

두 번째는 신궁봉재회가 효창공원 일부에 대한 대부원 제출 후인

---

68 『대한매일신보』, 1908.02.21; 『황성신문』, 1908.02.23; 『대한매일신보』, 1908.02.27; 『대한매일신보』, 1908.02.16; 『황성신문』, 1908.02.16; 『황성신문』, 1908.02.23; 『대한매일신보』, 1908.03.13. 1908년 3월에 영선군(永宣君)의 대동회 총재 보도가 사실이 아니라는 광고가 실리기도 한다.

69 『대한매일신보』, 1908.06.13; 『대한매일신보』, 1908.10.09; 『황성신문』, 1908.10.09; 『황성신문』, 1909.01.01.

70 『統監府文書』 10권 [大韓商務組合 會議 개최 목적 탐사 件]憲機第二九四號 明治四十二年二月九日 (http://db.history.go.kr/id/jh_100r_0090_1260, 2023.5.24.).

71 『대한매일신보』, 1910.04.06; 『황성신문』, 1910.04.06.

72 『대한매일신보』, 1910.04.08; 『황성신문』, 1910.05.07; 『대한매일신보』, 1910.05.12; 『황성신문』, 1910.05.12; 『황성신문』, 1910.05.15.

1909년 6월에 재조직된 한성규(韓成奎, 前 神宮奉敬會 총무) 중심의 [일한(日韓)]신궁봉경회이다. 단체의 재조직은 동년 6월에 도한한 신궁 신관(神宮 神官)이 한성규와 신궁 건축을 협의하면서 시작된다.[73] 구체적으로, 동년 6월에 '총무 한성규' 이름으로 '신궁봉경회 재승인과 임시사무소 설치' 광고가 실리면서 신궁봉경회 활동이 재개된다.[74] 동년 7월경 신공봉경회 규모는 회원 약 2천명 이상, 매일 집회 참석 인원 150명 내지 200명으로 조사된 바 있다.[75] 당시 상황을 보면, 신궁봉경회는 천조대신과 단군이 형제이며 일본과 한국이 형제국이기에 일본의 한국 보호가 괴상하지 않다는 논리로, 7월경 회원 중 지원자의 연1회 이세신궁 참궁 계획을 구상한다.[76] 8월경에는 '한일 국조(國祖)를 통한 친목'이라는 창립 목적을 위해 신궁(神宮) 신축지 매입을 계획한다.[77] 10월경에는 일본 변호사(高橋章之助)의 고문과 영사관 순사 출신 일본인의 감독을 선임한다.[78]

신궁봉경회는 1909년 8월부터 안암동에 3개의 정전(正殿: 태조고황제－천조황－단군천황)이 중심이 되는 신궁 건축을 구체화한다. 구체적

73 『황성신문』, 1909.06.04.

74 『황성신문』, 1909.06.13; 『대한매일신보』, 1909.06.15; 『대한매일신보』, 1909.06.18; 『대한매일신보』, 1909.06.26; 『황성신문』, 1909.06.29.

75 <京城神宮奉敬會의 근황>(憲機第一四七六號, 明治42.7.26), 『統監府文書』 6권. (http://db.history.go.kr/id/jh_096r_0010_5210, 2023.5.24).

76 『대한매일신보』, 1909.07.28.

77 『대한매일신보』, 1909.08.24; 『대한매일신보』, 1909.08.13; 『대한매일신보』, 1909.08.14.

78 「一四. 警視廳機密文書, (7) 神宮奉敬會에 관한 件」(警秘第三一四六號의一), 『統監府文書』 10권, 1909년(隆熙3年) 10월 09일(발신: 警視總監 若林賚藏, 수신: 統監 子爵 曾禰荒助). 일본인 변호사 高橋章之助이다 (http://db.history.go.kr/id/jh_100r_0140_0070, 2023.5.24).

으로, 8월에 건축용 지질 측량과 개기축문(開基祝文) 작성, 10월에 농상공부대신[趙重應]의 신궁건축 기지(基址)의 보안림(保安林) 해제 고시 등이 진행된다. 1910년에는 '일한 양국이 같은 자손이며 한국인이 이세(伊勢)[신궁]에 가거나 일본인이 안암(安巖)[신궁]에 가면 성조(聖祖)에 대한 감사와 추모의 마음이 생겨 더 친밀해진다는 취지, 천조황대신 신위를 이세신궁이 조성한 것으로 한다는 내용 등'이 담긴 『신궁건축지』를 발간해,[79] 6월에 각 원로대신과 각 관청 고등관에게 보낸다.[80] 7월에는 안암동의 신궁 건축 계획 신고서를 중부경찰서에 제출한다.[81] 신궁봉경회는 기부금 모집 책자를 내부대신 인가 없이 발간한 일로 중부경찰서의 훈계를 받지만,[82] 신궁 건축이 양국의 국조 숭봉 보본(報本)이라는 논리로 기부금을 모은다.[83] 다만, 병합 후 재정 곤란과 총독부의 비협조로 신궁 건축이 중단된다. 게다가 조선총독부는 1912년부터 직접 조선신궁의 조영을 기획하기 시작한다.[84]

세 번째는 1909년 8월 신궁봉경회에서 분립한 김재순(金在珣) 중심의 신궁경의회이다. 그 경위를 보면, 신궁봉경회가 신앙의 유무를 이유로 회장을 김재순에서 김윤식(金允植)으로 바꾸는 괒정에서,[85] 김재순이 회무의 개혁·쇄신을 명분으로 신궁경의회를 신설한다. 이

79 최광식, 「『神宮建築誌』의 내용 및 의미」, 『단군학연구』 3, 2000, pp.269-313(원문).
80 『대한매일신보』, 1910.06.19; 『황성신문』, 1910.06.19.
81 『대한매일신보』, 1910.07.16; 『황성신문』, 1910.07.16.
82 『황성신문』, 1910.07.19; 『매일신보』, 1911.07.12.(韓成敎는 한성규의 오기).
83 『대한매일신보』, 1910.07.24.
84 최광식, 앞의 글, 2000, pp.275-276.
85 『대한매일신보』, 1909.08.14; 『대한매일신보』, 1909.08.18.

어, 신궁경의회는 회원증[會証] 개정과 회관 이전을, 신궁봉경회는 이전 또는 개명(改名)이 없던 일이라고 광고한다.[86] 신궁경의회는 분립 직후인 9월 총회에서 총재[李埈鎔] 부총재[李載克], 회장[金在珣], 부회장[高橋久思], 고문[閔泳徽, 3인], 감독[金弼鉉, 3인] 등 임원을 정하고 상무과 등을 설치한다.[87] 당시 부회장의 신궁경의회 중심 합동 제안도 있었지만, 한성규가 수용하지 않는다.[88]

신궁경의회는 1910년 4월 탁지부에서 국조 봉안을 위한 북묘(北廟) 사용 승인을 받은 후,[89] 7월까지 사무 확장과 '황태신궁의 한국 설립' 등을 위해 김재순이 도일(渡日)하거나,[90] 회규(會規) 발간 및 관청 배부 활동을 한다.[91] 7월에는 김재순이 귀국 환영 모임에서 데라우치 통감(寺內統監)이 귀임(歸任) 후 신궁경의회 확장을 추진할 것이라고 주장하자,[92] 과장한 것이라는 비판도 받는다.[93] 김재순은 도별로 지회를 설립하면서[94] 신궁봉재회 규칙을 모범으로 '단군과 신무천황

---

86 『대한매일신보』, 1909.08.22; 『대한매일신보』, 1909.08.25; 『대한매일신보』, 1909.08.31; 『황성신문』, 1909.09.01.

87 『대한매일신보』, 1909.09.10; 『황성신문』, 1909.09.10; 『황성신문』, 1909.09.12 (韓昇奎 오기).

88 『황성신문』, 1909.09.17.

89 『대한매일신보』, 1910.04.02; 『황성신문』, 1910.04.02; 『황성신문』, 1910.04.03; 『대한매일신보』, 1910.04.07.

90 『대한매일신보』, 1910.04.14; 『황성신문』, 1910.04.14; 『대한매일신보』, 1910.04.15; 『대한매일신보』, 1910.05.11; 『황성신문』, 1910.05.11; 『황성신문』, 1910.05.27; 『대한매일신보』, 1910.06.17; 『대한매일신보』, 1910.07.05.

91 『대한매일신보』, 1910.05.06.

92 『대한매일신보』, 1910.07.09; 『황성신문』, 1910.07.12; 『대한매일신보』, 1910.07.12.

93 『대한매일신보』, 1910.07.14; 『대한매일신보』, 1910.07.16.

94 『대한매일신보』, 1910.07.14; 『황성신문』, 1910.07.14.

의 위패' 봉안 의식을 제정해 통감 부임 후 제출할 계획을 세운다.[95]

한편, <한일병합조약> 직후, 신궁경의회와 신궁봉경회 간에 천조천황(天照天皇)의 어진(御眞) 봉안 경쟁이 나타난다.[96] 신궁봉경회는 천조대신의 영정(影禎)을 가져오기 위해 회원의 동경 파송 계획을 세운다.[97] 그에 비해 신궁경의회는 어진 봉안을 위해 회관의 '정전(正殿)' 수리에 착수하고, 단군 영정을 모사(摹寫)하기 위해 회원을 문화군 구월산(文禾郡 九月山)으로 파송하고,[98] 단군과 천조대신의 신위 봉안 의식과 숭봉(崇奉) 절차를 고민한다.[99]

그렇지만 두 단체는, 1910년 5월경 이학재의 신습교가 이사청 인가 없이 해체된 바 있지만, 1911년 이후 해산된다. 신궁봉경회의 경우는 1911년 7월 김재순 등의 경제연구회와 함께 해산 명령을 받는다. 그에 비해 신궁경의회 해산 시기는, 병합 당시에 경제연구회와 함께 해산되었다는 설도 있지만, 1911년 1월 도별 상무 조직을 위한 장정(章程) 발간 광고와 1912년 1월 이후 김재순의 미륵사 칩거 보도를 고려하면,[100] 1912년 1월 이후로 보인다.

2) 정치·경제적 반응과 종교적 반응

이처럼, 1906년 신궁봉경회, 1907년 이후 동인회 · 동우회 · 대동

---

95 『대한매일신보』, 1910.07.15; 『황성신문』, 1910.07.15.

96 『매일신보』, 1910.09.24.

97 『황성신문』, 1910.09.13; 『매일신보』, 1910.09.13; 『매일신보』, 1910.09.30.

98 『매일신보』, 1910.09.22; 『매일신보』, 1910.09.30; 『매일신보』, 1910.11.01.

99 『매일신보』, 1910.11.02.

100 『매일신보』, 1911.01.18; 『매일신보』, 1911.07.22; 『매일신보』, 1913.07.06.

회, 1909년 신궁봉경회와 신궁경의회, 1910년 천조교 등은 신궁봉재회와 이세신앙 또는 신기신앙에 대한 한국인의 반응 양상이다. 이 반응은 단군론 중심의 정치적 맥락과 상업론 중심의 경제적 맥락에서 정리할 수 있다.

우선, 정치적 맥락을 보면, 1909년의 신궁봉경회는 아마테라스와 단군의 형제론을 전제로 합사를 추진하면서 일본의 한국 보호가 괴상하지 않다는 정치적 논리를 전개한다.[101] 이와 관련해, 1906년의 신궁봉경회에서 아마테라스만이 제사 대상이었다는 주장도 있지만, 합사 움직임은 1907년 신직(神職) 에비하라(海老原 松夫)의 합사 청원에서 볼 수 있다.[102]

신궁봉경회의 주장은 두 가지 대응으로 이어진다. 첫 번째 대응은 직접적 비판이다. 비판의 내용은 양국 국조가 집안 형제[同家兄弟]라거나 스사노오(素盞嗚尊)를 높이고 일본을 사랑하는 것이 단군을 높이고 한국을 사랑하는 것이라는 기괴한 설로 한인 중 무지한 자를 신궁회에 가입시켜 일본적 한인(日本的 韓人)을 만든다는, 신궁회가 '종교로 매국'한다는 것이다.[103] 그 외에 단군 · 천조 동근설(檀君 · 天照同根說)로 인민을 우롱하고 국조(國祖)를 욕보이는 '사귀 신궁회(邪鬼神宮會)'라는 비판,[104] 신궁봉경회나 신궁경의회나 천조교 등에 대해 "檀君과 天照가 本是 同근生이라ᄒᆞ야 一體로 奉敬ᄒᆞᆫ다"는 황당한 말 등으로 국성(國性)을 자멸하게 만드는 사설(邪說)이라는 비판도 가

101 『대한매일신보』, 1909.07.28.

102 『대한매일신보』, 1907.10.15.

103 『대한매일신보』, 1909.07.06; 『대한매일신보』, 1909.07.30.

104 『대한매일신보』, 1909.08.05.

해진다.[105]

두 번째 대응은 종교적 차원에서, 1909년 8월에 '단군가'가 등장했듯이, 단군 신앙의 등장 현상이다. 이와 관련해, 1909년 1월 단군교가 창립되고, 11월 '단군대황조의 4241회 개극절(開極節, 음 10.3)'이 정해진다. 이어, 1910년 4월에 '승천절(昇天節, 음 3.15) 기념제', 9월에 본기천신강세(本紀天神降世)라는 시간계산법이 등장한다.[106] 이 대응은 첫 번째 대응인 비판론과 대비를 이룬다. 예를 들어, 1910년 4월 기사는 신궁봉경회 · 신궁경의회 · 천조교를 '신리교, 봉신교(奉神敎), 공자교(前 大東學會), 일본불교, 일본예수교[東洋傳道舘]' 등과 함께 '종교계의 불가사의한 현상'으로, '국혼(國魂)을 보전하며 국수(國粹)를 발휘하고 자립심과 애국심을 드러내라'고 촉구한다. 5월 기사는 천조교 · 신궁봉경회가 '정토종, 신리교, 시천교, 경천교 등'과 함께 한인[韓民]을 미혹하는 '종교계 현상'이며, 신지식의 수입과 자국성(自國性)의 보존에 중점을 두고 제일 긴요한 교를 취하라고 촉구한다.[107]

다음으로, 경제적 맥락을 보면, 이 단체들은 대체로 경제적 이익을 추진한다. 예를 들어, 대동회는 1908년 설립과 함께 도별로 보부상을 조직하면서, 보부상 관리권을 놓고 법부대신 중심의 동아개진교육회와 대립한다. 법부대신은 부통감과 하세가와(長谷川) 대장(大將)에게 상무(商務)가 이미 개진교육회 관할이므로 대동회의 보부상 조

105 『대한매일신보』, 1910.06.05; 『대한매일신보』, 1910.07.15.

106 『대한매일신보』, 1909.08.06; 『황성신문』, 1909.11.21; 『황성신문』, 1910.04.22; 『황성신문』, 1910.09.08.

107 『대한매일신보』, 1910.04.08; 『대한매일신보』, 1910.05.18.

직을 금지해야 한다고 말했다가 상무가 민회(民會) 소관이므로 간섭할 일이 아니라는 질책을 받지만, 경시청을 통해 압력을 가한다. 대동회는, 1908년 4월에 부회장[李學宰]과 회원 등 3명이 체포되지만, 여러 지역에 상무국을 설치한다. 그러다가 동년 10월 회원 모집과 지방 지부 설치 등과 관련된 사위행동(詐僞行動)이 치안 방해라는 이유로 내부(內部)로부터 해산 명령을 받게 된다.[108]

신궁봉경회의 경우에는 1910년 12월에 도군별 지회장을 선정하고 실업 발달을 명분으로 지회의 농상공업과 수산업을 장려한다. 그에 비해, 신궁경의회의 경우는 1909년 8월 일본에서 차관을 얻어 상무과[상무국] 설치 계획을 세우고, 9월 총회에서 다른 과(課)에 비해 상무과 규모를 크게 만든다. 그리고 1910년 7월 김재순의 귀국 이후에 도별로 지회의 입회금 관리 체계를 정비하다가, 8월에는 북묘 수리비 등 재정 문제를 해결하기 위해 상무부를 설치한다. 1911년 1월에는 도별 상무 조직을 위해 장정(章程, 규정)을 배포한다.[109]

---

108 『대한매일신보』, 1908.02.26; 『대한매일신보』, 1908.02.27; 『대한매일신보』, 1908.03.06; 『대한매일신보』, 1908.03.17; 『대한매일신보』, 1908.03.20; 『황성신문』, 1908.04.08; 『황성신문』, 1908.04.09; 『황성신문』, 1908.05.01; 『대한매일신보』, 1908.06.13; 『대한매일신보』, 1908.10.09; 『황성신문』, 1908.10.09; 『황성신문』, 1909.01.01.

109 『매일신보』, 1910.12.02; 『매일신보』, 1911.02.05; 『대한매일신보』, 1910.08.09; 『황성신문』, 1910.08.18; 『황성신문』, 1909.09.10; 『대한매일신보』, 1909.10.02; 『대한매일신보』, 1910.07.14; 『황성신문』, 1910.07.14; 『대한매일신보』, 1910.07.19; 『황성신문』, 1910.07.19; 『대한매일신보』, 1910.08.28; 『매일신보』, 1910.09.10; 『매일신보』, 1910.09.11; 『대한매일신보』, 1910.08.09; 『황성신문』, 1910.08.18; 『매일신보』, 1911.01.18.

5. 나가며

이 연구에서는 종교단체도 종교적 차원만이 아니라 맥락에 따라 경제적 · 정치적 · 사회적 차원에서 인식된다는 관점을 적용하여 이세신앙 단체인 신궁봉재회의 한국 진출 과정과 그에 대한 한국인의 반응을 살펴보았다. 이 관점을 종교와 비종교 간 경계의 불명확성을 전제한 맥락적 인식론의 관점이라고 할 수 있다.

이 연구에서 다룬 내용은 신궁봉재회의 역사와 성격 및 한국 진출 과정, 신궁봉경회 등 한국인의 반응이다. 우선, 신궁봉재회는 1872년 10월경 이세신궁의 교회 조직으로 출발해, 1882년에 신궁교를 거쳐, 1889년에 재단법인으로 전환된다. 이 전환은 일본에서 1870년대 대교선포운동 이후 신사 중심의 포교 조직들이 등장하고, 1880년대 제교분리 조치 등을 계기로 교파신도로 전환되어 신사신도와 구분되던 상황을 반영한다. 그렇지만 교파신도 단체들은, 신사신도와 교파신도의 경계가 명확하다는 통념과 달리, 대체로 신기신앙을 전제 · 지향하면서 신사신도와 협력 양상을 보인다. 이 부분은 대마 · 역 반포 업무를 지속하기 위해 신궁교가 1889년 숭경성을 표면화한 신궁봉재회로 전환했지만 신궁봉재회가 종교성('이세신앙')을 유지해 신사신도와 교파신도 간 경계를 넘나들던 사례에서 확인할 수 있다.

다음으로, 신궁교는 갑오개혁 · 청일전쟁 시기에 종군포교를 통해, 신궁봉재회는 1900년대 러일전쟁 이후 대한제국에 진출한다. 당시 신궁교와 신궁봉재회의 한반도 진출은 근대적인 '이세신앙의 진출'을 의미했고, 이세신앙을 공유하던 교파신도 단체들과 협조 양상을 보인다. 신궁봉재회의 경우도 외형상 신사신도의 중심격인 이세신궁의 외곽 조직이었지만, 한반도에서 다른 교파신도 단체들과 협조 양상을 보인다.

다음으로, 신궁교에 대한 한국인의 반응을 보면, 신궁교가 청일전쟁 시기인 1895년 7월에 경성에서 일본군을 위한 군신보새제를 개최할 때 조선 관리들이 참여하고 의례 물품을 받기도 한다. 이 현상은 당시 정부 관리들이 신궁교를 부정적으로 인식하지 않았다는 것을 시사한다. 그리고 신궁봉재회에 대한 한국인의 반응은 신궁봉경회(1906) 설립으로 나타난다. 신궁봉경회는 해산 이후 동우회(1907)·대동회(1908)를 거쳐 1909년 6월경 재건된다. 그 후 신궁봉경회에서 신궁경의회(1909.8)가 분립되고, 대동회 출신 이학재의 천조교(1910.4)가 나타나 신습교로 전환된다. 당시 이 단체들은 '일본 측 종교'라고 공격받기도 하지만, 포교나 의례보다 신궁 건축이나 지회 설치를 통한 입회비 징수 등에 관심을 보인다.

이 내용을 보면, 신궁교회·신궁교·신궁봉재회의 전환 사례와 신궁교·신궁봉재회가 한반도에서 교파신도나 시천교 등과 교류한 사례 등은 교파신도와 신사신도 간 경계의 불명확성을, 신궁봉재회('이세신앙')에 대한 반응으로 출현한 신궁봉경회, 대동회·천조교·신습교, 신궁경의회 등의 경제적·정치적 관심과 종교적 관심의 혼재 사례는 종교와 비종교 간 경계의 불명확성과 맥락적 인식 및 구성이라는 관점을 시사한다. 신궁봉경회 등의 출현도 근대 시기에 종교의 자유가 드러난 현상이라기보다 종교적·정치적·경제적 차원을 넘나들던, 즉 종교와 비종교 간 경계를 넘나들던 반응이다. 물론 1899년의 신궁봉재회 사례도 종교성('이세신앙; 신기신앙')과 경제성('대마・역 관련 초수료')이 혼합된 종교와 비종교 간 경계의 불명확성을 전제하는 현상이다.

제7장

일제강점기 흑주교(黑住教)의 조선포교 양상 연구

권동우

1. 들어가며

한국에서 일본종교의 활동이 가장 왕성했던 시기를 특정하면 일제강점기였다. 일본불교를 비롯하여 일본기독교와 교파신도 등은 조선에서 대한제국으로 이어지는 속에서도 포교활동을 쉬지 않으며, 일제강점기가 본격화하는 1910년 이후 조선포교를 본격적으로 전개한다.

이 가운데 교파신도는 대부분은 조선 거류 일본인을 대상으로 포교활동을 했다. 물론 이들의 포교 대상이 일본인에 국한된 것은 아니었으나, 일부 교파를 제외하고 조선인 포교에 적극적이지 않았던 것은 분명하다. 당시 조선인 포교를 강조했던 교파는 두 가지 특성을 보인다. 하나는 조선포교가 일본제국의 조선침략 과정과 연동된다는 점에서 조선인에 대한 '동화(同化)'를 강조한다는 점이며, 다른 하

나는 해외포교를 통해 세계종교로 나아간다고 하면서 보편성을 지향한다는 점이다.[1]

하지만 이러한 '동화'나 '보편'의 지향성이 반드시 실제 조선포교를 통해 온전하게 구현되지는 않았던 것으로 보인다. 천리교(天理教)의 경우 중앙 지도부는 조선인 '동화'의 포교방향을 강조하지만, 실제 행해진 포교 방식은 천리교의 전통적이고 본질적인 종교성이라고 할 수 있는 '치병(治病)'에 더 주안점을 두는 등 양자 사이에 간극이 존재했다는 점을 확인할 수 있다.[2]

이처럼 교파신도의 조선포교는 교리적 특성이나 포교사의 성향 등에 따라 포교의 성격이 다양하다. 그러므로 각 교파의 조선포교를 '교파신도'라는 용어로 획일화 할 것이 아니라, 각 교파의 성향이나 구조적 차이[3] 또는 포교사의 특성과 상황 등이 실제 조선포교에 어떠한 차이를 발생시키는지 상세하게 분석해 볼 필요가 있다.

일제강점기 조선포교를 전개했던 교파신도 가운데 조선인 포교에 적극적이었던 교파는 천리교와 신리교, 금광교 등이며, 이에 비해 조선인 신자가 단 한 명도 없거나 극히 드물었던 교파는 흑주교, 신습교, 대사교, 부상교, 신도본국, 실행교, 어악교, 신도수성파 등이다. 이들의 조선포교에서 왜 조선인 신자가 적었는지 그 이유를 간단히 설명하기는 힘들다. 일본인 거류민을 중심으로 하는 포교, 조

1 권동우, 「일제강점기 천리교의 토착화 과정 연구-조선인 포교의 방향과 실제 양상을 중심으로」, 『대동문화연구』 119, 성균관대학교 대동문화연구원, 2022, p.310.

2 위의 글, p.311.

3 井上順孝, 『教派神道の形成』, 弘文堂, 1991, pp.124-127.

선인과 언어소통의 문제 등 복잡한 관계가 얽혀 있기 때문이다. 따라서 이러한 교파신도의 조선포교라는 보편적 특성을 종합적으로 확인하기 위해서는 먼저 각 교파가 지닌 조선포교의 특성을 하나씩 분석해 볼 필요가 있다.

이 글에서 고찰하고자 하는 '흑주교'의 경우 1890년대에 조선포교를 개시하지만, 공식적으로는 1926년 조선포교관리자를 두고 조선포교를 시작한 것으로 나타난다. 사실상 조선에서 가장 오랫동안 포교를 전개한 교단이 바로 '흑주교'라고 말할 수 있는 것이다. 그런데 흑주교의 조선포교는 1890년대부터 러일전쟁 이후 1926년 포교를 공식화하기 이전, 1926년 포교를 공식화한 이후의 포교 방식이 서로 다르게 변화하는 것을 볼 수 있다. 이에 본 연구는 흑주교의 조선포교가 시기를 따라 어떻게 다른 양상으로 전개되는지에 대해 고찰해 보고자 한다.

2. 흑주교의 창교와 18세기 후반의 '조선' 포교

1) 흑주교의 창교와 '별파독립'

기존 연구를 통해 이미 밝혀진 바와 같이 '교파신도'는 일본의 근대화 과정에서 탄생한 독특한 종교개념이다.[4] 천황을 중심으로 하는

4 권동우, 「일제강점기 교파신도의 조선포교 양상 연구 –『조선총독부관보』(1911~1945) 기록을 중심으로」, 『민족문화연구』 95, 고려대학교 민족문화연구원, 2022, p.229.

제정일치(祭政一致) 사회의 구상에 실패한 메이지정부는 신도를 국가신도와 교파신도로 구분한다. 메이지정부의 관료들이 말하는 국가신도란, '고대 이후 일관되어 온 국가의 종사(宗祀)'라는 것이며, 따라서 모든 국민이 마땅히 섬기고 지켜야 하는 국민도덕이라고 규정한다. 이에 대해 교파신도는 민간을 통해 전승되어 온 기도와 주술, 제사나 장의(葬儀) 곧 종교의 영역을 담당하도록 했다. 교파신도는 근대를 통해 일본의 위정자들이 인위적으로 형성한 독특한 종교개념인 것이다.

흑주교는 일본이 근대화되기 이전인 1814년에 구로즈미 무네타다(黑住宗忠, 1780~1850)에 의해 창교되었다. 원래 신도가(神道家)에서 태어난 무네타다는 유행병으로 부모님이 모두 돌아가신 후 자신도 위험한 상태에 빠졌는데, 1814년 11월 11일 동지(冬至)에 떠오르는 태양을 경배하다가 일본 천황가의 조상신이자 태양신 아마테라스오미가미(天照大神)와 일체(神人一體)가 되는 천명직수(天命直授)의 종교체험을 한 후 모든 병이 나았다. 이후 그는 아마테라스가 우주(宇宙)와 만물의 조상이요 본심(本心)이며 인류는 그 분심(分心)이므로, 평소 마음을 온전히 하는 것에 의해 신의 마음과 하나가 되는 신인불이(神人不二)를 체현해야 한다는 교리를 기반으로 포교를 시작했다.[5] 흑주교 교리의 핵심은 아마테라스를 신앙의 대상으로 하며, 이 신앙에 의해 현실에서 겪는 모든 몸의 병을 치료하고 마음의 안녕을 얻자는 것이다.

대중교화를 하던 무네타다는 1850년 사망했고, 그의 사망 후 제자

---

5 黒住教二百年史編纂委員会 編, 『黒住教二百年史 II』, 黒住教本部, 2016, pp.73-78 참조.

들은 스승을 '무네타다다이묘진(宗忠大明神)'으로 하여 교조신으로 섬기면서 교토(京都)에 무네타다신사(宗忠神社)를 창건했다. 흑주교는 근대 이전부터 아마테라스와 무네타다를 중심으로 민중과 지배계층을 가리지 않고 신앙을 형성해 온 것이다.

1868년(明治元年) 대정봉환(大政奉還)이 이뤄지면서 가마쿠라시대부터 이어온 일본의 막부(幕府)정치가 막을 내리고 천황을 중심으로 하는 왕정복고(王政復古)가 이뤄진다. 새로 출범한 메이지정부는 제정일치(祭政一致)를 내세우고, 강력한 종교통제를 위해 '신도국교화' 정책을 추진한다. 그러나 신기성(神祇省)으로 시작해서 교부성(教部省)을 거쳐 대교원(大教院)으로 이어지는 가운데 신도국교화 정책이 실패하자, 메이지정부는 국가신도와 교파신도를 구분하는 정책의 전환을 시도한다. 이 과정에서 신도에 관한 사무를 담당할 기관의 필요성이 제기됨에 따라 신도사무국(神道事務局)이 설치된다. 흑주교는 신도사무국 설치 이전인 메이지5년 '흑주강사(黑住講社)'로 공인되고, 메이지9년(1876)에 신도사무국으로부터 신도수성파(神道修成派)와 함께 가장 먼저 '별파독립(別派獨立)'을 인정받는다. 일본이 근대화를 추진한 이후 신도로서는 가장 먼저 '교파'로서 공인된 것이다.

근대를 통해 일본정부는 국가가 종교를 통제하고 감독하는 공인교(公認教)제도를 도입했다. 이에 따라 신도, 불교, 기독교만을 '종교'로 인정하고, 각 종교의 종파・교파・교회를 인가하였으며, 이 '종교'에 포함된 교파나 종파만이 정당한 포교활동을 할 수 있었다. 신도계 신종교들 가운데 조직체계를 갖추고 교세가 왕성한 교단은 독립된 교파로 공인받고자 하며, 군소 교단들은 공인된 교파신도에 소속을 두고 종교 활동을 이어갔다. 메이지정부는 1876년 흑주교와 신도수성파를 시작으로 1908년 천리교까지 총 14개 교파만을 신도교파로 공인한다. 이 가운데 1899년 신궁교(神宮教)가 스스로 비종교임을 선언하며 교파신도에서 탈퇴하여 재단법인 신궁봉재회(神宮奉齋會)가 됨으로써 근대 교파신도는 총 13개 교파로 정착된다.

일본에서 가장 빠르게 국가의 공인을 받고 또 별파독립을 이룬 흑주교는 근대종교로서의 면모를 갖추기 위해 교의, 제도, 의식 등 교단의 전 부분에서 근대화를 추진함과 동시에 도쿄를 비롯한 전국에 분국(分局)을 설치하면서 교세를 확장해 갔다.[6] 하지만 이들의 종교적 특성은 전근대적인 것, 곧 중세 이후의 신화해석적 전통을 계승하거나 '마지나이(禁厭)' 등 주술(呪術)에 의한 치료방식을 고수하는데, 이는 흑주교가 전통의 계승과 근대성의 수용 사이에서 애매한 입장을 취하며 결국 '음사사교'로 치부되는 요인이 되기도 한다. 이에 대해서는 뒤에 좀 더 상세하게 검토하겠다.

2) 흑주교의 '조선' 포교 개시

'별파독립'을 이룬 흑주교와 신도수성파는 일본사회에서 경쟁적으로 교세확장을 시도하며, 그 연장선에서 1885년 신도수성파가 조선포교를 처음 시도한다.[7] 신도수성파 교조의 장남 닛타 구니사다(新田邦貞)가 1885년과 1886년 부산에서 2회에 걸쳐 포교활동을 전개

6 위의 책, p.96.

7 권동우, 「신도의 조선유입에 관한 재검토: 교파신도의 조선포교를 중심으로」, 『원불교사상과 종교문화』 76, 원광대학교 원불교사상연구원, 2018, p.419.

한 것이다. 하지만 이는 별다른 성과 없이 중지된다.

흑주교는 신도수성파에 이어 1890년 조선포교를 개시한다.[8] 흑주교의 경우 신도수성파와 다르게 조선사회에서 상당히 장기간에 걸쳐 매우 적극적인 포교활동을 전개한다. 그 배경에는 조선 최초의 유학생 중 한 사람으로서 일본 오카야마에서 흑주교와 인연을 맺은 고위관료 안경수(安駉壽, 1853~1900)와 관련이 깊다.

안경수는 일본 유학 당시 가타야마 히데사네(片山秀實)에 의해 흑주교에 입도(入道)했으며,[9] 1884년(명치17)에는 교조 무네타다의 덕을 기리면서도 그 가르침을 조선에 널리 알리고 싶다는 내용의 송덕문(頌德文)을 남긴다.[10] 따라서 흑주교의 조선포교는 그를 입도시킨 가타야마가 직접 조선으로 건너와 포교를 실시한다는 점에서 실제 포교가 이 둘의 관계를 기반으로 이루어 졌음을 알 수 있다.[11]

18세기 후반 흑주교는 인천에서 시작해서 경성, 그리고 부산으로 공간을 이동하며 조선포교를 했다. 이는 대부분의 일본종교가 부산을 거점으로 포교를 개시했던 것과 다른 양상이다. 또한 흑주교는 교단에서 포교사를 직접 파견하여 조선포교를 개시했다. 이는 천리

8 위의 글, p.428.

9 「韓人安駉壽の頌德文」, 『日新』 11-3, 黒住教本部, 1919.03, pp.29-30. "日新記者曰、安駉寿は曾て我が長崎に亡命し来れるもの、たまたま故片山秀実先生によりて御道に入れり、本文甲申とせるは明治十七年なり。"

10 같은 글, "予於二渡海之初一, 見二其事一, 聞二其学一, 心甚欣悦、願二レ参於門人之列一, 学二得其道一、欲二レ行之於我国一. 而但邦言有レ異未二レ能速進一, 下士誠切慨歎, 忘二其固陋一, 敢発二中心一, 乃書二数行文."

11 「黒住教の朝鮮布教」, 《読売新聞》, 1892.01.14. "先年朝鮮国へ渡りて彼国土人情を視察し神道布教に力を尽くせし神道黒住派なる片山秀実氏は同国人正三品安駉寿氏を初め同国人の信徒も追々増加したれば此際京城に一大教会所を新築せんとの計画を起し"

교의 사토미한지로(里見半次郎)가 개인의 관심으로 조선포교를 시작하는 것과 다르다. 흑주교는 권중교정(權中教正) 가타야마 히데사네, 소강의(少講義) 사토 준죠(佐藤順臧) 등 나가사키(長崎) 중교회(中教會)에서 직접 포교사를 파견했으며, 이들은 적극적으로 흑주교의 조선교회 건설을 추진하는 등 일본 교회와 긴밀하게 연관된 포교를 전개했다.[12]

한편 당시 흑주교에서 건설했던 경성대교회가 실상은 남산대신궁(南山大神宮: 京城神社의 前身)과 밀접한 관련이 있다는 주장에 주목할 필요가 있다. 여전히 논의의 여지는 있지만 당시 흑주교의 조선포교가 '종교'로서의 포교가 아니라 일본인 거류민 사회의 '신사(神社)' 건립에 깊이 관여했다는 점은 근대사회를 통해 교파신도의 종교적 정체성을 확인하는 중요한 실마리가 된다.[13] 곧 흑주교는 교파신도로서 공인된 '종교'였지만, 실상은 그들이 '신사' 역할을 대행하고 있었다는 것이다.[14]

근대 일본사회를 통해 신도를 둘러싼 뜨거운 논쟁 중 하나는 '신사비종교론(神社非宗教論)'이다. 1890년대 '종교법안'이 초안될 당시부터 1926년 '종교법안' 발의, 1930년대 '종교법안' 발의 때에도 불교계의 '신사종교론'과 정부 측의 '신사비종교론'은 충돌한다. 근대 일본에서 신사의 종교성을 둘러싼 논란은 뜨거운 이슈였다.

이러한 논쟁에서 교파신도는 자유로울 수 없었다. 1900년(明治33)

12 권동우, 「신도의 조선유입에 관한 재검토: 교파신도의 조선포교를 중심으로」, 2018, pp.428-436 참조.

13 위의 글, pp.436-445 참조.

14 權東祐, 「教派神道の朝鮮布教からみる近代神道の様相―神道修成派・黒住教・神宮教を事例に」, 『宗教研究』 92-1, 日本宗教學會, 2018, pp.43-46.

문부성(文部省)에서 신사국(神社局)과 종교국(宗教局)을 분리한 것은 이러한 불명확성을 제도적으로 정리하려는 의도였다. 문제는 신사국과 종교국의 분리 이후, 조선에서 신사 건립을 위해 활동했던 흑주교의 조선 포교가 갑자기 사라진다는 점이다. 현재 흑주교에서는 조선 포교의 시작이 1926년이라고 말하고 있다. 안경수와 가타야마에 의한 18세기 조선 포교를 흑주교에서는 공식적인 포교로 인정하지 않는 것이다.

논자는 그 이유로 일본 내 신사와 종교정책의 변화가 가장 큰 요인이었을 것이라고 추측하며, 한편으로 흑주교의 조선 포교가 일시 공백기에 빠지는 것은 안경수가 '고종양위미수사건'으로 1900년 교수형에 처해지면서 조선 포교의 가장 큰 후원자가 사라진 것이 요인이었을 것으로 짐작한다. 다만 18세기 후반 흑주교의 조선포교가 그들의 '기억'에서는 삭제되지만, 기관지 『쿠니노오시에(國之教)』에 '기록'으로는 상세하게 남아 있다.

3. 해외포교 및 조선포교의 필요성 제기

흑주교 조선 포교는 러일전쟁 이전과 이후로 나누어서 보는 것이 타당하다. 다만 러일전쟁을 기점으로 한국에 통감부가 설치된 이후에도 상당한 기간 동안 흑주교의 공식적인 조선 포교는 이뤄지지 않는다. 이들의 공식 포교는 1926년이며, 그 사이에는 총독부의 인정을 받지 못한 개별 포교사들의 비공식적 포교만 행해질 뿐이었다.

흑주교는 상당히 이른 시기부터 해외포교를 실시했다. 1901년 7월 흑주교에서 발표한 해외포교 신자 수는 다음과 같다.

<표1> 1901년 흑주교 해외포교 신자 수(『国の教』64호, 1901.07, 41쪽)

나라 명		조선	북아메리카	하와이	대만
신도 수	남	302명	3명	2명	3명
	녀	207명	0명	0명	1명
합계		509명	3명	2명	4명

1901년 당시 흑주교 해외포교의 중심은 조선이었으며, 다른 지역은 포교의 초기단계임을 알 수 있다. 하지만 이 기록을 끝으로 일제강점기 이전 흑주교의 조선포교에 대한 공식 기록은 찾아볼 수 없다.

한편 흑주교의 조선인을 대상으로 한 포교는 의외의 곳에서 발견된다. 러일전쟁 직후 조선인과 중국인의 일본 유학이 급증하는데, 이들의 일본 내 숙박할 곳을 찾는 것은 매우 어려웠다. 그러자 오사카 경찰에서는 조선인 학생 임병식(19세)과 오대홍(20세)을 흑주교 오사카지부에 연결해준다. 흑주교에서는 이들에게 숙식을 제공하는 대신 조석(朝夕)으로 흑주교의 정신적 가르침을 배우는 것을 조건으로 수용한다. 곧 흑주교에서는 1906년 7월부터 12월까지 6개월 동안 이들에게 교리를 가르치는데, 그들은 조선인을 교육함으로써 흑주교 교의를 세계 속에서 가르쳐 나가는 방법을 체계화하고자 했다.[15]

15 「朝鮮国学生に布教」, 『国の教』 124(1906.07), pp.36-38.

하지만 6개월에 걸친 교육 후 진행된 문답에서 조선인 유학생은 자신들이 흑주교 교의를 도무지 이해할 수 없다는 것을 밝히면서 모든 교육이 종료된다. 이들은 조선에도 태양이 있는데, 일본인만이 태양신의 선택된 민족이라는 것에 공감하지 못하는 모습을 보인다.[16]

이후 조선인 유학생의 행적에 대해서는 알기 어렵다. 흑주교에서는 앞선 안경수의 사례처럼, 일본에 유학하는 조선인을 대상으로 흑주교 교의를 가르쳐 이들이 조선에 돌아가 조선포교를 담당해 주기를 기대한 것으로 생각되나, 별다른 성과를 내지는 못한 것으로 보인다. 이러한 실패 사례가 후에 흑주교 조선 포교에 어떠한 영향을 끼쳤는지 직접 거론할 수 없으나, 적어도 흑주교가 조선인을 대상으로 하는 포교에 적극적이지 않게 된 요인 중 하나가 아닌가 추측해 본다. 곧 세계종교를 지향하면서 조선인을 대상으로 교육을 실행하고 그 내용을 매월 기관지에 게재까지 했지만, 결국 별 성과 없이 끝남으로써 다른 민족에 대한 포교의 자신감을 상실했을 가능성도 생각해 볼 수 있다.

1910년 8월 29일, 경술국치(庚戌國恥)에 의해 대한제국이 일본제국에 병합되어 주권을 완전히 상실하고 식민지배를 받게 된다. 이 사건은 조선인에게는 치욕적이었지만, 대부분의 일본인들에게는 매우 당연한 일로 받아들여졌다. 1910년 9월 흑주교 기관지 『경세잡지(經世雜誌)』 9월호에 실린 다음의 기사를 보자.

16 「朝鮮国学生布教」, 『国の教』 129(1906.12), pp.33-35.

국운의 발전상에서 볼 때 크게 경하의 말씀을 올림과 동시에 Ⓐ **우리 신민(臣民)은 일등국민(一等國民)**으로서 책임이 더더욱 무거워짐을 느끼지 않으면 안 된다. 특히 종교가로서 이 사이에서 행동하고자 하는 사람으로서 특히 중대함을 깨닫는다. (중략) 우리는 국가를 위해 국민의 본분으로서 원래부터 그러한 의무를 부담해야 하는 것은 당연한 것이며, 비단 그것뿐만이 아니라 널리 인도를 위해 세계의 평화를 위해 종교가의 입장에서 생각해야 한다. 우리는 우리나라가 조선을 영유하는 것은 매우 지당한 것이며 동시에 부득이한 일이라고 생각하는 까닭에 우리나라가 가장 안전하게 또한 확실하게 병합의 결실을 올릴 때 까지는 어디에서든 노력하지 않으면 안 된다는 것을 믿는다. (중략) 어째서 그러냐하면 본교에는 Ⓑ **마지나이(禁厭)**라고 하는 이기(利器)가 있다. 무릇 Ⓐ**-1 문명의 정도가 낮은 인민들**에 대해 그들에게 무엇이 가장 필요할지 또 쉽게 믿을 수 있는 것이 무엇일지를 말한다면 그것은 Ⓑ**-1 의술(醫術)**이다. 병을 고쳐주는 길이다. 의사조차도 신처럼 존경받는 지방에 가서 참된 신덕(神德)을 매개로 해서 병을 낫게 해 주는 것보다 신뢰를 얻을 수 있는 것은 없다. 특히 조선에서는 고래(古來)로부터 불교를 억압해 왔으므로 신도(神道)의 포교가 무척 용이할 것임은 저 나라의 사정을 아는 사람들이 일제히 말하는 바이다. 성실함으로써 그들을 만나고 인내로써 수년을 계속한다면 그들도 도미(道味)를 체득할 것이고, 마음으로부터 감사를 느끼는 것은 어렵지 않을 것이다.[17]

17 「朝鮮布教と其準備」, 『経世雑誌』 2-10, 黒住教本部, 1910.10, pp.8-12.

위 글에서는 조선포교의 필요성을 역설하면서도 두 가지 특징을 드러내고 있다. 첫째는 Ⓐ와 Ⓐ-1처럼 일본인은 일등국민, 조선인은 문명이 낮은 인민으로 비교하면서 민족적(혈통적) 격차를 말하고 있다는 점이다.

일본민족과 조선민족 사이의 혈통적 격차를 말하는 것은 사회진화론의 영향이 크다. 헐버트 스펜서(Herbert Spencer, 1820~1903) 등에 의해 주도된 사회진화론은 생물체가 낮은 단계에서 고급 단계로 진화한다는 진화론적 사유를 인간의 사회에 적용하여 인간도 무한한 경쟁을 통해 생존과 도태의 법칙이 적용된다고 주장했다.[18] 그러나 사회진화론은 인간사회를 우등한 사회와 열등한 사회로 구분하고 두 사회 사이의 충돌하는 개인의 자유나 가치를 우등한 사회, 진화된 사회가 독점하는 불평등 구조를 정당화하며, 이는 근대 서구 국가에 의한 아프리카나 아시아 국가의 식민지배를 정당화하는 논리로 작용한다. 또한 사회진화론은 인종적 우수성과 열등성을 통해 인종적 차별을 정당화하면서 우생학(優生學)을 낳기도 했다. 결국 사회진화론은 서구가 주도하는 우승열패(優勝劣敗), 약육강식(弱肉强食)의 신화를 만들면서 인류의 사회와 문화에 다양한 차별의식을 심화해 왔다.[19] 일본에서는 메이지시대부터 사회진화론의 많은 영향을 받았으며, 도시 지식인부터 농촌사회까지 매우 광범위하게 영향을 끼쳐 갔다.[20]

18 신연재, 「스펜서의 사회진화론과 자유주의」, 『국제정치논총』 34-1, 한국국제정치학회, 1994, pp.203-204.

19 전복희, 『사회진화론과 국가사상: 구한말을 중심으로』, 도서출판 한울, 1996, pp. 29-39.

20 鈴木正行, 「明治期農村社会における社会進化論の受容—老農鈴木浦八の耕地整

근대 조선에서 포교를 개시하는 교파신도 대부분은 일본인을 일등국민, 조선인을 야만(野蠻)・열등국민, 혹은 이등(二等)국민으로 표현하면서 혈통적 차별을 당연시한다. 신리교(神理敎)의 경우 일본신화에 근거하여 아마테라스의 후손인 천황이 지배하는 일본민족과 '스사노오=단군'의 신화해석을 통해 스사노오의 후손이 지배하는 조선민족의 관계를 양(陽)과 음(陰)의 세계로 구분했다. 그리고 신리교 교리에 바탕하여 조선인을 잘 교육하여 양계(陽界)로 인도함으로써 충량(忠良)한 천황의 신민(臣民)이 되도록 하는 것이 교화의 핵심이라고 했다. 신화적 상상력을 동아시아 침략을 정당화하는 역사로 정착하려고 하면서 민족적 차별성을 정당화했다.[21] 흑주교도 조선포교에 있어서 일등국민(일본인)이 문명의 정도가 낮은 조선인을 문명의 세계로 이끌어야 한다는 차별적 인식을 근간으로 포교의 정당성을 외치고 있는 것이다.

한편 Ⓑ와 Ⓑ-1의 내용은 흑주교의 실제 포교 내용과 근대 의학의 충돌을 이해하는데 있어서 중요하다. 앞서 밝힌 바와 같이 흑주교의 교조 무네타다는 죽음이 임박한 상태에서 떠오르는 아침 태양을 향해 기도를 올렸고, 태양신과 하나가 되는 종교경험을 통해 모든 병이 나았다. 따라서 흑주교에서는 교조가 병을 치료한 '마지나이'가 모든 수행의 근본이 되고, 모든 신자들이 이를 실천하는 것에 의해 흑주교는 종교로서 존립할 수 있다.

理事業を中心に一」, 『香川大学教育学部研究報告』8, 香川大学教育学部, 2023, pp.1-11.

21 권동우, 「교파신도의 조선포교로 보는 근대신도의 이중성」, 『종교연구』 80-1, 한국종교학회, 2020, pp.303-307.

'마지나이'는 '주술(呪術)'이다. 그리고 흑주교를 포함한 신도 일반에서는 '마지나이'의 기원을『일본서기』에서 찾는다. 곧 오오쿠니누시(大國主神)와 스쿠나비코나(少彦名神)가 조수나 곤충에 의한 피해를 막기 위해 주술을 행했다는 기록이 있는데 이것이 바로 '마지나이'의 기원이라는 것이다.[22]

흑주교의 교의를 체계화하는데 큰 역할을 했던 가타오카 마사우라(片岡正占)는 '마지나이'에 대해 "긴엔(禁厭) 두 글자를 '마지나히(マジナヒ)' 또는 '마지나히야무르(マジナヒヤムル)'라고도 하는데, 일본기(日本紀)에서 볼 수 있다. 소우케츠편(蒼頡編)에 인심(人心)을 합하여 억제하는 것을 염(厭)이라고 한 내용이 보인다. 이에 의거해 생각건대 '마지나히'의 '마지'라는 것은 모든 사기(邪氣)로부터 일어나는 재앙을 말하며, '나히'는 점치다의 '우라나히(占なひ)', 행하다의 '오코나히(行なひ)', 기르다의 '야시나히(養なひ)' 등의 단어와 같은 뜻으로서 삿된 기운에 빠진 사람을 바른 기운(正氣)으로 고치고, 악심(惡心)을 선심(善心)으로 고치며, 죽음(死)을 생(生)으로 고치는 것을 말한다. 굽은 물건을 바르게 하고 병을 치료하는 것도 모두 같은 뜻이다"[23]라고 해석했다. 태양신 아마테라스의 양기(陽氣)를 받아들이는 '마지나이' 수행에 의해 음기(陰氣)에서 일어나는 삿된 기운을 없애는 것이 흑주교 수행의 요체라 해석한다.

이처럼 흑주교에서는 '마지나이'가 사람의 병을 고쳐준다는 점에서 교리와 수행의 핵심을 이룬다. 그리고 이를 '주술'이 아닌 '의술'

---

22 『日本書紀』, 「神代上」第八段, 「一書」 第六.

23 片岡正占, 『禁厭詞辨釋』(1886), p.2.

로 표현했다. 그런데 근대 서구식 의료시스템이 일본에 도입되면서 교부성(教部省)에서는 1874년(明治7) 6월 '마지나이'처럼 일본에서 전통적으로 행해왔던 치병의 방식이 오히려 의료행위를 방해한다면서 '마지나이금지령(禁厭禁止令)'을 내렸다.[24] 근대의학은 '마지나이'를 '의술'이 아닌 '주술'로 규정했으며, 정부 또한 근대의학의 손을 들어준 것이다.

하지만 교부성의 '마지나이금지령'이 교파신도의 '마지나이' 철폐로 이어지지는 않았다. 흑주교의 경우도 교조의 '천명직수'와 직접 연결되는 수행의 요체 '마지나이'를 폐지할 수는 없었으며, 근대 의료시스템과 충돌하더라도 이를 유지해야만 했다. 이는 흑주교가 아무리 근대식 제도를 수용했다 하더라도 이들의 근대종교 지향은 매우 제한적일 수밖에 없었다는 것을 보여준다. 결국 그들의 주술적 치료행위는 근대 일본사회를 통해 교파신도가 '음사사교'나 '미신사교'로 공격당하는 가장 큰 빌미가 되지만, 오히려 흑주교에서는 이러한 '마지나이'야말로 '신덕(神德)'을 매개로 병을 치료해 준다는 점에서 근대 의료보다 뛰어나다고 외쳤다. 그리고 이러한 주술적 치병을 통해 조선인들의 민심을 얻어야 한다고 주장한 것이다.

이처럼 일제에 의한 식민지배가 본격화하고 조선포교의 필요성을 강하게 주장하는 의견이 나오지만, 그것이 흑주교의 공식적인 조선

24 野村瑞城,『療病と迷信』, 人文書院, 1929, p.90. "禁厭祈祷等の儀は、神道諸宗共、人民の請求に応じ、従来の伝法執行候は固より不苦筋に候処、間には之がため、医療を妨げ、湯薬を止め候向も有之哉に相聞、以ての外の事に候、抑々教導職たるもの、右等貴重の人命に関し、衆庶の方向をも誤らせ候様の所業有之候ては、朝旨に乖戻し、政治の障碍と相成、甚以て不都合の次第に候条、向後心得違の者無之様、屹度取締可致、此旨相達候事"

포교로 이어진 것은 아니었다. 당시 흑주교 본부에서는 조선포교에 대해 그다지 관심을 보이지 않았던 것으로 보인다. 이러한 흑주교의 반응과는 다르게 몇몇 교파는 각 교파의 연합을 통해 조선포교를 전개하려는 시도를 했다.

> 신도 각파가 조선개교의 발걸음을 내딛고자 지난 9월 각파 간담회를 도쿄 신도본국 내 연합사무소에서 개최하여 각파 연합회에서 조선의 사정을 시찰한 뒤에 경성에 하나의 사무소를 설치하여 개교를 위한 편의를 도모하고자 했다는 것도 의결했다는 것은 당시 보도한 바와 같은데, 그 후 경과를 들으니 지난달 중순 내무성으로부터 해당 계획에 대해 지금 조선은 정치적으로 내외가 분망(奔忙)한 시기로서 신도 교파나 불교 종파로부터 많은 신청이 접수되는 것에 대해 일일이 청취하는 것이 불가능한 사정도 있고 또한 조선에서 신도 각파의 포교는 연합으로 행할 정도까지 논의되어 있지 않으므로 지금은 잠시 보류하는 것이 어떻겠느냐는 내부 협의안을 받음으로써 청구했던 안은 더 이상 진행되지 않은 상태다. 각 교파는 자유행동으로써 조선에 건너가서 형세를 살폈는데, 지난달 하순 어악교(御嶽教) 관장 진구 다카토시(神宮暠寿)씨, 대성교(大成教)의 이노우에 노부카네(井上信鉄)씨가 조선으로 건너갔으며, 금광교 교감 사토 노리오(佐藤範雄), 신도본국의 칸자키 잇사쿠(神崎一作) 두 사람은 이번 달 1일 조선에 건너가서 정세를 시찰하고 있다. 또한 천리교에서도 우에무라 기치타로(植村吉太郎)씨가 모든 방면에서 활동하고 있다고 한다. 이들 제씨는 연합회 관계의 필요를 인정한다는 약속을 하고 내년 신년회와 더불어 임시 협의회를 개최할 예정이라고

한다. 조선에서 교사를 가장 많이 파견한 것은 천리교로서 각 교파 가운데 으뜸이며, 그 다음이 금광교인데 전체적으로는 아직 유치한 상태이다. 신도본국의 간자키씨는 12~3일쯤 귀국할 예정.[25]

각각의 신도 교파는 조선의 강제병합과 동시에 조선포교를 위한 연합회 본부를 설치하고 공동으로 포교를 전개할 것을 협의한다. 이 협의회에 참여했던 인물들은 각 교파의 대표로서 당시 논의가 상당히 비중 있게 다뤄졌다는 것을 알 수 있다.

그런데 연합회를 구성해서 조선포교를 개시하려던 의도는 원활하게 추진되지 못했다. 이들이 연합회를 구성하고자 했던 가장 큰 이유는 기존 조선에 파견된 금광교, 신습교, 천리교 등의 포교사 소행이 교파신도의 체면을 깎으면서 오히려 포교사업에 지장을 준다는 점에 있었다. 이에 경성(京城)에 신도연합회 본부를 설치하고 도쿄에 지부를 설치하여서 조선포교를 희망하는 포교사들은 각 교파의 관장(管長)을 통해 연합회 본부에 연락하고, 본부에서는 이들의 포교사 자격 부여에 대해 조사한 후 증명서를 발급하자는 것이었다. 그러나 천리교를 비롯하여 반대 의견이 적지 않아서 논의가 더 이상 진행되지 못했다.[26] 조선총독부에서도 아직 종교에 대한 취체(取締)의 법령이 제정되지 않은 상태에서 신도연합회를 구성하여 조선포교를 행하는 것에는 부정적 의견을 피력하면서 계획이 지체되었다.[27] 또

25 「朝鮮開教」, 《中外日報》, 1910년 12월 12일자.
26 「神道と朝鮮布教 各派聯合布教の計画」, 《中外日報》, 1911년 02월 25일자.
27 「神道の朝鮮開教」, 《中外日報》, 1911년 06월 06일자.

한 교파신도 내부적으로 대성교와 신도본국 사이에 분쟁이 발생하면서 연합회 본부 구성은 추진 1년 만에 무위로 돌아가고 말았다.[28]

4. 조선포교 공식화 과정

교파신도연합회의 구성에 의한 조선 포교 계획이 실패한 후, 각 교파는 독자적인 포교를 지속해 갔다. 천리교가 가장 활발한 조선 포교를 전개하는데, 흑주교의 경우 여전히 공식적으로 조선 포교를 계획하거나 실행하지는 않았다. 그렇다고 해서 흑주교의 조선포교가 전혀 없었던 것은 아니었다.

> (前略) 이들 교회소의 신설은 동교 본부의 계획에 의한 것이 아니라 해외에 도항한 신도(信徒)가 자기의 신앙심으로부터 교회를 만들고 유지법 등을 확립한 후 본부에 보고해 오면 본부는 그 보고를 가지고 비로소 알게 된다고 하는 양상이다. 역시 지금 우리나라와 병합한 조선에서도 이러한 종류의 신도들이 설립한 교회소로서 아직 본부의 인가를 받지 않은 것들이 있다. 따라서 본부에 알려지지 않은 교회소가 적지 않을 것이기 때문에, 열성적인 신도가 일정한 업무에 종사하면서 각자의 생각대로 전도의 결실을 올리고 있다면 조선에서 동교(同敎)는 일반에 알려지고 있는 것보다도 실제의 교회 수 또는 그 신도 수는 훨

28 「神道各聯合朝鮮開教」, 《中外日報》, 1911년 01월 25일자.

씬 많을 것이라고 한다.[29]

1912년 흑주교는 말레이반도의 쿠알라룸푸르, 미국 하와이, 중국 대련 등에 교회소를 설치하고 신자들에 의해 포교가 전개되고 있다는 것을 밝히면서 조선의 포교 상황에 대해서도 언급했다. 위 내용은 1912년 6월에 발행된 『경세잡지(經世雜誌)』의 내용과 거의 동일하며,[30] 《중외일보》에서는 조선 부분을 새롭게 추가한 것이다.

주목할 것은 흑주교의 해외포교가 본부에서 예산을 세우거나 포교사를 파견하는 것이 아니라, 해당 지역으로 거주지를 옮긴 흑주교의 포교사가 교회소 등의 기반을 갖춘 후에 본부에 연락함으로써 비로소 해외 포교 상황을 확인하고 있다는 점이다. 교파신도 각 교파가 연합회를 구성하고 연합회본부에서 포교사를 선별하여 파견하고자 했던 방식이 실패로 돌아간 후, 각 교파의 포교사들은 특별한 자격이 없어도 조선에서 포교를 행하고 있었다는 것을 보여준다. 심지어 포교사 자격을 갖추지 못한 일부 신도가 해외 포교를 행하는 사례도 빈번했다는 것을 알 수 있다. 물론 이러한 흑주교의 해외포교의 방식은 당시 천리교의 조선포교 방식과 매우 유사하다.

조선에서 천리교 개교의 상황을 들어보면, 그 허가를 받은 교회소가 십 수개 있으며, 이들의 포교를 감독하기 위해 경성에 관리소를 설치하고 본부의 마츠무라 키치타로씨가 소장을 맡고 있다. 그 외 교회소

29 「海外の黒住教」, 《中外日報》, 1912년 07월 19일자.
30 「海外に於ける黒住教」, 『経世雑誌』 4-7, 1912.06, pp.3-7.

를 가지지 않지만 포교에 종사하면서 본부의 허가를 가진 포교사가 백 명 정도 조선의 각지에 산재해 있으며, 천리교의 포교사를 표방하면서 포교하고 있지만 아직 본부의 허가를 얻지 못한 채 단독으로 독립의 생활을 행하면서 포교하고 있는 이들의 수 또한 분명하지 않지만 적지 않을 것이라고 한다.[31]

천리교에서도 교회 설립의 허가를 받은 자, 포교사 자격을 가지고 있으나 교회소는 설립하지 않은 자, 포교사 자격 없이 포교하는 자 등이 뒤섞여 있었다. 곧 당시 이러한 조선 포교의 양태가 일반적인 것이었음을 알 수 있다. 다만 1915년 조선총독부에서 〈포교규칙〉을 발포한 이후, 천리교를 비롯한 교파신도는 포교관리소를 설치하고 포교관리자를 중심으로 포교사들을 통제하고 감독하는 등 법령에 준하는 포교로 빠르게 전환해 간다. 이에 비해 흑주교의 경우 중앙의 통제와 감독이 매우 느슨한 상태였으며, 포교관리소와 포교관리자를 등록하지 않은 채 조선 포교를 지속해 간다.

흑주교는 경성이나 통영 등지에서 포교를 행하고 있었으나, 법령에 준하는 포교활동은 하지 않았다. 흑주교의 조선 포교가 공식적인 포교로 전환하기까지는 상당히 오랜 시간이 걸리는데, 조선에서 포교를 행하던 포교사들이 조선 포교에 대해 공식적인 입장을 보이는 것은 1918년 3월이었다.

31 「朝鮮に於ける天理教」, 《中外日報》, 1913년 02월 11일자.

> 쿠로이와 지헤이(黒岩治平)씨, 하라다 구니타로(原田國太郎)씨의 조선 포교는 경성에 근거지를 두고 드디어 대도(大道)의 선전에 착수했다는 취지. 따라서 조선 재주(在住)의 본교 신자의 주소 및 성명을 알고 싶다는 건에 대해 독자 제씨(諸氏) 가운데 조선 재주(在住)의 흑주교 신자(道連)를 알고 계신 분은 일신사(日新社) 또는 본청(本廳) 앞으로 알려주시기 바랍니다.[32]

쿠로이와 지헤이와 하라타 구니타로가 경성에서 본격적인 포교 활동에 착수했다는 것을 일본에 알리면서 조선에 거주하는 흑주교 신자의 소재를 파악하겠다는 내용이다. 흑주교는 1918년에 이르러 조선에 거주하는 포교사들에 의해 처음으로 공식적인 포교를 시도했던 것이다.

이들 가운데 가장 주목할 사람은 '하라타 구니타로'다. 하라타는 원래 흑주교 포교사(教師)로서 1899년 대한제국 당시에 일본에서 한 척의 배를 끌고 통영으로 건너와 어업에 종사하면서 경제적 기반을 닦았다고 한다. 그리고 약 20여년에 걸친 활동으로 식민지 조선에서 경제적 안정을 얻은 그는 1918년에 비로소 적극적인 포교를 위해 나섰다.[33] 그는 일제강점기 흑주교 조선포교의 가장 핵심적인 인물이다.

한편 흑주교의 공식적인 조선포교를 위해 아키야마 아키노리(秋山晶敬)라는 인물이 전면에 나선다. 당시 흑주교 신자들은 조선에서 '천

32 「朝鮮布教につき道連に告ぐ」, 『日新』 10-4, 黒住教本部, 1918.03, p.67.

33 「朝鮮の岡山村」, 『日新』 14-6, 1922.05, pp.21-24.

조대신경신회(天照大神敬神會)'라는 조직을 결성하여 신앙 활동을 했는데, 아키야마는 흑주교의 공식적인 조선포교를 위해 하라타와 함께 1918년 4월 15일~17일까지 경찰서에 포교관련 신고를 하고 조선총독부 종교과를 방문한다. 또한 그는 흑주교 기관지 『닛신』에 반복적으로 조선포교를 위해 조선에 거주하는 흑주교 신자의 주소와 이름을 보내달라는 광고를 한다.[34]

이러한 일련의 과정은 흑주교가 비공식적 포교에서 공식적 포교로 전환하려는 것이었다. 곧 당시 결성되어 있던 '천조대신경신회'는 흑주교의 공식 '교회소'가 아니었고 포교관리자도 등록되지 않은 상태였다. 따라서 아키야마는 조선포교의 시급함을 주장하는 글과 흑주교 조선포교관리소 설치를 위한 조선 내 신자들의 모금 운동을 알리는 글을 1922년 7월호와 9월호 『닛신』에 연속 투고한다.[35]

하지만 이러한 노력에도 흑주교 조선포교관리소는 바로 설치되지 않는다. 이에 따라 '천조대신경신회'는 1926년 5월 경찰과 총독부 양측으로부터 더 이상 비공식적 포교활동을 묵인할 수 없다는 최후 통첩을 받게 된다. 흑주교보다 교세가 빈약한 교파나 종파, 혹은 유사종교단체마저도 〈포교규칙〉에 따라 포교활동을 하고 있으므로 흑주교가 아무런 수속을 밟지 않은 채 포교활동을 전개하는 것을 조선총독부로서도 더 이상은 묵과할 수 없었던 것이다. 특히 1919년 3·1운동 이후로 종교와 유사종교에 대한 단속이 심해지는 가운데 흑주교가 법령에 근거하지 않은 채 포교활동을 전개하는 것은 형평성

34 「京城便り」, 『日新』 14-7, 1922.06, pp.37-38.

35 「朝鮮布教の緊急」, 『日新』 14-8, 1922.07, pp.27-29.

의 문제로 지적될 수도 있었기 때문이다.[36]

이렇게 비공식적인 조선포교가 통치와 치안상 문제로 제기되는 가운데 흑주교 본부에서는 부득이 1926년 공식적인 조선포교를 위해 포교관리자를 임명하는 방안을 검토한다.[37] 그리고 동년 12월 14일 경성부 황금정 2-57번지에 임시 포교관리사무소를 설치하고 아키야마 이타로(秋山伊太郎)를 조선포교관리자로 선정하여 총독부의 인가를 받게 된다.

『조선총독부관보』 기록을 통해 볼 때 흑주교는 포교관리소 설치 이후인 1927년 5월 18일에 군산강의소, 동년 6월 7일에 경성교회소, 동년 7월 10일에 마산교회소, 동년 9월 10일에 수원교회소를 설치했고, 1941년 11월 15일에 부산교회소를 설치하는 등 조선에서 5곳의 포교소를 설치했다. 이 외에도 흑주교 통영교회소에서 지방강습회를 진행하는 등 그 존재와 활동이 파악되나,[38] 『관보』에 해당 교회소의 인가 기록은 보이지 않는다.

한편 흑주교 포교사로서 조선에서 활동한 인물은 제1대 포교관리자 아키야마 이타로를 비롯하여 니노미야 야스시(二宮泰: 제2대 포교관리자), 타니다 토시카즈(谷田利一: 제3대 포교관리자), 키리야마 토시카즈(桐山利一: 제4대 포교관리자) 등 총 13명의 포교사가 조선에서 포교활동을 전개했던 것으로 보인다.

36 「京城便り」, 『日新』 18-8, 1926.07, pp.36-37.
37 「朝鮮布教管理者任命」, 『日新』 18-10, 1926.09, p.44.
38 「朝鮮統営布教所に於て講習を受けて」, 『日新』 19-8, 1927.07, pp.40-41.

5. 조선포교 공식화 이후의 포교 방향

그렇다면 흑주교의 조선포교는 어떠한 내용으로 전개했을까? 필자는 그 분기점이 1925년에 발생한다고 본다. 다만 이는 조선 포교에만 국한된 것이 아니라 흑주교의 기본 입장이 이 시기를 통해 크게 변화한다고 보며, 그 양상이 조선 포교에도 크게 영향을 끼친다고 보는 것이다. 먼저 조선 포교의 양상을 이해하기 위해서는 이들이 비공식적인 포교를 진행하던 '천조대신경신회' 당시의 회칙을 살펴볼 필요가 있을 것이다.

천조대신경신회 회칙[39]
1. 본회는 천조대신(天照大神)의 대도(大道)를 널리 선전하고, 회원 상호간 수양에 힘쓰며, 나아가서는 사회 풍토의 개선과 도의(道義)의 진숙(振肅)을 꾀함으로써 ⓐ **내선대제국(內鮮大帝國)의 융창을 도모**한다. 2. 이세황태신궁(伊勢皇太神宮), 메이지신궁(明治神宮), 무네타다신사(宗忠神社)에서 매년 각 1회씩 미카구라(御神樂)를 봉주(奉奏)하고, ⓐ**-1 내선대제국의 융창과 회원의 안태번영(安泰繁榮)을 기원**하며 오후다(御神札)를 배부한다. 이때 회원 가운데에서 추첨에 의해 대리 참석자 수 명을 선출하도록 노력한다. 3. 매월 2일과 7일, 천조태신경신회(天照太神敬神會) 경성본부에서 동상(同上)의 기원(祈願)을 행한다. 4. 본부 회원은 매월 2일과 7일 경성본부에 집합해서 제전(祭典), 설교 및 의견교환을 행하고, 상호간 수양과 친목에 노력한다. 5. 매 일요일 경성본부에서 강연회를 개최한다. 6. 본회 회원은 때때로 옥외 강연을 행하고, 대도의 선전에 노력한다.

39 「原田秋山両氏の活動」, 『日新』 14-7, 1922.06, pp.38-39.

7. 회원은 희망에 의해 어느 때라도 자가(自家) 제사(祖靈祭, 宅神祭, 地鎭, 上梁, 屋移祭 등 각종 기념제) 또는 관혼상제(冠婚喪祭)에 대우를 받는다.
8. 본회는 ⓑ <u>회의자(懷疑者), 번민자(煩悶者), 병약자(病弱者)의 내방(來訪)을 환영하며, 노력으로 이를 해결하여 안심을 주는 도(道)를 가르친다.</u>
9. 그 외 필요하다고 인정되는 사항
10. 본회는 매년 1회 총회를 개최한다.
11. 본회의 경비는 회비(임의거출) 및 특지 기부금으로써 충당한다.

천조대신경신회가 언제 결성되었는지는 명확하지 않지만, 이들이 조선에서 행했던 포교의 핵심은 크게 두 가지로 나뉜다고 볼 수 있다. 하나는 ⓐ와 ⓐ-1의 내용처럼 천조대신의 대도를 통해 '내선대제국(內鮮大帝國)' 곧 일본과 조선을 통합한 대일본제국의 융창을 도모하자는 것이며, 다른 하나는 ⓑ마지나이(禁厭)의 실천에 의해 병든 사람들을 치료하는 것이었다. 이는 앞서 1910년 흑주교가 조선포교의 필요성을 외치면서 제시했던 방향에서 크게 벗어나지 않는다. 이러한 포교의 방향 위에서 그들이 행하는 포교 방법은 크게 세 가지로 정리된다. 하나는 강연회이며, 둘은 제사, 셋은 마지나이의 실천이다. 그 중에서도 이들이 상시로 행하는 것은 바로 '강연'과 '마지나이'였다.

흑주교의 포교사들이 조선에서 비공식 포교를 전개하던 1910년, 오노 야타로(小野弥太郎)라는 인물이 조선인 형제 가운데 동생의 복통을 마지나이로 치료해 주고 '조선인이 우리 도(道)의 영험을 입는 것은 흑주교 발전의 단서(端緖)가 될 것'이라고 하는 등 이들의 조선 포교는 주로 '마지나이'에 의한 영험의 체험에 주안점이 있었다.[40] 또

40 小野弥太郎, 「朝鮮人神徳を被りて急病即治す」, 『経世雑誌』 2-11, 1910, p.39.

한 조선과 직접 관련된 것은 아니지만 비슷한 시기인 1919년 흑주교의 사할린 포교양상을 보면 그들이 "조선인 석탄광부 7명에게도 눈병, 신장병, 각기병, 혹은 위확장, 기타 종종의 병이 있었는데 모두 완쾌되었다"는 내용이 나온다. 조선 내외를 통해 이들의 주된 포교는 역시 '마지나이'의 주술에 의한 병의 '치료'에 있었다는 것을 알 수 있다.

그런데 이러한 흑주교의 포교 양상은 1926년 조선포교를 본격화하는 것을 기점으로 크게 변화한다. 곧 '마지나이'보다는 '강연'을 통한 사상교육에 주안점을 두는 방향으로 옮겨간 것이다.

일본에서는 1923년 9월 1일 관동대지진이 발생한다. 약 10~14만 명이 사망하고 20여 만 채의 건물이 완파 혹은 반파된 이 사건은 지진발생 전년도 국민총생산의 3분의 1에 해당하는 경제적 피해를 안겼다. 또한 지진 직후 갑자기 가토 토모사부로(加藤友三郎) 총리대신이 사망하면서 복구 과정에서도 큰 혼란이 야기된다. 이러한 가운데 관동대지진 이후 2개월이 지난 11월 10일 다이쇼천황(大正天皇)의 이름으로 당시 섭정(攝政) 황태자(裕仁, 뒤에 쇼와[昭和]천황)가 「국민정신작흥에 관한 조서(国民精神作興ニ関スル詔書)」를 발표한다. 대지진의 심각한 피해를 복구하고 문화·문명의 부흥을 이루어 일본의 국력을 번성시키기 위해 규칙을 엄수하고 악습을 폐지하며, 개인의 이기주의를 벗어나 공공의 이익을 위해 노력해야 한다는 등 국민정신의 방향을 제시한 것이다. 그러자 흑주교에서는 이듬해 1월 '국민정신작흥'을 위한 방안을 다음과 같이 정리했다.

생각건대 건실한 민풍(民風)을 작흥시키기 위해서는 국민 각 개인의 종교적 신앙 또는 강학적(講學的) 주의(主義)를 가지지 않으면 안 된다. 과거 막부시대에는 그리스도교 금지의 수단으로서 불교를 장려한 결과 많은 민중은 대체로 충실하게 불교를 신앙했다. 하지만 불교를 신앙하지 않는 사람은 그 강학에 의해 혹 공맹(孔孟)에 귀의하고, 혹 왕양명에 귀의하고, 혹은 주자에 귀의하며, 더욱이 국학(國學), 고전(古典), 역사의 연구자는 간나가라(惟神)의 대도를 신앙하게 된 것이 가장 두터웠다. 그리하여 이른바 문화의 정도는 낮고 자연과학도 유치했지만 막부시대의 민중은 충실한 신앙과 확고한 주의를 가지고 있었다는 점에서 오늘날의 민중보다 인격자다움을 잃지 않았었다. (중략) 그런데 메이지유신 이래 물질문명과 자연과학을 중시하면서 지육(智育)을 장려하고 종교는 미신이라고 조롱하며, 유교와 신도는 자유롭게 토구(討究)한다는 이름 아래 제멋대로 비평했기 때문에 사람들은 그 무엇도 신앙하지 않고 어떠한 주의나 이상도 품지 않으면서 구하는 바는 오직 금전에 있었다. 그러므로 가볍고 천박한 명예, 자기만의 권리를 주장하면서 주색, 향락을 추구하고 점점 물질만능의 미몽(迷夢)에 빠져 백년 가까이 각성하지 못하는 상태다. 실로 국가적 위기라고 말하지 않을 수 없다.[41]

일본국민의 정신을 바르게 하고 민풍을 작흥시키기 위해서는 과거 불교나 기독교의 사상을 버리고 유교나 신도(간나가라의 대도)의 가

41 「詔書を拝して一国家興隆の本は国民精神の剛健」, 『日新』 16-1, 1924.01, pp.1-2.

르침으로 나아가지 않으면 안 된다는 것이다. 특히 서구의 물질문명이 인간을 물질만능의 미몽에 빠지게 하여 국가적 위기가 초래되었다고 하면서 참다운 종교의 신앙, 곧 일본 신도의 가르침이 무엇보다도 중요하다고 말하고, 이를 '대일본 신국 국체의 핵심에 철저하자'는 방향으로 정리했다. 그리고 이러한 방향은 시간이 지나면서 그 의미가 더 확장되고 또한 더 강한 배타성으로 표출되기 시작한다.

> 이러한 슬기롭고 신성한 국민성인데, 불교로서 어떻게 황국의 위광을 진정으로 발휘할 수 있을 것인가? 국체(國體)와 국성(國性)에 있어서 신(神)을 불(佛)이라고 하는 것은 국민정신상 모순된 것이다. 또 기독교의 저 일신교적 박애주의는 혹 가능할는지 모르지만 조상숭배를 거부하고 충효의 대도를 교화하지 않으므로 불교 이상으로 황국의 위광을 소멸시키는 자들이다. 결국 사람의 자식들을 죄인의 자식으로 하는 야소교나 현세를 꿈의 세상이요 고통의 길이라고 비관하는 불교는 앞으로 국민정신작흥, 국가관념 함양에 있어서 이상의 교법이 아니다. 또한 신도 종파가 십 수 교파가 있다고는 하지만 아마테라스오미카미(天照大神)의 대도에서 본다면 모두 가지요 잎사귀의 가르침일 따름이다. (중략) 모두가 국체와 국성에 합치하지 않는 외래의 종교, 외래의 사상을 배척하지 않으면 안 된다. 특히 현대에 있어서는 외래의 사상에 대해 신중하게 고려하고 국민정신을 명료하게 한다면 참다운 국가백년의 대계를 다시 일으킬 수 있을 것이다.[42]

42 「国民精神作興に関し信仰上に於ける自覚と宗教の選択」, 『日新』 17-4, 1925.04, pp.29-30.

참다운 국민정신 작흥에 있어서 불교와 기독교는 부합하지 않는다고 하면서도 나아가 신도 각 교파의 경우도 신도의 본류가 아니라고 하면서 이들을 배척한다. 이는 곧 국민정신을 작흥시킬 수 있는 종교가 오직 흑주교에만 있다고 주장하는 것이다. 그리고 이러한 주장은 다시 종교의 속성, 곧 세계적 종교와 국가적 종교의 의미에 대해서도 그 해석의 방향을 완전히 다르게 했다.

사실 흑주교가 스스로 일본의 '국교(國敎)'를 자처하면서 '아마테라스를 제일의 존신(尊神)으로 섬기는 것이 옛날부터 전해온 일본의 국민정신'[43]이라고 주장하면서 아마테라스를 제1의 신으로 섬기지 않는 불교, 기독교, 교파신도 각 교파를 비판하는 경향은 상당히 일찍부터 있어 왔다. 다만 이러한 흑주교의 '국교' 지향형 기본 방침이 천황의 「국민정신작흥에 관한 조서」에 맞춰서 재차 주장되면서도 그 의미가 확장되고 있는 것이다. 그리고 이러한 주장은 '세계종교(보편종교)'에 대한 비판으로 이어졌다.

> 이곳에 이르러 나는 종래 종교학자들에 의해 분류되어 오던 소위 세계적 종교와 소위 국가적 종교와의 진가가 무엇인가를 논하지 않으면 안 된다. 종래 종교라고 말하면 국가를 초월한 교지(敎旨)를 가지고 있는 것을 우수하고 고원(高遠)한 것이라고 하고, 국가적 종교라고 칭해지는 것은 한 국가 안에서만 교화를 행하는 까닭에 열등하면서도 유치한 것이라고 생각해 왔던 것이다. 곧 종교는 세계 인류의 모든 것을 교

43 「我が国教としての黒住教」, 『日新』 7-9, 1915.09, pp.27-28.

화하고 구제할 수 있는 것이 아니면 가치가 없는 것이었다. 그런 까닭에 일본의 '신도'와 같은 신앙은 이른바 국가적 종교의 한 종류로서 일본이라는 나라만 교화하고 구제하는데 종교에 지나지 않으며, 도저히 세계의 전 인류를 구제할 가능성을 가지지 않는 유치한 사상 신앙이라고 생각되어져 왔다.

그런데 나는 국가적 종교야말로 진정으로 인간생활을 바르게 이끌고, 완전한 행복을 줄 수 있는 것이며, 저들 신자들에게 고원하고 광막한 교설을 보이는 이른바 세계적 종교 같은 것은 오직 인간의 심성 일부에 만족을 줄 뿐, 결코 전 생활을 만족시켜주는 것은 아니라고 단언한다.[44]

흑주교에서는 불교나 기독교 같은 세계적 종교(보편종교)보다 신도와 같은 국가적 종교야말로 진정으로 인간생활을 바르게 이끌고 인간의 삶에 완전한 행복을 줄 수 있는 종교라고 주장하면서 기존의 많은 교파신도들이 지향했던 세계종교의 가치 자체를 뒤엎어 버렸다. 그러면서 "일본국가의 흥망성쇠와 항상 운명을 함께하고 있는 것은 신도의 신앙이다. 이러한 소식을 설파해 주시고 천명해 주신 것이 흑주교 교조 무네타다신(宗忠神)이다"[45]라고 주장한다. 흑주교야말로 진정한 의미의 '국가적 종교'이며 이것이 바로 일본의 가장 이상적인 종교라는 독특한 논리를 편 것이다. 그리고 이러한 주장은 1927년에 다음과 같은 논리로 확대되었다.

44 「国家的宗教の真意義」, 『日新』 17-4, 1925.04, pp.31-32.

45 위의 글, p.34.

우리 대일본제국의 국민으로서 신앙상 종교를 대별하면 대통적(大統的)종교와 사회적 종교의 두 종류가 된다. 대통적 종교란 우리 국체는 말할 것도 없고 전 지구를 표현하는 황조(皇祖) 아마테라스오미카미(天照大神)의 신칙(神勅)에 따라 황통일계(皇統一系)의 대군주국인 황조 아마테라스오미카미의 대 이상을 기반으로 다스리시는 대통의 신국(神國)의 가르침이다. 그러한 까닭에 황조황종을 직선 중심으로 하는 종교를 대통적 종교라고 명칭하는 것이다. 그 대통적 종교란 어떠한 종파인가, 여기에 아마테라스오미카미의 직접적인 대명(大命)에 의해 현현된 흑주교가 그것이다. 대통적 종교야말로 또한 사회에 있어서 참된 대 종교이다. 일반사회 종교의 신앙신념을 함유함과 동시에 또한 일반사회종교의 교의 경전도 초월해서 교조 무네타다신의 입교의 대의를 준봉하고, 아마테라스오미카미의 대도를 선전하는 대통직선의 종교인 것이다. 이에 대해 사회적 종교란 불교, 기독교, 흑주교 이외의 교파신도를 지칭한다.[46]

이상과 같이 흑주교에서는 '국교' 또는 '국가적 종교'나 '대통적 종교'라는 표현을 통해 흑주교가 아마테라스를 정점으로 하는 일본 국민정신의 정수를 계승하고 있다고 하면서, 흑주교야말로 세계적 종교나 사회적 종교인 불교, 기독교 등 기존의 보편종교로 인정받던 종교보다 더 우월하면서도 일본인들에게 진정한 인생의 길을 제시해주는 종교라고 주장했다.

46 熊谷忠正, 「国体と宗教」, 『日新』 19-12, 1927.12, pp.13-14.

조선에서 흑주교의 포교방법은 앞에서 살펴본 것처럼 '마지나이'와 '강연'의 두 가지 방향으로 정리될 수 있는데, 1926년 흑주교가 공식적으로 조선포교를 개시한 이후 이들의 주된 포교는 일본에서 특정 포교사를 조선에 파견하여 교회소에 모인 신자들이나 일반인을 대상으로 '강연'을 하는 것이 그 주된 방향이 된다. 당시 행한 강연의 상세 내용이 무엇이었는지에 대해서는 자료가 남아 있지 않아 확인하기 어렵지만, 일부 잡지에 남은 자료 가운데 조선에서 강연을 행했던 아카키 하루야마(赤木春山)나 그를 대동했던 하라다 등의 기록을 통해 간략하게나마 당시의 강연 제목이나 내용의 일부를 확인할 수 있다. 먼저 하라다의 구술을 통해 나타난 조선포교의 실제에 대해 살펴보면 다음과 같다.

> 조선이 일본에 합병 된지도 어언 18년, 황송하옵게도 위(上)에서는 일시동인(一視同仁)의 정치를 펼쳐서 황운(皇運)이 미치지 않는 곳이 없는데, 조선인들은 그 은총을 알지도 못하고 툭하면 좌경적(左傾的) 사상을 꺼내서 지존(至尊: 천황)을 모심에 창끝을 향하는 것으로 모시려고 하니 실로 통탄할 일이다. (중략) 적극적인 통치를 펼치라고 하는 신의(神意)가 나타난 것이다.[47]

일본에 의한 조선의 강제병합 이후 일본제국의 조선 통치가 18년을 이어왔어도 조선인들은 일본의 통치에 불만을 품고 있으며, 오히

47 原田國太郎 口述, 原田朝子 筆記, 「赤木先生朝鮮布教隨行日誌」, 『日新』 19-8, 1927.08, p.29.

려 공산주의 사상 등에 의지해서 천황의 세력들을 공격하고 있다고 말했다. 이에 이들이 기본적으로는 조선인들의 '동화'를 지향하고 있다는 것을 알 수 있다.

한편 아카키는 1926년 5월 18일 조선으로 건너와서 6월 3일까지 부산에서 경성, 군산, 통영, 마산 등의 지역을 순회하면서 설교 및 강연을 행했다. 이 가운데 군산에서는 일반인들을 대상으로 하는 강연을 실시했는데, 이 자리에 참석한 약 150여명 가운데 50여명이 조선인이었다고 기록되어 있다. 그렇다면 그는 당시 주로 어떠한 내용으로 설교와 강연을 행했을까?

> 5월19일, 아침 5시 하라타선생과 함께 큰 장애 없이 통영에 도착, 자택에 들어감. 곧바로 신사 및 교회소에 참배. 동 저녁 8시 교회소에서 제1회 강연회를 개최, 다수의 참석자가 있었으며, '제정일치'의 뜨거운 역설에 모두 감격해서 산회함.
>
> 5월 20일, 마을의 유력자 야마시타(山下)씨의 집에서 설교, 나의 전강(前講)에 이어서 선생님의 열렬한 설교가 있었다. 그 가운데 **"교조는 그리스도나 석존과 다르게 스스로 천분(天分)을 완수하여 임금에게 충성하고, 부모에 효도하고, 국민으로서의 도를 다하며, 더욱이 세상에 대교(大敎)를 세워주셨다는 점은 실로 깊이 흠모할만한 이치가 있다"** 는 내용의 역설에 일동 감동함.[48]

48 위의 글, pp.29-30.

이 기록은 아카키와 동행했던 하라다의 구술을 그의 딸이 받아서 정리한 것이다. 이에 대해 당시 직접 설교를 행했던 아카키는 뒤에 자신이 조선에서 행했던 포교의 내용을 「조선순행기(朝鮮巡行記)」로 연재하는데, 여기서는 다음과 같이 그 내용을 정리한다.

> 5월 20일, 오후 3시경 준비가 끝나자 신언(神言)을 주상(奏上)한 후 설교를 했다. 모인 사람은 약 60명이었다. 하라다씨의 아내를 예찬하는 설화는 재미있고 의미가 깊었는데, 나는 다소 이론에 치우쳤다. 세계의 세 성인으로 불리는 석가, 공자, 예수와 우리 교조를 비교하면서도 진정한 신으로써 장차 사람으로서 세계만인의 모범이 될 수 있는 원만구족한 영격(靈格)은 우리 교조 이외에 본 적이 없다는 것을 역설했다고 생각한다.[49]

하라다가 술회한 내용과 거의 유사한데, 아카키는 흑주교의 교주가 다른 종교의 교주에 비해 더 뛰어난 존재라는 것을 강조했다는 것을 알 수 있다. 이는 단지 흑주교가 보편종교 또는 세계종교임을 역설하는 것이 아니라 오히려 기성종교와 차별화되면서도 그들보다 우월한 유일의 종교성을 가진 것이 흑주교임을 강조한 것이다. 한편 5월 24일 군산에서 신자들과 일반인을 대상으로 개최된 대강연회에 대해서는 다음과 같이 기록했다.

---

49 「朝鮮巡行記」, 『日新』 20-2, 1928.02, p.18.

오후8시부터 군산공회당에서 대강연회가 열렸다. 참석 인원은 약 150명으로, 3분의 1은 조선인이었다. 우선 나베가마(鍋釜) 여사의 개회사를 겸해서 열렬한 신앙담이 있었고, 다음은 거구인 하라다씨가 단상에 올라 이날도 전과 같이 부인 예찬의 통속적이고 매우 철저한 강연을 했는데, 독특한 대웅변으로 당내를 사로잡았다. 마지막으로 미숙하지만 책임상 오늘의 주연이 된 나는 강연 제목을 '종교와 국가'로 내걸고 있었는데, 청중에는 다수의 조선인들이 있었으므로 국체론에 다소의 가감이 필요하다고 생각해서 급히 두뇌를 가동하지 않으면 안 되었다. 다행히 강연의 진행은 순조롭게 이어져서 종종 공감해주는 박수도 쳐주는 가운데 약 1시간 반에 걸친 꿈과 같은 강연이 끝났고, 수미일관된 폐회사가 이어졌으므로 안도했다.[50]

아카키의 강연 주제는 '종교와 국가'였으며, 그 핵심 내용은 바로 '국체론'이었다. 이는 일본에서 1923년 관동대지진으로 경제적 기반이 붕괴되는 시점에 나온 천황의 「국민정신작흥에 관한 조서」가 선포된 후, 흑주교 내부에서 반복적으로 강조해 왔던 흑주교 중심의 국민정신작흥, 또는 아마테라스를 정점으로 하는 국체론의 연장에서 있는 것이었다고 생각할 수 있다. 다만 그는 해당 강연회에 다수의 조선인이 모여 있었다는 점에서 국체론에 다른 의미부여를 했다고 한다. 다만 그 내용이 무엇인지를 확인할 수 없다는 점은 아쉬움으로 남는다.

---

50 위의 글, p.19.

아카키의 「조선순행기」는 기관지 『일신』의 1928년 1월호까지 게재되며, 이후 이들이 조선에서 어떠한 내용의 포교를 전개하는지에 대해서는 기록을 찾을 수 없다. 그러나 앞서 살펴본 것처럼 흑주교의 조선포교는 천리교나 신리교처럼 '세계종교'를 지향하는 것이 아니었다는 것은 분명하다. 오히려 일본국민 혹은 일본민족을 중심으로 하는 '국교'나 '국가적 종교', '대통적 종교'라고 하는 민족중심의 종교를 중시하면서, 이러한 민족과 국가 중심의 종교야말로 이 시대의 진정한 가치이며 인간의 삶을 바르게 인도하는 종교라는 논리를 주장했다. 그리고 그러한 사상을 조선에서도 정착시키기 위해 강연을 행할 포교사를 파견하여 신자들의 '국민정신작흥'을 도모했던 것이다. 흑주교의 조선포교는 이러한 민족적 폐쇄성을 근간으로 이뤄지는 것이며, 그 속에서 적극적이고 활발한 조선인 포교의 가능성은 쉽게 나타나지 못했을 것으로 생각된다.

6. 나가며

이상 살펴본 바와 같이 흑주교의 조선포교는 3기로 나누어 볼 수 있다. 1기는 1890년부터 러일전쟁까지, 2기는 러일전쟁부터 1926년 조선포교 공식화 이전, 3기는 1926년 조선포교가 공식화된 이후로 나눌 수 있는 것이다. 이 과정에서 이 글에서는 흑주교의 조선포교가 공식화되기 이전에 '마지나이'를 더 중시하다가 1926년 공식적으로 포교를 개시한 뒤에는 '강연'을 더 중시하는 방향으로 나아간다는 점을 확인했다. 그리고 그 배경에는 1923년 관동대지진 이후 천황이 선포하는 「국민정신작흥에 관한 조서」의 영향이 크며, 흑주교는 '국민정신 작흥'을 국체론과 연동하고, 또한 국체론의 근본정신이 흑주교에 있다는 방식의 인식을 형성하면서 설교와 강연을 해 나갔다는 것을 확인했다.

필자는 과거 연구에서 근대 교파신도의 조선포교는 이들이 '민족종교'의 틀을 깨고 '세계종교'로 나아가려는 출발점이라는 의견을 제시한 바 있다. 하지만 흑주교의 조선포교를 통해 볼 때 그 의견은 철회하는 것이 타당하다고 본다. 왜냐하면 흑주교는 자신들의 세력을 외부로 확장하면 할수록 오히려 일본인을 중심으로 하는 '국교'의 의미를 더 강조하고 있기 때문이다.

이러한 흑주교의 주장은 일본이 대만과 조선을 넘어 중국과 동남아시아, 그리고 태평양으로까지 영토를 확장해 가는 과정을 지지하는 것이며, 이러한 영토의 확장으로 일본이 세계적인 대제국을 형성했을 때, 일본제국의 정신적 토대를 이루는 흑주교가 비로소 수많은 민족과 세계의 각 종교(특히 불교와 기독교)를 자신들의 발아래에 두는 '세계종교'가 될 수 있을 것이라는 독특한 사유에서 기인하는 것이라고 본다. 일본제국과 흑주교를 공동운명체처럼 인식한 것이다.

그러한 점에서 흑주교는 일제강점기를 통해 조선에서 포교활동을 전개했지만, 이에 대한 조선인의 호응은 결코 적극적일 수 없었을 것으로 생각된다. 하라다가 표현한 것처럼 조선인들은 천황과 일본에 대해 매우 부정적인 시각을 견지해 왔는데, 그러한 조선인들이 국체론 중심의 강연을 하는 흑주교에 호의적이었을 것으로는 생각되지 않는다.

실제로 1942년 통계를 기준으로 볼 때 흑주교의 일본인 신자는 1,614명이었던 것에 비해 조선인 신자는 16명에 불과했다.[51] 이는 그들이 가진 근본적인 차별의식을 극복하지 못한 폐쇄성이 한 요인이라고 생각한다. 1906년 오사카에서 조선인 학생 2명에 대해 6개월간의 교육을 시켰으나 그들로부터 전혀 공감과 이해를 얻지 못한 것처럼, 흑주교의 우월의식에 근원한 신앙의 특징이 조선포교의 과정에서도 고스란히 노출된 것이며, 이러한 '일본인 중심'의 사유는 조선인들에게 전혀 공감을 얻지 못했을 것으로 생각된다.

51 朝鮮總督府學務局錬成課, 『朝鮮に於ける宗教及享祀要覽』, 조선총독부, 1942, p. 22.

제8장

일제강점기 충남불교의 동향과 일본불교의 침투

김방룡

1. 들어가며

국가 권력과 종교 간의 관계는 다양한 모습을 띠고 있다. 한국불교의 역사에 있어서 국가 권력은 불교계를 전폭적으로 지원하기도 하고 억불의 주체가 되기도 하였다. 일제강점기 일본불교와 한국불교는 침략국과 식민지의 상황에 놓여 있다는 점에서는 대척점에 서 있었지만, 일제의 종교정책에 의하여 지배받았다는 점에서는 차이가 없었다.

일제강점기 불교계를 어떠한 시선으로 바라보아야 하는가? 이에 대한 견해는 크게 엇갈린다. 대표적인 견해의 하나는 '민족불교의 관점'에서 바라보아야 한다는 것이고, 다른 하나는 '근대불교의 관점'에서 바라보아야 한다는 것이다. 물론 이러한 두 관점의 배후에는 '민족'과 '종교' 그리고 '식민지적 특수성'과 '시대적 보편성'이란 서로 다른 가치관이 대립하고 있다.

일제강점기 충남불교계는 공주 마곡사를 본산으로 하여 전 지역의 사찰이 마곡사의 말사에 편입되었다. 이는 1902년 대한제국이 반포한 「국내사찰현행세칙」 전문 36조에 따른 것이다. 이때 원흥사를 대본산으로 삼고 각도에 중요한 사찰 16개를 중본산으로 지정하였는데, 마곡사는 16개의 중법산 중 하나로 편입된 것이다.[1] 이어 1911년 반포된 일제의 「사찰령시행규칙」에 의하여 마곡사는 충남을 대표하는 30본산의 하나로 지정되었다.[2] 1918년 당시 충남의 사찰 수는 본산 마곡사와 그 소속 말사 112개를 합하여 113개로 당시 전체 사찰이 1,458개의 약 13%에 해당하였다.[3]

'충남불교'란 충남지역에서 행해진 불교계의 활동 일체를 말한다. 여기에서 '충남'이란 근대 시기 행정 단위로서 충청남도를 말한다. 현재의 행정구역으로 보면 대전, 세종, 충남이 합해져 있는 공간이라 할 수 있다.[4]

---

1 「국내사찰현행세칙연의」, 『한국근대불교자료전집』 65, 민족사, 1996, pp.414-415.

2 대한불교조계종총무원, 『조선총독부관보 불교관련자료집 – 일제시대 불교정책과 현황(上)』, 선우도량출판부, 2001, p.20.

3 김진원, 「일제강점기 麻谷寺의 포교활동 연구」, 『중앙사학』 21, 중앙대 중앙사학연구소, 2005, pp.700-701.

4 행정구역으로서 '충남' 지역은 역사적으로 변화를 겪어왔다. 1896년 전국을 8도제에서 13도제로 개편하면서 충청남도가 설치되었다. 1932년에 공주에 있던 도청을 대전으로 이전하면서 이후부터는 대전을 중심으로 하는 충남의 생활문화가 형성되었다. 1963년에는 전라북도에 소속되어 있던 금산군이 충남에 편입되었다. 1989년 대전시와 대덕군을 합하여 대전직할시로 승격하여 충남에서 분리하였으며, 1995년에는 대전광역시로 명칭이 변경되었다. 또한 2012년에는 충남 공주군의 일부와 충북 청원군의 일부가 합하여 세종특별자치시가 만들어졌다. 따라서 '충남' 지역이란 현재의 행정구역으로 보면 대전, 세종(일부), 충남이 합해져 있

2000년 즈음부터 일제강점기 불교에 대한 연구가 본격화되었다고 할 수 있는데, 그 배경에는 연구의 토대가 되는 객관적인 자료의 발굴이 있었기 때문이다. 그 대표적인 것은 1996년 김광식과 이철교에 의하여 민족사에서 영인된 『한국근대불교자료전집』(전69권)이고, 2001년에 대한불교조계종 총무원에서 『조선총독부관보』 가운데 불교 관련 자료를 모아 상·하 두 권으로 발행한 『일제시대 불교정책과 현황(상·하)』이다. 조계종 총무원에서 발행한 머리말에서는 『관보』에 대하여 다음과 같이 밝히고 있다.

> 『관보』는 조선총독부 공식 기관지로서 일제시대를 대표하는 관변 자료이다. 1910년 8월 29일부터 1945년 8월 30일까지 35년간에 걸쳐 지속적으로 발간되었다. 이 기간 동안에 『관보』는 연평균 298.5회, 공휴일을 제외하고 호외를 포함한다면 거의 매일 발행된 셈이다. 이렇게 35년간 발행된 『관보』는 총 1만4백50호, 면수로는 14만5백15면에 달하는 방대한 양이다. 이것이 담고 있는 내용은 일제의 식민통치의 개요와 정책의 구체적 실행, 식민지 관리 상황 등 총독부의 공식적인 행정 일체를 망라하고 있다. 이 가운데 불교와 관련된 내용은 각종 법령·고시(告示)·통첩, 그리고 휘보(彙報) 중 관청사항(官廳事項)·조사 및 보고 등에서 찾아볼 수 있다. 이들을 검토함으로써 총독부의 불교 정책 전모와 당시 불교계가 인가한 주지 이동, 사찰 재산의 변동, 그리고 그에 대한 총독부의 인가 사항 등을 일목요연하게 파악할 수 있는 것이다.[5]

는 공간이라 할 수 있다.

5 대한불교조계종총무원(2001), 앞의 책, p.8.

본 연구는 일제강점기 충남지역의 불교계의 동향과 일본불교의 침투 현황에 대해 밝히고자 하는 것이 목적이다. 일제강점기 불교계의 동향에 대해서는 적지 않은 연구성과가 있지만, 충남불교계의 동향에 대한 선행연구는 제한적이다. 이 시기 충남불교의 동향은 『한국불교근대자료전집』과 당시 언론에 비친 내용을 참고하였고, 일본불교의 활동에 대해서는 『관보』의 내용을 정리한 위의 『일제시대 불교정책과 현황』(하)의 '제7부 일본불교'편을 주로 참고하였다.

일제강점기 불교계는 조선총독부의 종교정책과 밀접한 관련성을 맺고 있다. 그리고 일제의 종교정책은 1919년 3.1 운동과 1931년 만주사변과 1937년 중일전쟁을 맞이하여 큰 변화를 겪게 된다. 일제강점기 충남불교의 동향 또한 이러한 종교정책의 변화와 맞물려 있는데, 본고에서는 이에 근거하여 세 시기로 나누어 살펴보고자 한다. 아울러 이 시기 일본불교의 침투 현황과 그 영향은 무엇인지를 살펴보고자 한다.

2. 일제강점기 불교계의 동향과 충남불교

1) 사찰령과 불교개혁(1910~1919)

1905년 설치된 조선통감부는 「종교의 선포에 대한 규칙」을 공포하여 일본불교 세력의 포교 활동을 지원하였다. 이는 일본불교 세력을 지원하여 조선 불교계를 병탄하고자 하는 정책이었다. 그러나

1910년 한일병합 이후 조선총독부는 무단통치의 일환으로 조선불교계를 직접 장악하고자 하는 정책으로 전환한다.[6] 일제가 불교계를 통제할 목적으로 내놓은 것은 1911년 발표된 「사찰령」과 「사찰시행규칙」이었다. 사찰령은 전문 7개조로 이루어져 있고, 사찰시행규칙은 8개조로 이루어져 있다. 이는 한국불교를 일제가 행정적으로 장악하기 위한 식민지 통치기구의 일환이었다.

사찰령 1조엔 "사찰을 병합, 이전하거나 폐지하고자 할 때는 총독의 허가를 받아야 한다."라고 하고 있으며, 사찰시행규칙 2조에는 "본산 주지는 총독, 말사 주지는 도장관(道長官)의 허가를 받아야 한다."라고 되어 있다. 이러한 사찰령과 사찰시행규칙에 의하여 실시된 것은 본말사제도이다. 본말사제도의 연원에 대하여 1424년(세종 6) 선교양종으로 불교계를 통합할 때 선종 도회소로 흥천사를, 교종 도회소로 흥덕사를 두어 전국의 사찰 36개를 여기에 소속하게 하였던 것과 1902년(광무 5)에 사사관리서를 두고 원흥사를 중앙의 수사찰로 하고 전국 16개의 사찰을 도내의 수사찰로 소속시켰던 것에서 찾기도 한다.[7] 그러나 일제의 사찰령은 일본 사원의 주직제도(住職制度)를 조선에 응용한 것으로서 종래의 주지 권한이 한층 강화된 것이 특징이다.[8] 즉 총독이 임명한 본사 주지에게 막강한 권한을 주어 불교계를 그들의 통제 아래 두고자 한 것이 설립 취지이다. 이로 인하여 산

---

6 김순석, 『일제시대 조선총독부의 불교정책과 불교계의 대응』, 경인문화사, 2003, p.8.

7 사문경, 「일제하 본사주지의 역할과 그 성격 - 마곡사의 경우를 중심으로」, 『한국불교학』 37, 2004, pp.3-5.

8 김진원(2005), 앞의 글, p.698.

중의 공의제도(公議制度)의 전통이 사라지게 되어 많은 폐단을 가져오게 된다.

사찰령으로 인하여 충남의 본산 사찰로 정해진 것은 공주 마곡사(麻谷寺)이다. 마곡사 본·말사법이 인가된 것은 1912년(대정 1) 10월 4일이며, 등규에는 "청허 휴정의 법손이 주지가 된다."라고 되어 있다. 마곡사는 본·말사 모두 합해 114개의 절이 있을 만큼 규모가 지대하였다.[9] 계룡 갑사는 일반 말사와 달리 수반사(首班寺)로 정하여 사격을 달리하고 있다.[10] 마곡사의 제1대 주지는 장보명(張普明)이며 1911년 11월부터 1915년 10월까지 재직하였다. 제2대 주지는 김만우(金萬愚)로 1915년 10월부터 1919년 10월까지 재직하였다.[11] 2대 주지였던 김만우는 1911년부터 공주 동학사의 주지를 하였으며, 1915년에는 공주군 반포면의 실상암·문수암·동전·길상암 등의 말사 주지를 동시에 역임하면서, 당시 공주군 일대에서 영향력이 컸던 스님이었다.[12]

일제는 사찰령을 불교 자체의 진흥의 일환으로 선전하는가 하면, 본산의 주지와 기타 유력 인사들을 우대하여 불교시찰단을 주선하여 일본사찰을 알선하고, 천황과의 면담과 총독의 신년하례 등을 주선하여 그들의 환심을 사기도 하였다. 1917년에 제1차 불교시찰단

---

9 1918년 『조선불교통사』의 본말사 통계를 보면, 전국 30본산의 말사의 총수는 1,458곳으로 마곡사는 이 가운데 약 13%에 해당한다. 평북 보현사 112개에 이어 가장 큰 규모이다.

10 「마곡사본말사법」 제2장, 寺格, 제12조.

11 이능화 편, 『역주 조선불교통사』 2, 동국대학교출판부, 2010, p.616.

12 사문경(2004), 앞의 글, p.13.

을 파견하게 되는데 이때 인원은 모두 10명으로, 통도사의 주지 김구하(金九河)·삼십본산연합사무소장이자 해인사 주지 이회광(李晦光)·용주사 주지 강대련(姜大蓮)·봉은사 주지 나청호(羅晴湖)·위봉사 주지 곽법경(郭法鏡)·범어사 주지 후보 김용곡(金龍谷)·전등사 말사 화장사 주지 이지영(李智永)·봉은사 말사 신륵사 주지 김상숙(金相淑)·조선불교총보기자 권상로(權相老)·조선총독부 내부부 학무국 소속 가등관각(加藤灌覺) 등이 그들이다.[13] 여기에 당시 마곡사의 주지 김만우는 빠져있음을 볼 수 있다.

이러한 일제의 정책으로 인하여 이 시기 일부 불교계 인사들은 일제의 불교 정책을 긍정적으로 평가하기도 하였다. 그 이유는 첫째, 일본불교가 한국에 유입된 후 일제에 의한 한국불교의 통치가 지난 시절 조선시대의 불교 탄압에서 벗어나게 해 주었으며, 이로 인하여 한국 승려의 사회적 지위가 높아졌다는 점이다. 둘째, 경제적인 면에서 사찰의 재산을 보호함에 있어서는 사찰령 등이 막강한 배경이 되었다는 점이다. 셋째, 종래의 혼란스러웠던 사찰의 행정체계를 총독을 정점으로 하는 중앙 집권적 통제와 함께 일단 체계적으로 정비하였다는 점이다.[14]

조선의 억불정책과 다른 일제의 불교 정책으로 인하여 당시 불교계는 혼란과 질곡 속에 있었다. 이러한 상황을 주체적으로 자각하고 불교계를 개혁하고자 하는 불교개혁론이 등장한 것은 주목되는 일이다. 대표적인 인물로 권상로와 한용운 및 백용성을 들 수 있다. 권

---

13 김경집, 「일제하 불교시찰단 연구」, 『한국불교학』 44, 2006, p.288.

14 보인·일진, 「일제시대 불교정책과 한국불교교단」, 『수다라』 열 번째, 1995, p.190.

상로는 『조선불교월보』를 통하여 1912년 4월부터 1913년 7월까지 총 12회에 걸쳐서 「조선불교개혁론」을 연재하였다. 그는 조선불교의 폐쇄성에 대한 비판을 전제로 불교개혁의 불가피성을 역설하고 불교의 평등주의에서 불교개혁의 이론적 토대를 발견하였다. 또한 불교의 재단형성과 교육제도의 개혁을 주장하였다. 한용운은 1913년 『조선불교유신론』을 발표하였는데, 사회진화론에 입각하여 불교의 유신론을 주장하고, 불교의 평등주의와 구세주의에 개혁의 이상을 두고 있다. 참선법을 고치고, 염불당을 폐지하고, 포교를 중시하고, 불교의 각종 의식을 간소화하여 종교적 본질 회복을 강조하였다. 백용성은 1913년 『귀원정종(歸源正宗)』을 간행하였는데, 이는 성리학과 기독교의 불교 비판에 대하여 반론을 제기한 것으로 당시 기독교의 사상에 대응하고 있다는 점에서 주목된다.[15]

이러한 불교 개혁사상은 불교 교육에 큰 영향을 미쳤다. 1906년 설립된 명진학교는 1910년에 이르면 불교사범학교로 형태를 바꾸었으며, 1914년에는 불교고등강숙으로 그리고 1915년에는 불교중앙학림으로 바꾸게 된다. 그리고 지방에는 불교지방학림을 두어 근대식 교육제도를 마련하게 된다. 즉 초등학교 과정의 보통학교, 중앙과정의 지방학림, 전문학교 과정의 중앙학림에 이르는 근대식 승가교육 체제가 완성된 것이다.[16] 또한 이 시기 불교계에는 잡지와 한

15 대한불교조계종 교육원, 『조계종사－근현대편』, 조계종출판사, 2001, pp.63-67.

16 이로 인해 지방에 불교계가 설립한 많은 보통학교들이 속출하였다. 쌍계사의 보명학교(1910) · 송광사의 보명학교(1910) · 산청 대원사의 강명학교(1912) · 범어사의 실달야학교(1912) · 통도사의 명신학교(1912) · 30본산 주지회의의 능인보통학교(1912) · 동화사의 광명학교(1913) □ 불국사의 불교전문강숙(1913) □

국불교사와 관련된 저술들이 발간되면서 불교학의 발전을 꾀하게 된다.[17]

이 시기 불교개혁론과 근대교육의 바람이 있었음에도 충남의 불교계는 이 같은 움직임에 소극적인 입장을 취했다. 아마도 이 지역이 조선 후기 사회를 이끌었던 기호 유학의 산실이었기 때문에 일제에 의하여 주도되는 근대화의 움직임에 반감을 가지고 있었던 것이 아닌가 생각된다. 주목되는 것은 1907년 국채보상운동에 참여한 종교계 가운데 충남지역의 불교계가 적극적으로 참여하였다는 사실이다. 충남의 경우 의연금을 낸 승려가 갑사(24인)·동학사(66인)·영은사(4인)·마곡사(27인)·봉곡사(3인)·개심사(24인)·신원사(33인) 등 총 181명이 참여하였다. 이는 당시 충남지역 승려(총 230명) 가운데 80%에 육박한다.[18]

이 시기 충남지역의 주목되는 사건은 경허의 법제자인 만공 월면(滿空月面)의 활약이다. 1871년 전북 태인에서 태어난 만공은 14세에 발심하여 동학사에 머물게 되었는데, 그곳에서 경허를 만나게 된다.

백양사의 광성강숙(1913) □ 해인사의 해명학교(1913) □ 4대 사찰의 아동보통학교(1913) □ 금산 보석사의 진화강숙(1914) □ 선암사의 전등학사(1915) 등이 이 시기에 개교하였다.

17 1910년 원종종무원의 기관지로 탄생한 『원종』(발행인 김지순, 통권 2호)을 필두로 하여, 『조선불교월보』(1912.2~1913.8, 권상로, 19호), 『해동불보』(1913.11~1914.6, 박한영, 8호), 『불교진흥회월보(1915.3~1915.12, 이능화, 9호), 『조선불교계』(1916.4~1916.5, 이능화, 3호), 『조선불교총보』(1917.3 ~1921.1, 이능화 21호) 등이 이 시기 발간되었다. 또 한국불교사에 관련된 저술로는 권상로의 『조선불교약사』(1917)가 있으며, 이후에 이능화의 『조선불교통사』(1918) 등이 나오게 된다.

18 이승윤, 「충청지역 종교계의 국채보상운동」, 『한국사상사학』 57, 2017, pp.169-170.

동학사에서 경허를 만나 경허의 속가 형인 태허(泰虛)가 있는 서산의 천장사로 안내되어 그곳에서 태허를 은사로 경허를 계사로 하여 사미승이 되었다. 만공은 23세가 되던 1893년 '만법이 하나로 돌아가는데, 그 하나는 어디로 돌아가는 것인가?(萬法歸一 一歸何處)'의 화두를 들어 온양 봉곡사에서 첫 깨달음을 얻게 된다. 이후 공주 마곡사 토굴에서 3년간 참선 공부를 하던 중 26세 때에 경허의 권유에 의하여 조주의 '무자 화두'를 들어 31세 되던 1901년에 두 번째의 큰 깨달음을 얻게 된다. 이후 34세에 경허로부터 인가받고 만공이라는 법호를 받게 된다. 이처럼 철저한 수도를 통하여 깨달음을 얻은 만공은 덕숭산 금선대에 머물며 계속 보림을 하였고, 수덕사·정혜사·견성암을 중창하고 수덕사에 능인선원을 열어 많은 제자를 길러내었다. 수덕사 정혜사 능인선원 방함록에는 선원이 개원된 1910년 동안거로부터 만공이 열반하기 직전인 1946년 동안거까지 주실(籌室, 조실)로 자리했던 기록이 그대로 나타나 있다. 경허와 만공으로 이어지는 수덕사를 중심으로 한 덕숭문중의 선풍은 지금의 선 중심의 한국불교를 만드는 초석이 되었음은 주지의 사실이다. 따라서 능인선원의 동안거와 하안거에 참여하였던 눈푸른 납자들의 정진이야말로 충남의 불교와 한국불교가 있게 한 종교적 자양분이라 할 수 있을 것이다.

참고로 1910년 동안거부터 1919년 동안거까지 참여한 명단을 소개하면, 다음의 <표 1>과 같다.[19]

19 대한불교조계종 교육원, 『근대 선원 방함록』, 조계종출판사, 2006, pp.326-347.

〈표 1〉 1910~1919년도 수덕사 능인선원 참가자 명단

년도 (안거명)	명단 (직책, 소속)
1910년 (동안거)	만공滿空(주실籌室, 수덕사) · 계성桂聲(입승, 수원 봉덕암) · 성인性印(지전, 서산 운산면 문수사) □ 해성海性(侍者, 수덕사) · 혜진慧眞(공사供司, 수덕사) · 도현道玄(별좌別座, 마곡사) · 사화獅禾(원주, 수덕사) □ 도흡道洽(봉량奉粮, 황해도 패엽사) □ 창각蒼覺(화주, 마곡사) 이상 9명
1911년 (하안거)	만공(주실, 수덕사) · 성인(입승, 문수사) · 성일性一(지전, 영변 보현사) · 해성(시자, 수덕사) · 묘련妙蓮(공사, 마곡사) · 현호玄鎬(별좌, 마곡사) · 사화(원주, 수덕사) · 도흡(봉량, 패엽사) · 창각(화주, 마곡사) 이상 9명
1911년 (동안거)	만공(주실, 수덕사) · 계성(입승, 봉덕암) · 성인(입승, 문수사) · 경우耕牛(지빈知賓, 온양 봉곡사) · 상의尙宜(지전, 강원도 월정사) · 정원正元(정각淨桷, 해미 천장암) · 주현炷炫(마호磨糊) · 해성(간병, 마곡사) · 의선義善(간병, 마곡사) · 세완世完(간병, 패엽사) · 장밀藏密(간병, 천장암) · 홍념洪念(간병, 마곡사) · 정법正法(간병, 마곡사) · 무량화无量華(간병, 경성부 별관) · 해탈비解脫婆(간병, 전남 나주군) · 준혁俊赫(다각, 수덕사) · 정영靜靈(공사, 수덕사) · 혜진(별좌, 수덕사) · 순오順悟(도감, 수덕사) · 도흡(봉량, 패엽사) · 창각(화주, 마곡사) · 사화(주지, 수덕사) 이상 22명
1912년 (하안거)	만공(주실, 수덕사) · 성인(지전, 문수사) · 도원道圓(지전, 충남 결성군) · 해성(시자, 수덕사) · 순오(공사, 수덕사) · 현호(별좌, 마곡사) · 도흡(봉량, 패엽사) · 창각(화주, 마곡사) · 사화(주지, 수덕사) 이상 10명
1912년 (동안거)	만공(주실, 수덕사) · 도원(증명, 충남 결성군) · 성영惺靈(입승, 마곡사) · 성원(입승, 마곡사) · 창각(입승, 마곡사) · 휴암休庵(입승, 마곡사) · 현호(지전, 마곡사) · 성인(간병, 문수사) · 해성(시자, 수덕사) · 의선義善(시자, 수덕사) · 세완(시자, 패엽사) · 우련雨蓮(시자, 마곡사) · 성일性一(시자, 마곡사) · 혜안慧眼(시자, 마곡사) · 보인普印(시자, 마곡사) · 무량화(시자, 경성부) · 법륜화法輪華(시자, 경성부) · 정법正法(별공別供, 수덕사) · 순오(별좌, 수덕사) · 경영敬暎(도감, 수덕사) · 도흡(봉량, 패엽사) · 무애無碍(화주, 경성부) · 사화(주지, 수덕사) 이상 24명

1913년 (동안거)	만공(주실, 수덕사) · 성인(입승, 수덕사) · 보암普菴(입승, 마곡사) · 법천法泉(지전, 문경 대승사) · 약산藥山(지전, 양산 표충사) · 경우(지전, 봉곡사) · 해성(지전, 수덕사) · 경선鏡禪(다각, 수덕사) · 의선(다각, 수덕사) · 세완(다각, 수덕사) · 순준順俊(다각, 경남 지례군 청암사) · 경원敬圓(다각, 해인사) · 성욱性旭(다각, 수덕사) · 혜안(다각, 수덕사) · 성수性修(다각, 수덕사) · 지명智明(다각, 청암사) · 상법相法(다각, 해인사) · 청명淸明(다각, 경남 부산부) · 문오文旿(다각, 해인사) · 도현(공사, 천장사) · 혜진(별좌, 수덕사) · 순오(도감, 수덕사) · 도흡(봉량, 수덕사) · 금우金牛(주지 수덕사) 이상 24명
1914년 (동안거)	만공(주실, 수덕사) · 영규永規(입승, 보은 법주사) · 성인(간병, 수덕사) · 원묵圓默(지실知實, 강원도 불영사) · 법천(지실, 대승사) · 성일(지전, 보현사) · 해성(시자, 수덕사) · 지정智渟(정통淨桶, 수덕사) · 의선(정통, 수덕사) · 세완(정통, 수덕사) · 성욱(정통, 수덕사) · 혜안(정통, 수덕사) · 성수(정통, 수덕사) · 상운祥雲(정통, 수덕사) · 도현(공사, 수덕사) · 경선鏡禪(별공, 수덕사) · 경선敬善(별좌, 전남 대흥사) · 순오(도감, 수덕사) · 도흡(봉량, 수덕사) · 금우金牛(주지 수덕사) 이상 20명
1915년 (동안거) 직책, 소속 생략	만공 · 순오 · 성인 · 법천 · 덕인德仁 · 상의 · 법순法順 · 명헌明憲 · 대은大隱 · 해성 · 의선 · 세완 · 경선鏡禪 · 장귀長貴 · 원감圓鑑 · 혜진 · 도흡 · 금우 이상 18명
1916년 (하안거)	만공 · 혜일慧日 · 성인 · 법천 · 명헌 · 대은 · 영석永奭 · 원감 · 석조錫祚 · 봉화奉華 · 해성 · 의선 · 경선鏡禪 · 설하雪厦 · 순오 · 금우 이상 16명
1916년 (동안거)	만공 · 혜일 · 성인 · 법천 · 성율性栗 · 세민世敏 · 경욱景煜 · 주연周演 · 명헌 · 법선法善 · 쾌선快善 · 병권炳權 · 성윤性允 · 해성 · 회진會眞 · 경선鏡禪 · 세오世吾 · 순오 · 성수性粹 · 금우 이상 20명
1917년 (동안거)	만공 · 경욱 · 상전常典 · 법천 · 금동錦洞 · 각원覺源 · 성율 · 명헌 · 덕화德和 · 계환啓煥 · 약안葯眼 · 지순志淳 · 경선鏡禪 · 법인法印 · 순오 · 금우 이상 16명
1918년 (동안거)	만공 · 순오 · 각원 · 정환正煥 · 경선鏡禪 · 금우 이상 6명
1919년 (하안거)	만공 · 혜진 · 각원 · 정환 · 순오 · 경선 · 금우 이상 6명
1919년 (동안거)	만공 · 법천 · 응규應奎 · 혜진 · 약안 · 법인 · 경선 · 계환 · 금우 이상 9명

위의 <표 1>에서 볼 수 있듯이 수덕사의 능인선원은 그리 많은 수는 아니지만 각자 소임을 맡아 매년 하안거와 동안거를 여법하게 실행하고 있음을 볼 수 있다. 안거시 위에서 볼 수 있듯이 여러 가지의 직책이 이들에게 주어진다. 주실(籌室)이란 조실(祖室)이라고도 하는데, 선원을 대표하는 도(道)가 높은 선지식이 맡는다. 선방에 참여한 선객(禪客)들의 질의에 답하고 응하며, 지도하고 인가해 주는 역할을 맡는다. 수덕사에는 이때 당대 대표적인 선지식이었던 만공 선사가 자리하고 있었다. 입승(入繩)이란 선원 대중의 제반 행위를 지휘 감독하는 책임을 맡는다. 지전(持殿)이란 불전 의식의 책임을 맡으며, 시자(侍者)란 주실과 스님들의 수발을 드는 일을 맡는다. 원주(院主)는 선원의 살림 전체를 맡는 직책으로 대중들의 인원을 파악해서 안거 중 살림살이 전반에 대한 계획을 세우고 집행한다. 원주를 도와 음식을 만들고 배분하는 일은 별좌(別座)의 역할이며, 도감(都監)이란 선원의 금전 출납이나 농사나 곡식 따위를 맡아보는 직책이다. 봉량(奉粮)은 양식을 책임지는 직책이며, 간병(看病)은 병이 난 환자를 돌보는 직책이다. 화주(化主)는 밖에서 선원에 필요한 재원을 끌어오는 역할을 하였으며, 주지(住持)는 절을 대표하는 직책이었다.

이 시기 불교를 대중에게 포교하기 위해서는 「포교규칙」에 의거하여 포교소 설립을 위해서는 포교소 설치계를 제출하여 허가를 받아야 했다. 『관보』에는 마곡사의 김만우에 의해 1918년 7월 15일자로 '마곡사'에서 포교계를 제출한 기록과 1918년 2월 20일자로 '마곡사 공주포교당'에서 포교담임자계를 제출한 기록이 보인다.[20]

2) 불교자주화와 종단건립운동(1919~1935)

1919년 3.1운동은 일제의 식민통치에 항거하는 최대의 사건이었다. 3.1운동의 결과 일제의 통치정책은 무단정치에서 소위 '문화정치'로 외형적인 모습을 달리하였다. 문화정치의 목적은 조선인 내부에서 친일파를 양성하여 민족운동 전선을 분열시키고, 나아가 친일파를 통하여 민족주의자들을 검거하는 것이었다. 이러한 정책은 종교계에도 그대로 적용하였는데, 각종 종교단체를 중앙집권화하고 친일파를 대표자로 앉혀서 종교 세력에 대한 통제를 용이하게 하였다.[21] 물론 불교계 내부에는 이러한 일제의 종교정책에 맞서 불교자주화를 모색하고자 하는 움직임이 있었다. 이와 같은 상황 속에서 이 시기 불교계에는 조선불교총무원와 조선불교교무원의 대결 양상으로 표출되었다.[22]

이 시기 충남의 불교계는 불교자주화의 모습과 일제의 불교 정책에 동조하는 모습이 공존하고 있다. 여기에서는 불교자주화의 모습을 중심으로 이 시기 충남 불교계의 주요 동향에 대하여 살펴보고자 한다.

불교계의 3.1운동에 대해서는 독립선언서에 서명한 민족대표 33인에 포함된 한용운과 백용성을 중심으로 알려져 있다. 그러나 불교계

---

20 대한불교조계종총무원, 『조선총독부관보 불교관련자료집 – 일제시대 불교정책과 현황』(상), 선우도량출판부, 2001, pp.856-857.

21 김순석, 「1920년대 초반 조선총독부의 불교정책 – 재단법인 조선불교중앙교무원의 설립을 중심으로 –」, 『한국독립운동사연구』 13, 한국독립운동사연구소, 1999, pp.71-72.

22 위의 글, pp.78-80.

의 3.1운동은 두 사람의 민족대표뿐이 아니라 범어사·해인사·통도사·동화사·표충사·석왕사 등 여러 곳에서 전개되었으며, 많은 승려들과 불교도들이 참여하였다. 1918년부터 중앙학림의 강사로 재직하고 있던 한용운은 1919년 2월 28일 밤, 평소 자신을 따르던 중앙학림 학생들을 계동에 있는 집으로 불러 모았다. 이때 집에 모인 학생들은 신상완(申尙玩)·백성욱(白性郁)·김법린(金法麟)·정병헌(鄭秉憲)·김상헌(金祥憲)·오택언(吳澤彦)·김대용(金大鎔)·김봉신(金奉信) 등이었다. 한용운은 이들에게 3월 1일에 독립선언식과 만세 시위가 있을 것을 알리고, 3천여 매의 독립선언서를 결사 당일에 전국 각 사찰에 배포할 것을 당부하였다. 이에 따라 신상완과 백성욱이 주도하여 연고가 있는 지방에 내려가 만세 시위를 주도한 것이다. 이에 따라 김법린과 김상헌은 범어사로, 김봉신은 해인사로, 오택언은 통도사로, 김대용은 경북 방면, 정병헌은 전라도 방면으로 내려가게 되었다.[23]

충남지역의 불교계 3.1운동은 당시 학승이었던 우경조와 나경화에 의해 공주 마곡사 일대에서 거행되었다. 우경조는 마곡사 출신으로 해인사에 가서 수학하고 있었는데, 해인사의 지방학림 학생 대부분이 3.1운동 참가를 결정하자 자신의 연고 사찰인 마곡사로 와서 만세 운동을 주도하였던 것으로 보인다.[24] 해인사의 3.1운동은 활발히 전개되었는데, 경성에 유학 중이던 도진호가 여러 통의 독립선언서를 송만복·김봉신·김봉율 등에게 전하면서 비롯되었다. 이들이

23 대한불교조계종 교육원(2001), 앞의 책, pp.75-78.

24 충청남도, 『충남개도 100년사』(하권), 도서출판 한국문화, 1997, p.1024.

독립선언서 1만 매를 등사하여 3인씩 3개의 대대를 편성하여 경상도 지역 전반에 전개하였으며, 해인사 내에서도 해인사 부속 지방학림 학생인 홍태현이 중심이 되어 2백여 명을 모아 3월 31일에 전개하였다.[25] 우경조는 이러한 과정에서 마곡사로 들어와 운동을 주도한 것이다.

3.1운동은 불교계 내부에서 사찰령철폐운동으로 이어졌다. 그 중심에 있었던 것은 1920년 창립된 조선불교청년회와 1921년 창립된 조선불교유신회였다. 조선불교청년회의 주축은 중앙학림 학생들이었는데 이들이 중심이 되어 각 지방으로 통분을 보내 전국불교청년회 발기인 총회를 소집하였고, 1920년 6월 20일에 각황사에서 창립총회를 개최하였다. 조선불교청년회는 서울에 본부를 두었으며, 지방 사찰의 경우 지방의 불교청년회를 두고 지회로 가입하게 하였다. 충남의 경우 마곡사 불교청년회가 그 지부로 가입하여 활동하였다. 이들은 종래 30본산의 주지들의 독단적인 사찰운영을 부정하면서 불교개혁에 관한 8개 항의 건의문을 1920년 12월 16일 30본산연합사무소에 제출하였다.[26]

조선불교유신회는 1921년 12월에 창립되었는데, 이들에 의하여 사찰령 폐지운동이 구체적으로 전개된다. 1922년 4월 19일자로 불교유신회원 유석규(劉碩規)외 2,284명의 연서로 사찰령철폐에 대한

25 대한불교조계종 교육원(2001), 앞의 책, pp.78-79.

26 김순석(1999), 앞의 글, p.82. 8개 항의 건의문은 다음과 같다. ① 조선불교는 萬事를 公議에 付할 것. ② 30본산 연합제규를 수정할 것. ③ 조선 사찰의 재정을 통일할 것. ④ 조선불교 교육의 주의와 제도를 혁신할 것. ⑤ 포교방법을 혁신할 것. ⑥ 종래의 의식을 개선할 것. ⑦ 경성에 弘敎院을 건설할 것. ⑧ 인쇄소를 설치할 것.

건백서를 총독부에 제출하게 된다. 이 당시 승려의 수가 6,500여 명 내외였던 점을 감안하여 생각해 보면 청년 승려 대부분이 동참한 것으로 볼 수 있으며, 당연히 충남지역의 승려들도 참여했던 것을 알 수 있다.

이후 불교계는 1922년에 조선불교총무원과 조선불교교무원의 탄생으로 이어진다. 총무원은 불교청년회와 불교유신회원의 노력으로 이루어졌는데, 이들은 조선불교도총회를 개최하여 총무원을 출범시켰다. 그러나 여기에 참여한 것은 30본산 가운데 10본산에 불과하였다. 구체적으로 통도사 · 범어사 · 해인사 · 석왕사 · 백양사 · 위봉사 · 봉선사 · 송광사 · 기림사 · 건봉사 등이었다. 이에 참여하지 않은 본산 가운데 16본산이 총무원의 출범에 반대하고 나서서 교무원을 출범시켰는데, 우여곡절 끝에 진보적인 주지를 배제시킨 채 1927년 5월 27일 조선불교 중앙기관으로 조선불교중앙교무원을 설치하기로 합의한다. 여기에 충남의 마곡사를 포함한 27개 본산이 참여하게 된다. 그러나 교무원은 총독부의 지시를 받은 친일 본산 주지들로 구성되어 있어서 총무원과 갈등을 노정시켰다.[27]

이 시기 선원 수좌들을 중심으로 새로운 선풍이 일어나 선학원이 창립되고 선우공제회가 창설된다. 선학원을 창립한 주역들은 구한말 경허와 용성의 제자들이었다. 선학원은 1920년 남전(南泉) · 도봉(道峯) · 석두(石頭) 등이 서울 중앙에 대표적인 선원을 만들자는 결의와 용성 · 만공 · 성월의 협의로 이루어졌으며, 1921년 11월 30일에

27 대한불교조계종 교육원(2001), 앞의 책, pp.90-97.

준공되기에 이른다. 여기에 수덕사의 만공이 핵심적인 인물로 활약하게 된다. 이어 1922년 선원 수좌의 모임인 선우공제회가 창설되었는데, 만공 · 학명(鶴鳴) · 성월 · 남전 등 35인이 창설 멤버였다. 선우공제회는 선학원에 본부를 두고 지방에 지부를 두었는데, 19개의 사찰이 참여하였고 충남지역의 정혜사와 개심사가 속해 있었다.

이 시기 한국 사찰의 경우도 도심에 포교당을 건립하고 재가 불교단체들이 결성되어 적극적인 불교 포교가 이루어지기 시작하였다. 충남지역에서도 마곡사가 공주 지역에 포교당과 논산지역에 포교당을 개설한다. 1918년 공주포교당의 포교사는 김만우였는데, 1922년부터 현서봉(玄瑞鳳)으로 바뀌게 된다. 현서봉은 보령의 중대암의 주지를 역임했던 인물이다.

공주포교당에서는 1922년 11월부터 야학을 만들어 불교학 · 한문 · 조선어 · 일본어 · 산술 등의 과목을 가르쳤다. 또한 석가탄신일과 우란분절의 행사를 거행하여 지역민의 참여를 이끌어내기도 하였다. 1925년 당시 이곳에는 청년회 · 부녀회 · 소년회 등이 조직되어 있었으며, 1926년에는 아리다라부인회가 조직되어 활발한 활동을 하였다. 창립총회 당시 아리다라부인회가 내건 목표는 첫째, 본 회원은 불교선전의 의무를 일체 부담함. 둘째, 본회원은 포교당의 유지 경비를 부담함. 셋째, 자선사업의 목적을 실행함. 넷째, 포교당 건축방침의 건 등이 포함되어 있다. 이러한 사실로 미루어 볼 때, 큰 재력을 갖추고 있을 뿐만 아니라 불교포교에 적극적이었음을 알 수 있다.[28] 또

28 사문경, 「1920년대 공주포교당의 운영과 활동」, 『한국불교학』 34집, 2003, pp. 367-386.

1926년 청소년을 대상으로 한 능인소년회가 조직되었는데, 현서봉이 고문으로 하고 곽상남(郭相南)을 회장으로 하여 총무·총무간사·문예부장·동간사·운동부장·구정부장·담화도서 부원·야구부·정구부·축구부·야학부 강사 등 조직이 구체적으로 세분화되어 있다. 이와 같이 소년회에서는 소년 소녀들을 불교계에 유도하기 위하여 웅변대회, 축구시합 등을 개최하였다. 또 소녀회도 조직하여 그 회원이 50여 명이나 되었다 하며, 실달타강습원을 설립하여 불교 경전을 강습하기도 하였다.[29]

1933년 12월 말 조선총독부 사회과에서 조사한 자료에 의하면 이 당시 전국적인 불교의 교세는 사찰이 1,338개, 승려가 6,792명, 포교소가 147곳, 포교자가 148명, 신도 수는 128,048명이었다. 충남의 경우 마곡사 본사 산하에 사찰이 103개, 승려가 653명, 포교소가 2곳, 포교자가 5명, 신도 수는 3,151명으로 나타나고 있다.[30] 물론 이러한 통계에서 신도 수의 경우는 납득하기 어려운 점이 있는데, 아마도 신도증을 정식으로 발급받은 인원을 말하는 것으로 보인다.

3) 민족말살정책과 조선불교조계종의 창종(1935~1945)

1935년부터 1945년까지의 시기는 만주사변 이후 일제가 중일전쟁과 태평양전쟁을 일으킨 시기로 모든 것이 전시체제에 따른 국가동원령체제로 전환되면서 민족말살정책이 실시되었다. 이 시기 불교계의 주요한 사건으로는 1941년 조선불교조계종의 창종을 들 수

29 위의 논문, pp.387-388.

30 대한불교조계종 교육원(2001), 앞의 책, pp.152-153.

있다. 일제는 사찰령을 통하여 불교계를 장악, 조정하면서 자생적인 종단의 등장을 허용하지 않고 있었다. 따라서 불교계 전체 중앙차원에서 승려들의 교육과 포교 등의 사업에는 분명한 한계가 있었다. 따라서 1920년대 이후 분열된 불교계를 통합하고 발전하기 위해서 총본산건설운동이 전개되었다.[31]

그러나 이러한 시도는 일제의 종교정책에 반하는 것이기 때문에 총독부에서 승인하지 않고 있었다. 그러던 것이 중일전쟁을 앞두고 한국불교계의 통일된 지원을 일제가 원하게 됨으로써 상황이 바뀌게 된 것이다. 총본산건설이란 31본산을 모두 총괄하고 한국불교를 대표하는 새로운 사찰의 건립을 의미한다. 일제와 한국불교계는 서로 추구하는 목표는 달랐지만, 한국불교계는 심전개발운동에 협조하고 일제는 총본산건설에 협조하는 형국이 조성되었다.

일제는 1935년 7월에 재경 주지발기회를 열고 여기에서 조선불교심전개발사업촉진회(朝鮮佛敎心田開發事業促進會)라는 단체를 결성하게 된다. 물론 이는 일제가 한국인의 정신을 개조하여 황국신민화하려는 의도에서 기도된 것이며, 내선일치(內鮮一致)를 기저에 깔고 있었다. 당시 승려들은 '심전(心田)'이란 말을 불교의 '마음'으로 이해하였고, 심전개발은 따라서 불성(佛性)을 찾아 개발하려는 것으로 이해하여 강연회 등에 연사로 참여하는 등 일제의 정책에 동조하는 모습을 보였다. 일제가 심전개발사업촉진회를 결성한 것은 불교계의 대표기관을 정비하여 그 통일된 힘을 새로운 전시체제에 동원하려는

31 김광식, 「대한불교조계종의 성립과 성격: 1941~1962년의 조계종」, 『선학』 34, 2013, pp.198-199.

의도를 가지고 있었던 것이다.

이 심전개발사업촉진회에서 불교계의 통합에 관심을 기울려 불교계의 통일기관 설치와 각황사 이전 신축의 문제를 논의하였다. 그리고 1935년 8월에 열린 본산주지회의에서 한국불교의 새로운 대표기관인 '조선불교선교양종 종무원'의 구성과 각황사의 건설에 관한 구체적인 사항을 결의하여 총본산건설을 사실화하였다. 그리고 1937년에 정읍의 보천교 십일전(十一殿) 건물을 지금의 조계사 자리로 옮겨 총본사의 대웅전을 짓게 된 것이다. 결국 1941년 4월 23일 부로 총본사를 '태고사'로 그리고 종명은 '조선불교조계종'으로 하는 '조선불교조계종 총본사 태고사법'이 인가되었다.[32]

충남의 심전개발운동에 대한 기록은 많은 곳에서 확인된다. 1937년 5월 8일에는 공주의 신원사에서 만여 명의 군중을 모아놓고 대규모의 심전개발에 관한 설교회가 개최되었다. 또 같은 해 8월 8일에 마곡사의 포교사 강습회에서는 김태흡을 초청하여 '지나사변과 총후(銃後)의 임무'라는 제목하의 시국강연회를 개최하였다. 김태흡은 1935년 『불교시보』를 창간하여 9년 동안 발행하였으며, 당시 심전개발에 관한 시국강연의 대표적인 연사이었다. 이러한 심전개발운동은 일본의 사찰을 통해서도 이루어졌다. 충남지역의 대표적인 사례는 1935년 6월 18~19일 양일에 거쳐 논산군 계룡산의 동본원사 포교소에서 개최된 전선승려대회(全禪僧侶大會)이며, 200여 명의 승려가 참여하였다. 여기에서는 심전개발운동을 추진할 구체적인 방법

32 위의 글, pp.201-202.

에 대한 논의도 이루어졌는데, 대전 동본원사 책임자와 동본원사 별원의 책임자는 물론 논산 군수 및 충남도 고등과장 등이 참석하였다. 이처럼 일본의 사찰과 관의 행정력이 동원되어 심전개발운동을 주도하였음을 볼 수 있는 대목이다.[33]

중일전쟁이 일어나자 일제는 불교계에 시국찬양·국방헌금·전쟁물자납부·전쟁 피해자 지원 등을 강요하였는데, 충남의 불교계도 이러한 강요를 피할 수는 없었다. 1937년 10월 5일에는 논산에 있던 마곡사 포교당에 관민 수백 명이 모여서 일본군의 무운장구기원제(武運長久祈願祭)가 열렸으며, 1938년 1월 27~2월 2일 사이에도 다시 무운장구 및 황군위령천도식을 개최하였다. 1938년 5월 7일 예산의 대련사(大蓮寺)에서 국위선양과 무운장구 및 전망장병을 위한 위령제가 거행되었다. 또 1939년 5월에서 11월 동안 4회에 걸쳐 마곡사에서는 불자에게 거둔 국방헌금 25원을 헌납하고, 매일 무운장구 기도를 실시하였다. 국방헌금은 1937년 11월 2일에 개최된 31본사 주지회의의 결정에 따라 마곡사에 배당된 금액이 200원이었으며, 이를 1938년 4월까지 충남사찰에서 모금하여 위문품 100건과 함께 전달하였다.[34]

1941년 태평양전쟁이 일어나면서 일제의 압박은 더욱 치열해졌다. 불교계에도 창씨개명을 강요하여 승려들 중에 개명한 자들이 있었다. 1942년 1월 1일부터 37일간이나 공주 갑사에서는 대동아전쟁 희생자의 영령을 기리기 위한 화엄산림법회가 승려 70명과 신도 40명

33 충청남도(1997), 앞의 책, p.1021.

34 위의 책, p.1022.

이 참석하여 개최되었다. 또 1943년 1월 17일에는 수덕사에서 시국 인식을 강화하기 위한 대담회가 열렸다. 전쟁이 가열되면서 승려들은 학도병이라는 이름으로 군대에 동원되었으며, 노동력 보충을 위한 조선불교근로보국대가 만들어져 마곡사 소속 승려 164인이 그에 편재되었다.[35]

조선불교조계종의 성립과 더불어 1935년 1월 선학원 계열의 수좌(참선을 주로 하는 승려)들이 중심이 되어 조선불교선종(朝鮮佛教禪宗)을 출범시키게 된다. '조선불교선종종헌(朝鮮佛教禪宗宗憲)'을 선포하고 대표 종정에 만공스님을 추대하고, 종정에 혜월(慧月)·수월(水月)·한암(漢巖)을 추대하게 된다. 이들 모두는 경허의 대표적인 제자들로서 수덕사 덕숭문중이 선종의 출범에 중추적인 역할을 하고 있음을 볼 수 있다. 선종의 출범으로 선학원은 중앙선원(中央禪院)으로 불리면서 전국 선원을 대표하는 위상을 가지게 된다.

당시 1935년 10월부터 1939년 1월까지 마곡사 주지를 역임하고, 수덕사의 선원의 주실이었던 만공의 활약은 대단하였다. 만공과 관련하여 다음과 같은 유명한 일화가 전해져 온다. 1937년 조선총독 미나미 지로(南次郎)는 그의 주재 하에 열린 31본산주지회의 석상에서 전임 총독이었던 데라우치 마사타케(寺內正毅)의 공덕을 찬양하였는데, 이 때 만공은 분연히 일어나 "전 총독 데라우찌야 말로 우리 조선을 망친 사람이오. 사찰령으로 인해 조선 중들이 왜놈 중을 닮아 취첩을 하고 육식을 하는 파계승이 되었으니 조선 중을 이 지경으로

35 위의 책, p.1023.

만들어 놓은 데라우찌는 지금 지옥에 떨어져 고생하고 있을 것이오."라고 일갈하였다. 이후 만공이 선학원으로 돌아왔을 때 이 소식을 들은 한용운은 만공의 등을 두드리며, "우리 만공이 정말 만공이야!"하면서 덩실덩실 춤을 추었고, 그곳에 있던 석우·적음·남전 등도 만공을 둘러싸고 함성을 질렀다고 전해진다.[36]

이 시기 승가교육을 위한 제도개선의 문제가 여러 차례 논의되었으나 실현되지 못하고 전통강원이 지속적으로 유지되었다. 전통강원은 사미과·사집과·사교과·대교과·수의과로 되어 있었다. 1937년 전국의 전통 강원 숫자는 32곳으로 나타나며, 재학 중인 학인 수는 646명이었다고 전해진다. 1938년에 통도사불교전문강원이 개설되어 33개였는데, 충남의 경우 마곡사에 마곡사강원이 있었고, 개심사에 개심사강원이 있었다. 그리고 금산에는 보석사강원이 있었다. 마곡사강원의 강주(講主)는 김설해(金說海)였으며, 1937년 당시 학인 수는 사미과 10명, 사집과 7명, 사교과 7명, 대교과 6명 등이었다. 개심사 강원은 강주가 안향덕이었으며, 당시 학인 수는 사미과 2명, 사집과 6명, 대교과 6명 등이었다. 동학사와 갑사에도 강원이 있었으나 이 당시 별 활약이 없었던 것으로 보인다.

이 당시 전국에는 많은 선원들이 있어 선풍을 떨치기도 하였다. 전국에 60여 개의 선원이 있어서 동안거와 하안거에 500여 명의 대중이 참여하였다. 충남지역의 경우 1941년의 기록을 보면 중앙선원에 만공이 조실로 있었으며, 대중은 하안거 11명, 동안거 14명이었

---

36 대한불교조계종 교육원(2001), 앞의 책, 130-131.

다. 충남지역의 경우 수덕사선원에 역시 만공이 조실로 있었으며, 대중은 하안거 11명, 동안거 18명이었다. 정혜사 능인선원 역시 만공이 조실이었으며, 하안거 18명, 동안거 16명이었다.

수덕사는 비구니선풍을 드날리고 있는 것으로 유명하다. 이는 1933년 만공에게 출가한 김일엽(金一葉)의 노력으로 이루어진 것이다. 본명은 원주(元周)이며, 일엽은 법명이다. 기독교의 가정에서 출행한 일엽은 이화여자 전문학교를 졸업하고, 일본 일신(日新, 닛신)학교에 다니면서 신문학운동과 여성운동을 하였다. 1920년 우리나라 최초 『여성잡지』인 『신여자』를 창간하여 주간이 되었으며, 『폐허』의 동인으로 활동하면서 시, 소설, 수필 등을 발표하였다. 이후 『불교』지의 문예부 기자를 거쳐 1927년 신간회의 방계 단체인 근우회의 발간인으로 활동했던 인물이다. 1933년 수덕사 만공스님에게 출가한 일엽은 1971년 입적하기 이전까지 40여 년을 수덕사에서 비구니들에게 만공의 선풍을 전하는데 일생을 바쳤다.[37]

3. 충남지역에 있어서 일본불교의 침투 현황과 특징

1) 충남지역의 일본불교 침투 현황

일제강점기 한국에 침투된 일본계 종교는 일본불교와 교파신도 그리고 일본기독교 등이 있는데, 그중 불교계가 차지하는 비중이 가

37 김순석, 「개화기불교」, 『충청남도지』, 2008, 381-382.

장 크다. 김태훈은 『조선총독부관보』를 분석하여 이 시기 들어온 일본불교로 진종(眞宗), 진언종(眞言宗), 조동종(曹洞宗), 정토종(淨土宗), 일련종(日蓮宗), 법화종(法華宗), 임제종 등이 들어 왔고, 교파별 포교 거점수의 비율을 통해 보면 불교계가 955개소로 전체의 66%를 차지하고 있다고 말한다.[38] 또 김경집은 "일제강점기 한국 전역에 세워진 일본불교 사찰을 분석하면 경기(경성) 181개, 경남(부산) 161개, 충남 81개, 함북 77개, 경북과 전남 71개, 전북 61개, 함남 47개, 황해도 40개, 평남 38개, 강원도 32개, 그리고 충북과 평북이 각각 20개였다."[39]라고 밝히고 있다. 이에 의하면 전체 890개의 사찰 가운데 충남지역의 사찰이 82개로 9.1%를 차지하고 있다.

김태훈(2020)과 김경집(2023)의 연구는 『관보』를 분석하여 이 시기 일본불교의 유입 내지 침투의 내용을 상세히 분석하고 있다. 김태훈은 식민지 조선에 들어온 일본계 종교에 대한 연구의 성격에 대하여, ① 식민지 침략사적 측면에서의 연구 ② 한일 종교 교류사적 측면에서의 연구 ③ 제국사적 종교 연구 등 세 가지의 경향이 있다고 밝히고 있다.[40] 이러한 김태훈의 관점에 의하면 김경집(2023)의 연구는 '식민지 침략사적 측면에서의 연구'라고 분류할 수 있을 것 같다. 이는 "일제강점기 한국에 진출한 일본불교의 종파별 교세 현황을 파악하는 일은 일제의 식민지 불교 정책을 파악하는 연구이다. 그 내용을

38 김태훈, 「『조선총독부관보』로 보는 일본계 종교 유입의 전체도」, 『공존의 인간학』 4, 전주대 한국고전학연구소, 2020, pp.245-246.

39 김경집, 「일제강점기 한국에 진출한 일본불교의 종파별 교세현황에 대한 연구」, 『보조사상』 65집, 2023, p.194.

40 김태훈(2020), 앞의 글, pp.236-239.

밝혀야 하는 것은 일제와 공모해서 문화적 침략을 자행했던 일본불교의 활동 역시 잊어서는 안 되는 침략의 역시이기 때문이다."[41]라는 말을 통해 분명히 알 수 있다.

『관보』의 내용은 방대한데 여기에 수록된 내용은 권동우의 다음의 글을 통해 요약할 수 있다.

> 『관보』의 "사사, 종교" 관련 기록은 포교관리자인가, 포교관리자변경인가, 포교소이전 및 포교관리자변경인가, 포교관리사무소위치변경, 포교계출(布教届出), 포교소소재지변경, 포교담임자선정계, 포교담임자변경계, 포교소명칭변경계, 포교소폐지계, 포교자거주지이전계출, 포교자사망, 주지취직인가, 주지이동, 주직(住職)이동, 사원(寺院)창립허가, 사찰폐지허가, 사유림(寺有林)벌채허가, 사유임야매각허거, 사유건물폐기처분허가 등의 범주로 구성되어 있다.[42]

이 시기 『관보』에는 이 시기 충남지역에서 창립된 일본불교 사찰은 모두 8개가 확인된다. 종파별로는 정토종 3개, 진종본원사파 2개, 고의진언종 1개, 기타 2개이다. 이를 시기별로 정리하면 아래의 <표 2>와 같다.

41 김경집(2023), 앞의 글, p.196.

42 권동우, 「일제강점기 교파신도의 조선포교 양상 연구 – 『조선총독부관보』(1911~1945) 기록을 중심으로 –」, 『민족문화연구』 95호, 고려대 민족문화연구원, 2022, pp.227-228.

〈표 2〉 일제강점기 충남지역의 일본불교 사찰[43]

일시	내용	사찰 소속, 이름	주소	신청인
1916.7.6.	창립	정토종, 大淨寺	대전군 대전면 본정 1정목 27번지	內藤氏雄외 29명
1916.9.28.	창립	정토종, 淨江寺	논산군 강경면 북정	小林政助외 30명
1920.3.20.	이전	정토종, 淨江寺	논산군 강경면 대정정	
1928.9.21.	창립	大典禪寺	천안군 천안면 읍내리	
1930.8.15.	창립	진종본원사파, 光照寺	대전군 대전면 본정 1정목 67-3번지	
1934.5.22.	창립	진종본원사파 善照寺	논산군 강경읍 본정 115번지	
1936.5.27.	창립	고의진언종 大安寺	천안군 천안읍 읍내리 228번지	
1938.4.14.	창립	興龍寺	대덕군 탄동면 추목리 605번지	李象龍외 50명
1942.12.14.	창립	정토종 善光寺	공주군 공주읍 용당정 12번지	

위의 <표 2>에서 볼 수 있는 바와 같이 지역적으로는 대전, 천안, 공주, 논산, 대덕 지역에 위치하고 있으며, 8개의 사찰 가운데 흥룡사는 민족종교의 하나인 수운교가 당시 '흥룡사'로 이름을 바꾸어 일본불교로 분류되어 있다. 이외에 사찰명이 확인되는 것은 '제2장 주직이동'의 조인데, 여기에는 위의 8개의 사찰 외에 예산군 예산면

43 대한불교조계종총무원, 『조선총독부관보 불교관련자료집－일제시대 불교정책과 현황』(하), 선우도량출판부, 2001, pp.347-367: '제7부 일본불교, 제1장 사찰창립 및 변경' 조.

소재예산사(禮山寺), 대전군 대전면 춘일정 1정목 소재 일광사(日光寺)의 이름이 보인다.[44] 이와 같이 『관보』에서 확인되는 당시 충남지역의 일본사찰 수는 9개로 적은 수가 창립하였음을 알 수 있다. 당시 한국 사찰의 수를 살펴보면 1912년 당시 마곡사의 본말사가 114개였고, 1917년 6월 4일자 『관보』에 의하면 당시 전국의 사찰 수는 1,401개였고, 충남지역의 사찰 수는 78개였다. 승려 수 '충남(전국)'는 비구 331인(6,920인), 비구니 270인(1,420인)이었다.[45]

『관보』를 통하여 당시 충남지역의 일본불교의 활동 현황을 좀 더 세밀히 알 수 있는 것은 '포교'와 관련한 것이다. 이는 『조선총독부 관보 불교관련자료집-일제시대 불교정책과 현황』(하)의 405쪽에서 847쪽까지 442쪽에 걸쳐 나타나 있는 전국의 포교 관련 내용을 확인하면 그 대강을 알 수 있다. 김태훈은 『관보』를 분석하여 일본불교의 지역별 신규포교소 설립분포를 밝힌 바 있는데, 논의를 위해 이를 소개하면 다음의 <표 3>과 같다.

〈표 3〉 일본불교계 지역별 신규 포교소 설립분포[46]

	본원사파	대곡파	진언종	조동종	정토종	일련종	그외	합계
경성	12	4	40	10	13	7	33	119
부산	8	4	24	12	4	1	10	63
경기도	16	8	21	13	4	6	9	77
충청도	14	35	18	15	9	2	8	101

44 위의 책, p.391.

45 대한불교조계종총무원(2001), 『조선총독부관보』(상), 앞의 책, p.816.

46 김태훈(2020), 앞의 글, p.253 재인용.

전라도	22	24	32	32	7	7	14	138
경상도	30	20	43	51	12	12	22	190
강원도	7	5	6	10	0	2	5	35
황해도	16	5	8	4	6	4	3	46
평안도	11	9	17	12	9	5	6	69
함경도	36	10	16	21	10	10	14	117
합계	172	124	225	180	74	56	124	955

위의 도표를 보면 『관보』에 나타난 충청도의 포교소 수가 101개로 나타나 있다. 그런데 1916년도 9월 말 충남과 충북의 포교소 수를 확인해 보면, 충북이 5개이며 충남이 19개이다.[47] 이에 근거해 추산해 보면 충북이 25개 내와 충남이 75개 내외의 포교소가 있었다고 추정할 수 있다.

이 시기 충남지역의 포교소에 대하여 『관보』에서 확인해 보면, 1912년 3월 7일 논산에 진종대곡파본원사 포교소가 설립을 시작으로 다음과 같이 나타나 있다.[48]

1912년: 진종대곡파본원사 포교소(논산 / 강경), 조동종 포교소(공주)

1913년: 진언종 고야파 포교소(온양 / 예산), 일련종 포교소(대전), 진언종 본원사파(대전)

1914년: 진언종 고야파 고야산 대사교회(논산)

1915년: 조동종 포교소(홍성), 일련종 포교소(대전), 진종본원사파 포

47 대한불교조계종총무원(2001), 『조선총독부관보』(하), 앞의 책, p.465.

48 위의 책, pp.405-847.

교소(강경 / 대전), 진종대곡파 포교소(공주 / 논산), 진언종 각파 연합(조치원 / 대전 / 강경 / 논산), 정토종 포교소(대전 / 강경)

1916년: 진종 본원사파(대전), 조동종 포교소(부여), 조동종 양본산 포교소(천안)

1917년: 조동종 포교소(대전), 정토종 교회소(공주)

1918년: 진언종 각파연합(강경), 진종본원사파 포교소(부여), 신의진언종 지산파포교소(영동), 정토종 두마면 출장포교소(논산), 임제종 묘심사파 포교소(보령)

1919년: 조동종 포교소(홍주), 정토종 조치원 교회소(조치원), 진종대곡파 포교소(조치원)

1920년: 진종 논산동명교회(논산), 진종본원사파 포교소(천안)

1921년: 진종대곡파 포교소(논산), 진종본원사파 동붕교회(논산), 진언종 각파연합 고야산 대사교회 예산포교소(예산)

1922년: 진종대곡파 본원사 광천포교소(홍성), 본문법화종 대본산 본능사포교소(강경), 진종대곡파 본원사 공주포교소(공주), 조동종 고도포교소(홍성), 조동종포교소(조치원)

1923년: 진종대곡파 대전포교소(대전), 진종본원사파 온양포교소(온양)

1925년: 조동종 포교소(부여 / 대전 / 조치원 / 홍성)

1926년: 조동종 포교소(공주), 고의진언종 고야산대사교회 서산지부(서산)

1927년: 진언종 제호파 수험도(대전), 조동종 포교소(서산), 진종본원사파 대점 포교소(대전), 진언종 고야산대사교회(조치원 / 천안 / 성환 / 예산 / 논산 / 강경 / 대전)

1928년: 진언종 제호파 수험도 대전분교회(대전), 본문법화종(강경), 일련종 대전포교소(대전), 진종대곡파 포교소(조치원 / 공주)

1929년: 조동종 온천리 포교소(아산)

1930년: 임제종 묘심사파(대전), 고의진언종(천안), 신의진언종 지산파(대전), 진종대곡파 본원사 신도내 포교소(논산)

1931년: 고의 진언종 고야산대사교회 온양지부(온양)

1932년: 진종 대곡파(대전 / 논산), 신의진언종 지산파(논산), 고의 진언종 고야산대사교회(강경 / 조치원 / 대전 / 논산), 조동종 포교소(서천)

1933년: 정토종 포교소(대전), 고의진언종 고야산 대사교회(조치원)

1934년: 조동종 포교소(홍성), 진종대곡파 본원사 신도내포교소 연산출장소(논산), 고의 진언종 고야산대사교회(천안), 진종 본원사파(천안, 온양)

1935년: 신의진언종 지산파(강경), 진종 본원사파(은진 / 홍성 / 논산 / 천안), 정토종 두마출장소(논산), 조동종 포교소(대전 / 장항)

1936년: 진종 본원사파(보령 / 논산 / 금산), 정토종 공주교회소(공주), 조동종 포교소(홍성), 일련종 일성원포교소(천안)

1937년: 임제종 묘심사파(대전), 신의진언종 지산파 장항포교소(서천), 임제종 묘심사파 대천포교소(보령), 임제종 묘심사파 청라포교소(보령), 조동종 와룡포교소(천안), 진종본원사파 대천포교소(보령)

1939년: 정토종 공주교회소 출장포교소 영일암(공주), 신의진언종 지산파 대전포교소(대전), 진종대곡파 본원사 불명산포교소(논

산), 진종대곡파 본원사 신도내포교소 발산리 출장소(연기)

1940년: 진종본원사파(보령), 진종대곡파(대덕 / 대전 / 서천)

1941년: 진언종 동사파 논산포교소(논산), 일련종(대전)

1942년: 지산파 장항교회(서천), 지산파 진언사교회(논산), 지산파 대조사교회(대전), 진언종 광명사교회(천안), 진언종 논산지부교회(논산), 진언종 강경교회(강경), 진언종 대전교회(대전), 진종 대곡파 흥룡사 유성출장소(대덕)

1943년: 진종 대곡파(대덕 / 논산)

1944년: 진종 대곡파(대덕 / 논산)

2) 일본불교의 활동과 영향

위의 절에서 『관보』에 나타난 일본불교의 포교소의 수를 연도별로 정리하고서 종파별 수를 명확히 밝히지 않은 것은 아직까지 한국불교학계에서 일본불교에 대한 담론이 본격화되지 않았기 때문이다. 예를 들어 진종 대곡파는 동본원사를 말하고, 진종 본원사파는 서본원사를 말하는데, 이러한 구분조차 공유되어 있지 않은 것이 현실이다. 따라서 김태훈과 김경집이 밝힌 포교의 수 또한 분류기준을 명확히 하기 전까지는 확정하기 어려운 점이 있는 것이다.

일제강점기 한국에 침투한 일본불교 활동의 공통적인 특징 속에서 충남지역에 침투한 일본불교의 특수성을 밝히고, 나아가 이러한 특수성이 충남의 한국불교의 특수성과 어떠한 상관성이 있는지를 밝히는 것은 이 주제에 관련한 핵심적인 사항 중의 하나이다. 그러나 논자의 역량과 현재의 연구의 축적 정도를 감안하면, 이러한 문제에 대하여 명확한 의견을 제시하는 것은 어려울 것 같다. 이는 추후의 과제로 남겨두어야 할 것 같다.

우선 충남지역에서 활동했던 일본불교의 신앙의 주체와 포교의 대상이 주로 국내 거주하는 일본인들이었다는 점에서 그 활동의 범위는 제한적이라고 할 수 있다. 보인다. 일제강점기 일본불교의 한국포교는 기본적으로 제국주의의 일환으로 실시되었던 성격이 강하다. 일본불교의 침투는 일본사찰이 전면에 나서기도 하였으나, 재가불자들이 적극적으로 나서 단체를 결성하는 양상이 나타나게 되는데, 대표적인 것은 1920년에 만들어진 조선불교단(朝鮮佛教團)이었다. 재조선 일본인 불자들과 친일 인사 중 불교신도들이 연합하여 만들어진 이 단체는 불교교리보급, 일본으로 유학생 파견, 사회사업을 시행하면서 일제의 식민정책에 적극적인 도움을 주었다. 충남에는 1927년 공주에 그 지부가 설립되었다.[49]

일본불교 세력은 막부정권이 무너지고 천황제가 성립하는 과정에서 끝까지 막부정권을 후원하였다. 그런 까닭으로 천황제가 확립된 후에는 스스로 교단을 지키기 위한 자구책의 일환으로 일제에 충성을 약속하면서 해외포교에 적극적으로 나아갔다. 이들이 개항기 한국에 들어와 위생적인 생활과 직업교육·유치원 설립 등의 근대적인 교육을 보급시킨 것은 일제의 침략 의도를 은폐시키기 위한 술책이었다.[50] 이러한 입장은 일제강점기 충남지역의 포교활동에 있

49 충청남도(1997), 앞의 책, pp.1019-1020.

50 김순석, 「근대 일본 불교 세력의 침투와 불교계의 동향」, 『한국학연구』 18, 인하대 한국학여구소, 2008, p.23.

어서도 그대로 나타나고 있다고 할 수 있다.

앞의 포교소의 설치에서 볼 수 있듯이 충남에 침투한 일본불교의 교단 가운데 조동종, 정토종, 진언종, 진종 대곡파, 진종 본원사파 등이 두드러지지만 이러한 점이 충남 지역과 종파와의 상관이 있다고 말하기는 어려울 것 같다. 김태훈과 김경집의 선향 연구에서 볼 수 있듯이 일본불교 포교의 일반적인 현상과 궤를 같이한다고 볼 수 있을 것 같다. 이와 관련된 사항도 추후 좀더 연구해보아야 할 과제이다.

4. 나가며

해방된 지 어언 80년이 다가온다. 35년간의 일제강점기에 살았던 선조들이 역사의 뒤안길로 사라지면서 표면적으로 일제의 흔적은 자취를 감추었지만, 그 영향력은 지속되고 있다는 점에서 현재 우리의 삶과 무관하지 않다. 불교학을 전공하는 입장에서 일제강점기의 불교를 생각하면 마음이 편치 못하다. 일제가 식민통치의 도구로 만들어 놓은『관보』를 통하여 이 시기 불교계를 현황을 살펴보아야 하는 현실 또한 불편하긴 마찬가지이다.

충남지역은 일찍이 찬란한 백제불교를 꽃피웠고, 통일신라와 고려시대까지 내포지역을 중심으로 불교문화를 발달시켰다. 그러나 조선시대 기호유학의 중심지로 또 근현대 계룡산을 중심으로 신종교의 요람이 되었다. 일제강점기 이 지역의 불교는 경허와 만공으로 이어진 선원 수좌들의 간화선 수행에 의하여 덕숭문중이 형성되어 근현대 조계종 탄생의 밑거름이 되었다. 일제에 의하여 강탈된 식민지 상황 속에서 종교의 사회적 역할은 더 엄중하다고 할 수도 있지만, 이 시기 불교계가 그러한 역할을 제대로 수행했는지는 의문이다.

일제강점기 한국 내 일본불교의 활동에 대하여 '포교'가 아닌 '침투'라는 용어를 사용한 이유는 이 시기 일본불교가 일본의 한반도 침략을 위한 전위부대의 역할과 식민지 정당화를 위한 역할로 이어졌던 측면이 강하다고 생각했기 때문이다.[51] 물론 부처님의 가르침을 따르는 불자라는 점에 있어서 한국불교와 일본불교가 차이가 있다고 말할 수는 없을 것이다. 그럼에도 일제강점기 활동했던 많은 종파의 일본불교가 해방 이후 모두 본토로 돌아갔다는 점에서 순수한 포교라기보다는 일제의 침략적 도구의 측면이 강했다고 평가할 수 있다.

1992년 11월 20일에 조동종이 내외에 표명한 「참사문(懺謝文)」이 2012년 9월 16일에 군산 동국사에서 비문으로 세워졌다. 거기에는 다음과 같은 내용이 실려 있다.

> 우리 조동종은 메이지 유신 이후 태평양전쟁 패전에 이르기까지 동아시아를 중심으로 아시아 전역에서 해외 포교라는 미명하에 당시의 정치권력이 자행한 아시아 지배 야욕에 가담하거나 영합하여 수많은 아시아인들의 인권을 침해해 왔다. …(중략)… 설령 제아무리 완벽한

51 원영상, 「근대 일본불교의 한반도 유입의 초기 전개 양상」, 『한국불교학』 87, 2018, p.351.

> 이론으로 무장해 나타나더라도 어떤 하나의 사상 혹은 신앙이 다른 존재의 존엄성을 침해하거나 다른 존재와의 공생을 거부한다면 우리는 함께 하지 않을 것이다.

본고에서 살펴본 바와 같이 충남지역에 침투했던 일본불교 가운데 가장 크게 활동하였던 종단 중의 하나가 조동종이었다. 위의 비문의 내용은 우리에게 많은 생각을 가지게 한다. 일제강점기의 불교에 대한 연구자의 자세가 어떠해야 하는가를 숙고하게 해주는 글이라 생각한다.

본고는 일제강점기 충남지역의 불교계에 대한 연구에 대한 시론적 성격의 글이다. 이 시기 활동하였던 충남지역의 한국불교와 일본불교의 현황에 대하여 선행 연구를 참조하여 정리한 것이 전부라 할 수 있다. 그럼에도 불구하고 충남이란 지역을 중심으로 하여 일제강점기 불교계의 활동과 특징이 무엇인지를 살피고자 하는 사람들에게는 안내서로서의 역할은 할 수 있을 것이다.

제9장

조선교회의 자립과 자치 담론 다시 읽기

1910년대의 일본조합교회 포교와 최중진의 자유교회를 중심으로

배귀득

1. 들어가며

1911년에 조선전도를 시작한 일본조합교회(이하 조합교회)는 1910년에 전라지역을 중심으로 활동하던 최중진의 자유교회와의 만남이 계기가 되어 식민지 조선에서 전도활동을 본격적으로 실시하게 된다. 그 후 조합교회는 기존의 교권에서 독립한 자유교회를 포섭하며 그 세력을 확장시켜 나갔다.

이러한 조합교회와 자유교회에 관한 연구는 종교, 역사분야에서 현재까지 꾸준히 진행되고 있음에도 불구하고 기존 선행 연구들의 평가는 다음과 같이 크게 두 가지 관점으로 축약된다고 할 수 있다. 첫째, 조합교회의 조선전도는 제국일본의 지배이데올로기를 몸소 실천한 종교적 첨병 또는 기독교의 보편적 인류애적 사랑을 실천하지 못한 일본기독교의 한계로 귀결된다.[1] 둘째, 최중진의 자유교회는 서구선교사로부터 독립한 자주 및 자치를 이룬 상징적 존재로 높게 평가하면서도 그 독립의 귀결이 식민지 지배국의 교회인 일본조합교회였다는 사실은 조선교회의 굴절된 상태 또는 최중진의 잘못된 판단이라는 개인적 문제로 수렴된다.[2]

이처럼 선행연구들의 논리가 국한적일 수 밖에 없는 배경에는 조선총독부의 정신적 첨병 역할을 담당한 일본조합교회의 조선전도와 그에 대항한 민족교회로서의 조선의 기독교라는 이항대립적인 인식체제를 기존의 선행연구가 비판적 고찰없이 답습함으로써 연구의 확장이 일어나지 못 하고 있기 때문이다.

그런데 기존의 선행연구의 논의와는 달리 최중진의 자유교회와 조합교회는 서구선교사로부터 독립한 교회라는 공통된 경험을 공유하고 있었다. 당시 두 교회가 서구선교사의 선교정책의 일환으로 실시된 현지 교회의 자치와 자립이라는 논리에 촉발되기는 했지만,

---

1 강신룡, 「日本組合教会の朝鮮伝道に関する研究」, 동지사대학 대학원 신학연구과, 석사학위논문, 1993; 정성하, 「일본조합교회와 일본제국주의: 일본조합교회의 조선전도를 중심으로」, 『신종교연구』 Vol.2, 한국신종교학회, 2000; 육기수, 「최중진연구－호남지방의 선교활동을 중심으로」, 전주대학교 선교신학대학원 석사학위논문, 2002; 서정민, 『한일기독교관계사연구』, 대한기독교서회, 2002; 양현혜, 『근대한일관계사 속의 기독교』, 이화여자대학출판사, 2009.

2 김수진, 『호남선교100년과 그 사역자들』, 고려글방, 1992; 김수진, 『매계교회 100년－한국 최초 자주교회를 선언한 역사적 교회』, 매계교회100년사출판위원회, 2002; 김기대, 「일제하 개신교 종파운동연구」, 한국중앙연구원 한국학대학원 박사논문, 1996; 이진구, 「일제하 기독교종파의 형성과 유형」, 『한국종교』, 제37집, 2014; 서요한, 「한국교회사에 나타난 초기 이단종교연구」, 『한국기독교신학논총』 94집, 2014; 최운상, 「호남 최초 목사 최중진에 관한 선교사적 고찰(변혁적 사회 리더쉽과 멘터링을 중심으로)」, 총신대학선교대학원 석사학위논문, 2017; 송형강, 『미국 남장로교의 한국선교』, 한국기독교역사연구소, 2018; 이재근, 「호남 첫 목사 최중진(崔重珍, 1871~1932)의 다면적 생애와 활동」, 『한국기독교와 역사』 제60집, 2024.

거의 비슷한 시기에 서구선교사로부터 독립했다. 물론 두 교회의 독립이 다른 양상과 결과로 전개되기는 했지만, 두 교회 모두 서구선교사로부터의 독립이 곧 서구기독교의 극복을 의미하기도 했다. 특히 조합교회의 경우, 외부적으로는 외래종교라는 인식을 불식시키고 일본기독교인이자 충성스러운 신민임을 증명해야 하는 동시에 내부적으로는 서구선교사로부터의 강한 자립정신을 증명할 수 있는 타민족에 대한 전도를 통해 자신들의 국가적 아이덴티티와 종교적 아이덴티티를 증명해야만 했다. 이 두가지를 동시에 충족시킬 수 있는 것이 다름아닌 조선인을 대상으로 한 조선전도였다. 또한 이러한 조합교회의 내부 상황과 조선총독부의 기독교 정책이 일치한 결과가 조선전도였던 것이다.

한편, 최중진은 서구선교사로부터 독립 후에 자유교회를 하나의 교파운동으로 전개했다. 이 과정에서 조선총독부의 협력과 사법적인 방법을 동원하며 서구선교사와 교회당을 둘러싼 소유권 싸움을 이어나갔다. 이와 같이 자유교회가 일본조합교회에 가입한 배경에는 두 교회 모두 서구선교사로부터 독립한 교회라는 공통점이 크게 작용했다.

아래에서는 이러한 문제의식을 바탕으로 일본조합교회의 조선전도를 서구선교사로부터의 자립과 자치라는 관점에서 재고(再考)함과 동시에 식민지 조선에서 조선교회의 자치와 자립이 어떤 양상으로 전개되었는지를 밝혀내고자 한다. 또한 이러한 작업은 식민지 조선에서 조선교회의 자치와 자립을 지금까지의 담론과는 달리 서구선교사, 조선교회. 일본교회, 조선총독부라는 4자의 관계성 속에서 다시 읽어내고자 하는 시론(試論)임을 밝혀둔다.

2. 아메리칸 보드의 일본전도와 전도방침

1869년 아메리칸 보드(American Board of Commissioners for Foreign Missions, 이하 보드)는 보드 제60년회 연차총회에서 일본 전도를 결의하고 같은 해 그린(Daniel Crosby Green) 부부를 일본에 파견했다. 1810년에 미국 최초의 외국전도단체로 출범한 보드는 처음에는 교파가 협력하는 단체(회중, 장로, 개혁)였으나 이후 장로, 개혁 두 파가 분리되어 70년대에는 회중파[3] 조직이 되었다.[4] 회중파 교회를 모체로 하는 보드는 교회정치에서 '회중주의'를 내세우며 각 교회가 가지는 교회성을 우선시하는 제도를 실시했다. 각 교회의 '자치와 자급'을 중시하는 것이 그 특징이었다. 보드의 회중주의는 일본전도에서도 자치・자급하는 교회의 설립이라는 전도방침으로 실시되었다. 보드가 초기 일본전도에서 실시한 전도방침은 앤더슨주의라 불리는 자급・자치・자력전도론(self-governing, self-supporting, self-propagating)으로 선교사가 현지인을 기독교로 개종시키고 현지인에게 현지교회를 조직하게 한 뒤 해당 교회를 현지인 전도자에게 양도하고 최종적으로는 해당 교회를 자치・자급교회로 만드는 것에 중점을 두었다.[5] 이에 보드의 첫 일본 파견 전도사인 그린은 곧바로 고베를 전도 거점으로 선정하고 보드의 전도 방침에 따라 자급・자치・자력전도를 실시했다.

---

3 회중파(会衆派)는 교회정치에서 교인 각자의 직접민주주의와 각 교회의 자치자급을 중시하는 교파를 가리킨다. 기독교사학회 편, 『宣教師と日本人—明治キリスト教史における受容と変容』, 教文館, 2012, p.174.

4 위와 같음.

5 위의 책, p.177.

초기의 재일본 보드선교사들은 자신들의 전도방침에 따라, 연회 결의에서 교직을 목표로 하는 학습자에 대한 경제적 원조를 금지하는 결의에 합의하고, 그 이듬해 연회에서는 성경을 무료로 배포하는 것을 원칙적으로 금지했다. 그리고 일시적으로 고액이 필요한 회당 건축의 경우는 선교회에서 자금을 원조하지 않는 것이 원칙이었으나, 선교회가 예배를 위해 이용하는 예배당으로 그 교회가 앞으로 자급할 수 있다는 판단이 설 경우에는 선교회가 보조금을 지급할 수 있었다.[6] 목사의 봉급이나 교회 경비는 교회의 자금으로 마련하는 것이 원칙이었으나, 예배당을 빌려쓰는 경우는 선교회가 집세를 원조했으며, 선교사가 목사에게도 일을 의뢰하여 경제적으로 도움을 주었다.

그런데 1879년에 발생한 동지사영학교(同志社英学校)의 경제적 원조 문제를 기점으로 초기 재일본 보드 선교사들의 전도 방침이 내외적 요인에 의해 '독립교회' 설립에서 '협력전도'로 전환된다. 이런 가운데 1895년에 일본조합교회는 아메리칸 보드의 경제적 원조를 거절하고 독립을 완수하게 되는데, 이런 과정에서 부상한 것이 다름 아닌 조선전도였다. 따라서 다음 장에서는 아메리칸 보드와 일본조합교회의 독립문제를 조선전도와의 관련성에서 고찰해 보고자 한다.

6 土肥昭夫,『日本プロテスタント教会の成立と展開』, 日本基督教団出版局, 1975, p.103.

3. 아메리칸 보드로부터의 독립과 조선전도

1879년을 기점으로 자급노선에서 협력노선으로 전환된 일본 선교의 전도방침은 1895년 일본조합교회(조합교회 이하)가 선교회로부터의 재정지원을 거절함에 따라 새로운 국면을 맞이한다. 1895년 조합교회는 전도회사에 대한 선교회의 지정 기부금을 사절하고 자급독립을 위해 교단 체제를 정비해 나간다. 조합교회가 선교회의 기부금을 거절하고 독립하기까지의 경위나 상세한 내용에 대한 고찰이 별도로 필요하지만, 아래에서는 조합교회의 독립문제를 조선전도와의 연관성에서 살펴보도록 하겠다.

1895년 조합교회는 제10차 총회에서 전도단체인 전도회사에 대한 선교회의 지정 기부금을 사절하는 결의를 하였다. 조합교회가 보드의 선교사로부터 독립을 단행한 외부적 요인에는 청일전쟁 이후 고조된 국수주의에 의해 기독교가 외래종교로 배척당하면서, 교회 내부에서는 일본 기독교가 아무리 충군애국을 설파해도 서구 선교사에 의존하고 있는 한 전도활동은 어렵다는 위기감이 팽배했다.[7] 그리고 1890년 이후 조합교회와 동지사의 새로운 지도자로 부상한 구마모토 밴드의 에비나 단조(海老名弾正), 오자키 히로미치(小崎弘道), 요코이 토키오(横井時雄) 등이 신신학(新神学)을 도입하게 되면서 당시 복음주의적 입장을 취하고 있던 선교사들과 신학적 입장에서 충돌할 수 밖에 없었다.[8]

---

7 土肥昭夫,『日本プロテスタント・キリスト教史』, 信教出版社, 1980, p.146.

8 일본에 신신학이 소개된 것은 1885년부터 1880년대말 무렵으로 보급복음교회,

이런 분위기 속에서 구마모토 밴드의 중심인물인 오자키는 1893년 시카고에서 열린 만국종교회의의 일본 기독교 대표로 참석했다. 종교회의에서 그는 조합교회 목사들은 복음주의적 앤도버 신학보다 더 자유로운 신학적 입장을 가지고 있으며, 일본 선교사의 역할은 어디까지나 일본 교회의 보조자일 뿐 일본 교회가 발전한 것은 유력한 일본 신자들이 있었기 때문이라고 연설했다.[9] 또한 요코이는 일본의 교회 발전이 지연되고 있는 요인으로 선교사 문제를 통렬하게 비판하면서, 일본 교회의 진보를 위해서는 우선 선교사의 지배에서 벗어나 일본인 스스로가 독립교회를 이루어야 한다고 주장했다.[10] 이 때문에 선교사와 구마모토 밴드는 신학, 교회정치, 경제 문제에 이르기까지 서로 대립할 수 밖에 없었고, 양측의 간극은 깊어져만 갔다.

이후 조합교회는 교회를 둘러싼 내외적 요인을 계기로 보드 선교사로부터의 독립을 단행하게 된다. 그런데 여기서 주목할 점은 선교회로부터의 독립을 이끈 중심세력이 에비나 단조를 위시한 구마모토 밴드 출신이었다는 점이다. 그리고 조합교회의 독립은 이들 구마모토 밴드를 중심으로 반선교사적 흐름 속에서 진행되었다.

독립운동에 착수한 조합교회는 1906년에 선교회로부터 39개의

유니테리언, 유니버셜리스트의 영향을 크게 받았다. 일본에 소개된 신신학은, 삼위일체와 성경의 무오설을 부정하며, 성서에 대한 비평적 입장과 예수를 신이 아닌 인류의 이상적 인간으로 보는 것이 특징이다. 鈴木範久, 『日本基督教史—年表で読む』, 教文館, 2017, p.144.

9 土肥, 앞의 책, 『日本プロテスタント教会の成立と展開』, p.124

10 横井時雄, 「日本独立教会創立の私議」, 『六合雜誌』 第145号, 1893년 1월 25일, pp.35-38.

보조교회를 인수하여 독립을 완수했다. 독립을 완수한 조합교회는 먼저 내부적으로 조합교회 규칙을 개정해 조직을 통일시키고 외부적으로는 대외전도에 착수했다. 이 시기부터 조합교회가 가장 힘을 쏟은 것이 다름아닌 집중전도였는데, 1908년에는 전도대회를 경성과 평양에서도 개최했다. 그런데 집중전도가 1909년를 기점으로 확장전도로 말 그대로 확장되면서 그 확장전도의 연장선상에 조선전도가 등장한다. 확장전도에 관한 내용을 확인해 보면 다음과 같다.

> 같은 해(43년) 가을 동경에서 열린 총회에서는 새로운 전도지의 협동 경영(공동 경영)에 대해서는 위원을 선출해 아메리칸 보드와 교섭하게 하고, 기존의 자치론은 독립 완성과 함께 완전히 확장론으로 변하게 되었다.[11](밑줄은 필자)

여기에서 기존의 자치론은 선교회로부터의 독립을 완수함에 따라 다음 단계인 확장론으로 전환되었음을 알 수 있다. 그리고 조합교회는 1910년 고베교회에서 개최된 제26차 총회에서 조선인에 대한 전도를 결의하고 확장전도의 새로운 전도지로 부상한 조선전도에 대해서 일본인 기독교 신자들의 책임을 다음과 같이 호소하고 있다.

> 지금 국운 대발전의 시기에 처해 나라 안팎의 정세는 우리로 하여금 더욱더 그리스도의 복음을 전파하고 신국 건설의 대업에 대한 우리 교

---

11 『明治四三年日本組合教会便覧』, p.12.

회의 사명을 절실히 느끼는 바이다. 지난 5년간의 전도 경험에 비추어, 특히 금년도의 전례 없는 좋은 성과를 감안할 때, 우리는 확장 전도가 가장 신의 뜻에 부합하는 전도 방법이라고 믿는다. 따라서 내년도에는 더욱더 대규모의 확장 전도를 전국 주요 지역에서 실시함과 동시에, 새롭게 더해진 조선 동포의 교화에 대해서는 내년도에 신속히 이를 실행에 착수하여 여기서 백년 대계를 세우고, 이를 통해 그리스도를 믿는 우리 일본 국민의 큰 책임을 완수할 것을 기대한다.[12]

이 내용에 따르면 조합교회의 확장전도 지역이 일본 국내에서 식민지 조선으로 확장되었고, 나아가 조선인 전도는 일본 국민으로서 일본 기독교인이 완수해야 할 책임으로 인식되고 있다. 그렇다면 왜 조합교회는 선교회로부터 독립하는 과정에서 '조선인전도'를 제창해야만 했을까? 그 물음에 대한 단서를 생각하는데 있어서 조합교회의 문제를 제국과의 관련성 속에서 고찰한 에밀리 앤더슨의 지적은 시사하는 바가 크다. 앤더슨의 지적에 따르면 조합교회의 조선전도는 두 가지 의미를 갖는다고 한다.[13] 첫째, 서구의 종교인 기독교를 신앙하는 일본인 기독교 신자이자 일본 신민임을 동시에 증명할 수 있다는 것이다. 둘째, 보드로부터 완전한 독립을 이루었다는 것을 증명하는 것이다.

12 『明治四四年日本組合教会便覧』, p.118.

13 Emily Anderson, "Christianity in the Japanese Empire: Nationalism, Conscience, and Faith in Meiji and Japan", *A dissertation submitted in partial satisfaction of the requirements for degree Doctor of Philosophy in History*, university of California, Los Angeles, 2010, pp.206-207.

즉 조합교회가 조선전도를 성공한다는 것은 외부적으로는 조선인을 일본 기독교로 개종시킴으로써 조선인을 일본 신민으로 교화함과 동시에 자신들이 일본 신민임을 증명할 수 있는 것이었다. 게다가 조합교회가 조선 전도를 통해 식민지에 문명을 전달한다는 것이야말로 서양 세계에 일본이 문명화되었다는 것을 나타내는 것이자 근대제국임을 알리는 것이기도 했다. 한편으로 조합교회 내부에서는 조선전도를 통해 외국 선교를 지지하고 유지함으로써 보드로부터의 재정적 독립을 완전히 이루어냈음을 증명하는 것이었다.

그런데 여기서 주의를 환기하자면 조합교회의 독립이 과연 완전한 독립이었는가 하는 문제이다. 바꾸어 말하자면 선교회로부터의 독립이 일본인 신자들의 의지에 의해 이루어진 것은 확실하지만, 앞서 살펴본 바와 같이 조합교회의 재정적 독립은 보드 선교회의 선교방침으로, 실제로 그 선교방침에 따라 조합교회가 자급과 자립을 실천해 나갔다고 할 수 있다. 따라서 조합교회가 선교사로부터의 독립을 완수했다고 할지라도 선교회와의 의존관계를 완전히 극복한 것은 아니었다. 이러한 양자의 의존관계가 단순한 독립으로 극복할 수 있는 문제가 아니었다는 것은 다음의 글에서도 확인할 수 있다.

> (일본 신자들에게는) 정신적으로나 물질적으로 우위를 자랑하는 서구 기독교에 열등감마저 내포한 의존의식이 있었다. 이를 극복하기 위해서는 그들 안에 기독교 신앙과 관련된 강렬한 자립정신이 필요하다. 교회의 독립문제는 일본 신자들이 갖고 있던 사회적, 사상적 조건만으로는 설명할 수 없으며, 이러한 신앙 이해의 문제와도 연결시키지 않

으면 파악하기 어려운 것이다.[14] (괄호는 필자)

즉 조합교회의 독립문제를 이해하기 위해서는 당시 일본 기독교인들이 놓여 있던 사회적, 사상적 상황뿐만 아니라 신앙 문제라는 관계 속에서도 파악해야 한다는 것이다. 따라서 당시 조합교회가 선교회로부터 완전한 독립을 이루기 위해서는 극복해야 할 이중의 문제를 내포하고 있었다고 할 수 있다. 첫번째 문제는 사회적으로 기독교에 대한 외래종교라는 사회적 비판을 불식시키고 스스로가 충성스러운 신민임을 증명하는 것이었다. 그리고 두번째 문제는 서구 기독교에 대한 의존의식을 극복할 수 있는 강렬한 자립정신이었다. 이러한 이중의 문제를 해결할 수 있는 것이 바로 조선인 전도였다. 조합교회의 강한 자립정신을 증명하고 완전한 독립교회라는 것을 대내외에 선전할 수 있는 것이 조선인 전도였고, 이 조선인 전도야말로 일본인 기독교인인 자신들이 신민으로서 충성할 수 있는 기회이기도 했다. 그리고 그 '조선전도'를 이론적으로 뒷받침한 것이 구마모토 밴드의 대표적 지도자인 에비나 단조의 '조선전도론'이었으며, 그 이론에 따라 조선전도를 실시한 것이 에비나의 제자인 와타세 쓰네요시(渡瀨常吉, 이하 와타세)였다.[15] 이와 같은 움직임 속에서 조선총독부가 제시한 조선전도 계획은 새로운 전도지를 개척하고 있던 조합교회 내부의 상황과 함께 맞물려 진행되어 갔다.

---

14 土肥, 앞의 책, 『日本プロテスタント教会の成立と展開』, p.101.

15 에비나의 조선전도론과 조선전도에 관한 내용은 홍이표, 「海老名弾正の神道理解と社会思想形成」, 교토대학대학원 박사논문, 2019의 「제 2부 6장 에비나와 다이쇼데모크라시세대의 제국과 식민지(민) 이해」를 참고.

다만 여기서 한 가지 언급해 두고 싶은 것은, 조합교회가 선교회로부터 독립하는 과정에서 타민족인-식민지 지배에 의해 일본의 식민이 된-조선인을 대상으로 하는 '조선전도'를 제창한 것과 동일하게, 식민지 조선에서도 1912년 장로교회가 서구선교사로부터 자립하여 '단일교회'를 설립하는 과정에서 제창한 것이 다름아닌 '타민족에 대한 전도'였다. 이러한 1910년대의 조선교회의 자립론은 1930년대가 되면 서구선교사로부터의 재정적, 정신적 자립을 제창하면서 '조선적 기독교'의 형성이라는 논리로 확대·재생산되는 양상을 보인다.[16] 이와 같은 조선적 기독교의 형성은 일본의 조합교회가 선교회로부터의 독립을 계기로 조선전도를 주창하게 되면서 에비나가 일본적 기독교를 형성해 나가는 양상과 닮아 있다고 할 수 있다.

4. 일본조합교회의 조선전도와 자유교회

일본조합교회는 1910년 10월 조합교회의 제26차 총회 결의에 따라 조합교회 조선전도부를 설치하고 이듬해 6월 조선전도 주임으로 와타세를 조선에 파견했다.[17] 그러나 1911년부터 시작한 조합교회의 조선전도는 좀처럼 성장할 기미가 보이지 않았다. 그런 상황에서

16 졸고, 「식민지기 조선 기독교회의 자립론에 관한 일고찰-1930년대를 중심으로」, 『공존의 인간학』 제2집, 전주대학교 한국고전학연구소, 2019, pp.150-151.

17 졸고, 「日本組合教会の朝鮮伝道と自由教会に関する研究—共鳴と失敗のはざま」, 리츠메이칸대학 대학원 박사논문, 2013, p.30.

와타세는 공교롭게도 평안북도의 차학연이라는 인물을 통해 1910년 반선교사와 반교권을 제창하며 장로교로부터 독립한 최중진의 자유교회에 대해 알게 된다. 이후 차학연의 소개로 조합교회의 존재를 알게 된 전북지역의 '자유교회'는 조합교회 가입을 희망하고 와타세는 이를 승낙하였다. 승낙을 받은 이상 빨리 입회식을 치르고 싶다는 차학연의 바람으로 와타세는 1912년 1월 전라도에서 입회식을 가졌고, 이때 와타세가 가입시킨 조선인교회는 11곳으로, 이후에도 이 지역에서 전도활동을 벌여 20여 곳의 조선인교회가 조합교회에 가입했다.[18]

자유교회와의 우연한 만남은 그동안 경성과 평양을 중심으로 전도활동을 벌였으나 그럴듯한 실적을 보이지 못했던 조합교회가 조선에서 실질적 전도활동을 하게 되는 계기가 된다. 1920년 간행된 『일본조합교회편람』에서 조합교회의 조선인교회 지역별 통계표를 살펴보면, 경성의 교회수가 5곳인 데 비해 전라와 충청지역은 각각 58곳과 23곳이나 된다. 이처럼 전라와 충청지역의 자유교회 가입이 조합교회의 조선전도를 지탱하는 기반이 되었음을 알 수 있다.[19]

한편 차학연은 최중진의 자유교회에 뜻을 같이하며 평안북도에서 활동하던 인물로, 그가 처음으로 와타세를 방문했을 때는 최중진의 실족으로 전라북도의 자유파 회원들이 사태를 수습하기 위해 차학연에게 도움을 처한 상황이었다. 이러한 상황에서 차학연은 와타세에게서 들은 조합교회의 역사와 조선전도 방침을 전라북도의 회원

18 위와 같음, p.35.
19 위와 같음.

들에게 전하게 되었고, 그 결과 전라북도의 회원들이 조합교회 가입을 결심하게 되었다. 당시 차학연이 와타세에게 조합교회의 역사와 조선전도 방침에 대해 질문하였고 이에 와타세가 답했다는 단편적 기록은 남아 있지만, 자세한 기록은 남아 있지 않아 상세한 내용은 알 길이 없다. 하지만 와타세는 그의 저서 『조선교화의 급선무』에서 일본의 조합교회는 외국 전도회사로부터 '자급·자립'한 교회임을 다음과 같이 강조하고 있다.

> 수많은 고통과 어려움이 있었지만 메이지 29년에 이(보조금)을 사절했다. (중략) 메이지38년에는 미국 전도회사의 보조하에 있던 30개 교회를 인수하고, 41년에는 전도회사를 독립시켰다. 이리하여 미국의 전도회사와는 우정으로 조력하는 것 외에는 서로 지킬 권리와 의무의 관계도 없고, 그 역시 자유롭게 행동하며, 나아가 그 동안에 제휴의 열매를 맺으며 친밀한 교제 속에서 사업상으로는 독립과 자유를 보장하며 오늘에 이르렀다.[20]

여기에서 와타세는 미국선교사와는 대등한 관계를 유지하고 있으며, 조합교회는 어느 교파에도 종속되지 않는 '자치·독립' 교회임을 강조하고 있다. 이와 같이 자치·자립교회를 기치로 내세운 조합교회의 조선전도 방침은 조선인의 독립교회가 조합교회로 가입하는 주된 동기로 작용했을 것이다. 특히 어느 교파의 제약도 받지 않

20 渡瀨常吉,『朝鮮教会の急務』, 警醒社書店, 1913, pp.32-33.

는 조합교회의 교파적 입장은 기성교파에서 벗어나 있던 자유교회에게는 어떤 구애도 받지 않고 가입할 수 있는 유일한 교파이기도 했다. 그것은 와타세가 미국의 기부금을 사절하고 자유로운 전도 방침을 채택하지 않았다면, 오늘날 조선전도에서도 자유롭게 전도활동을 하지 못했을 것이라는 말에서도 확인할 수 있다.[21]

5. 최중진과 「자유교회」

1)「자유교회」의 설립과 그 배경

앞서 언급한 바와 같이 조합교회의 조선전도는 전라북도의 자유파가 새로이 가입하면서 그 세력을 확장시켜 나갔다. 자유파란, 1910년에 남장로교의 전라북도대리회 지역에서 반선교적·반교권적 교회를 주창하면서 장로교에서 분파한 후, 자치교회를 설립한 최중진의 자유교회를 말한다. 최중진의 자유교회는 같은 해 장로교에서 독립한 평안도의 차학연, 1915년에 미국 선교사와 후계자 문제로 충돌한 후 감리교 계통의 대한기독교를 탈퇴한 충청남도의 신명균에게도 영향을 끼쳤다. 아래에서는 최중진이 자유교회를 설립하게 되기까지의 경위를 서구선교사와의 대립을 중심으로 간략하게나마 고찰하고자 한다. 그리고 그 배경으로 네비우스 선교정책에 대해서도 살펴보도록 하겠다.

21 위와 같음, p.34.

1909년에 장로교의 목사가 된 최중진은 당시 전라대리회의 관할지였던 정읍과 태인, 고부를 중심으로 활동하였다. 본래 이 지역은 남장로교의 선교사(미국)가 관리하는 곳이었지만, 선교사들이 전도에 열정적이고 그 수완도 뛰어난 최중진에게 맡기게 되면서 이 지역 여덟 곳의 교회와 그 근처의 당회권을 최중진에게 허락했다.[22] 그런데 최중진은 그로부터 몇 개월 후인 1910년 1월에 조선예수교장로회의 전라대리회 앞으로 다섯 가지의 요구사항을 적은 편지를 보낸다. 이 한 통의 편지가 선교사로부터의 독립을 제창한 자유교회의 시작이었다.

최중진이 대리회에 요구한 다섯 가지 사항을 간략하게 정리해 보면 다음과 같다. 첫째, 세례에 관한 규율과 규제를 완화시켜 줄 것. 둘째, 선교사가 관할하고 있는 지역과 자신의 지역을 합칠 것. 셋째, 자신이 관할하는 지역에 고등학교를 세워줄 것. 넷째, 교회마다 상구위원을 둘 것. 다섯째, 자신이 살 집을 구매해 줄 것이었다. 이와 같은 최중진의 다섯 가지 요구사항에 대해 대리회는, 첫번째 요구는 선교사들이 이미 공론화하여 교회법으로 정한 일이며, 나머지 재정에 관한 사항 또한 규칙 밖의 일이라며 그의 요구를 거절했다. 그리고 최중진을 교회의 질서를 어지럽히는 자로 규정하고, 그의 요구에 찬동하는 교회에 대해서는 어떠한 경제적 원조도 없을 것이라고 경고했다. 또한 대리회는 최중진에 대해 배은, 배약, 분별없음, 불복종이라는 죄목을 내세워 대리회의 최종 결정이 있을 때까지 그가 가지

22 「전라북도대리회록」, 『전라노회 회의록 제1회~36회』, 대한예수교장로회 전북노회, 2000, pp.35-36.

고 있던 당회권의 행사를 박탈했다. 이에 최중진은 대리회에 편지를 보내, 자신을 교회의 적으로 돌리고 있는 대리회를 비판하며, 현재 행해지고 있는 교회의 엄격한 규율을 개선하지 않을 경우 자신은 자유교회를 세워 독립하겠다는 강한 의지를 표명했다.[23] 그리고 얼마 후 자신이 설립한 여덟 곳의 교회를 모아 장로교에서 독립하고 이 교회들을 중심으로 자유교회를 설립했다.

이와 같이 최중진과 서구선교사가 첨예하게 대립한 문제는 교회의 엄격한 규율과 재정 문제였다. 최중진이 지적한 엄격한 규율이란 세례를 주는 자격에 대한 규율로, 특히 최중진과 선교사 사이에서는 이 문제를 둘러싸고 첨예하게 대립했다. 세례에 대한 최중진의 입장은 술담배를 하는 자, 축첩을 하는 자에게는 세례 자격을 주지 않는 교회의 엄격한 규율로 인해 교회를 떠나는 신자들이 많으니 이러한 규율을 완화하여 많은 조선인 신자들이 세례를 받을 수 있도록 해야 한다는 것이었다. 이에 반해 선교사들은 술과 담배, 축첩에 관한 문제는 조선에서 기독교가 전파되던 초기에 공론화하여 정해진 문제로, 이를 그만두지 못하는 조선인 신자들에게는 세례를 줄 수 없다는 것이 그들의 입장이었다. 이와 같은 세례 자격을 둘러싸고 전개된 최중진과 선교사의 의견 대립은 술과 담배, 축첩, 조혼, 이혼, 유교의 제사 문제 등을 바라보는 양자의 다른 입장에서 비롯되었다. 즉, 술담배와 축첩 등의 문제를 악폐로 규정한 선교사들은 악폐를 그만두지 못하는 조선인 신자들에게 세례를 주지 않겠다는 입장을 고수했

23 졸고, 「1910년대 최중진의 자유교회와 그 주변」, 『윤해동 · 이소마에 준이치 엮음, 종교와 식민지 근대』, 책과함께, 2013, p.101.

다. 한편 최중진은 술담배와 첩을 두는 신자에게는 학습문답의 자격이 주어지지 않는 교회의 규율로 인해 낡은 습관을 버리지 못하고 교회를 떠나는 신자가 속출하자 이를 막기 위해서라도 세례에 관한 규율을 완화해야 한다는 것이었다. 게다가 세례문제로 인한 신자의 이탈은 곧 교회 재정의 감소로 이어졌다. 따라서 최중진은 교회의 목회자로써 엄격한 교회의 규율로 인해 고통받는 신자들의 고충을 이해하면서도, 재정적으로는 신자의 확보를 통해 안정적인 교회 운영을 도모했던 것으로 보인다. 이와 같이 최중진이 선교사와 첨예하게 대립하면서까지 교회의 신자들을 확보하려고 한 배경에는 당시 장로교의 선교사들이 조선에서 실시한 네비우스 선교정책이 있었다. 이에 관해서는 다음 장에서 좀 더 상세하게 살펴보도록 하자.

2) 네비우스 선교정책과 재정 문제

1885년부터 조선에서 선교활동을 시작한 재조선 장로교 선교사들은 소수의 선교자들로 전도의 효율을 극대화할 수 있는 방법으로 네비우스 선교정책을 실시했다.[24] 네비우스 선교정책은 자전(Self-Propagation), 자립(Self-Support), 자치(Self-Government)을 원칙으로 하며 장로회의 선교사들은 이 원칙에 입각하여 네비우스 정책을 조선의 기독교 선교에 실시했다. 당시 장로교에서 실시한 네비우스 선교정책을 자전, 자치, 자립에 대한 내용으로 간략하게 정리하면 다음과 같다.

24 졸고, 앞의 논문, 「식민지기 조선 기독교회의 자립론에 관한 일고찰-1930년대를 중심으로」, p.142.

자전: 모든 신자는 다른 사람을 가르치는 자가 되며 동시에 자기보다 나은 다른 사람으로부터 배우는 자가 된다.

자치: 모든 그룹은 선임된 무보수 영수의 관할을 받는다. 순회 교구들은 나중에 목사가 될 유급 조사들의 관할을 받는다. 순회 집회시에는 교인들을 훈련시켜 훗날 구역, 지방, 전국의 지도자가 되게 한다.

자립: **신자들이 스스로 마련한 예배당을 소유한다**. 각 그룹은 창립되자마자 순회조사의 봉급을 지불하기 시작한다. 학교조차도 부분적인 보조금을 받도록 한다. 이것은 설립될 당시에만 필요하다. **개교회의 목사에게 외국의 자금으로 사례를 지불하지 않는다**.[25] (강조는 필자)

네비우스 선교정책의 삼자원칙 중에서도 가장 이목을 끄는 것은 자립원칙에서 신자들이 예배당을 마련하고 소유한다는 대목이다. 그리고 개교회의 목사들의 봉급은 원칙적으로 그 교회의 자금으로 지불할 것과 선교회는 어떤 비용도 일체 지불하지 않겠다는 것을 알 수 있다. 이러한 장로교 선교사들의 네비우스 선교정책이 초기 조선교회의 성장에 크게 기여했다는 것이 일반적 견해이기는 하나, 최근의 연구 동향으로는 네비우스 선교정책이 실제로 조선교회의 자립과 자치를 가능하게 했는지에 대한 의견이 분분하다. 하지만 본 연구는 네비우스 선교정책이 조선 교회의 성장에 미친 영향과 관계성

25 Charles Allen Clark(곽안련), 박용규 · 김춘섭 번역, 『한국교회와 네비우스 선교정책』, 기독교서회, 1994, pp.44-45.

을 밝히고자 하는 것이 아니다. 오히려 그 네비우스 선교정책에서 촉발된 조선 교회의 자립이 어떠한 양상으로 발현되는지에 대해 주목하고자 한다.

여기서 다시 최중진이 대리회에 보낸 다섯 가지 요구사항으로 돌아가 보자. 최중진이 대리회에 요구한 조목 중, ① 세례자격에 관한 규율의 완화와 ③ 고등학교 설립을 제외한 ② 지역의 병합, ④ 상구위원의 설치, ⑤ 주택 구입을 위한 재정적 원조에 대한 조목은 재정과 관련된 문제였다. 특히, ④ 상구위원의 설치와 ⑤ 주택 구입을 위한 재정적 원조는 앞서 살펴본 네비우스 선교정책 중 자립과 관련된 부분으로, 최중진의 요구는 현재 무보수로 봉사하는 교회내의 위원을 상구위원으로 전환하여 보수를 지불하자는 것이었다. 그리고 최중진은 자신의 주택 구입을 위해 선교사에게 재정적 도움을 요청하였으나, 재정적 도움을 약속한 선교사 측이 네비우스 원칙 중 개교회의 목사에게 외국의 자금으로 사례를 지불하지 않는다는 이유로 거절했다. 이에 최중진은 서구 선교사들이 선교회 본부로부터 받고 있는 지원금과 조선인 목사가 받는 한달 봉급의 차이를 지적하며 불만을 토로했다.[26] 이러한 불평등에도 불구하고 생활고를 겪으며 목회활동을 할 수밖에 없었던 최중진으로서는 네비우스 선교정책에 불만을 가질 수밖에 없었을 것이다. 따라서 최중진의 요구는 서구선교

26 당시 선교사들이 한 달 생활비로 지원받은 금액은 600달러로 배우자의 몫까지 합하면 약 1200달러였다. 여기에 자녀 한 명당 250달러가 지급되었다. 한편 조선인 목사는 100달러 미만으로 교회 신자들이 모으는 성미로 생계를 이어갔다고 한다. 김수진, 『한국교회와 네비우스 선교정책』, 매계교회 100년사 출판위원회, 2004, p.64.

사의 네비우스 선교정책에 대한 불만과 저항으로도 해석할 수 있다. 또한 나아가 최중진의 반선교사·반교권을 주창한 자유교회는 네비우스 선교정책에 대항하는 형태였지만, 네비우스 정책에서 촉발된 자립과 자치라는 논리가 서구선교사로부터 독립하고 자치하는 조선교회로 구체화되었다고 할 수 있다. 그리고 실제로 최중진은 장로회에서 분파한 후 자유교회 활동을 하면서도 네비우스 선교정책의 자립원칙으로 세워진 교회당의 소유권을 둘러싸고 선교사와 법적 다툼을 벌이게 된다.

6. 최중진의 자유교회 활동

1) 자유교회의 설립과 활동

1910년 최중진은 장로교회에서 독립해 전라북도 태인군 빙계에 자유교회를 설립했다. 최중진이 공식적으로 자유교회 활동을 한 기간은 채 2년도 되지 않았다. 짧은 활동기간으로 인해 최중진이 남긴 기록물이나 자유교회에 대한 자료가 얼마 남아 있지 않지만, 당시의 신문기사와 최중진이 총독부에 제출한 진정서를 살펴보면 그가 자유교회 활동을 공식적으로 전개했음을 확인할 수 있다. 특히 최중진이 총독부에 보낸 진정서는 최중진의 자유교회 활동이 총독부와도 관련이 있었음을 뒷받침해 주고 있다. 이에 관해서는 진정서에 남아 있는 최중진과 선교사간의 교회당을 둘러싸고 펼쳐진 소유권 재판 기록을 통해 상세히 살펴보도록 하겠다.

최중진은 본격적인 자유교회의 활동에 앞서 1910년 5월 대한매일신보에 대한야소교자유회 취지서(大韓耶蘇教自由会趣旨書)라는 광고를 내고 전국적으로 전교활동을 시작했다.[27] 이 광고의 내용을 살펴보면 최중진은 자유교회의 설립 이유에 대해 장로교의 세례 자격에 대한 엄격한 규율로 인해 장로교에서 독립해 자유교회를 세웠으며, 앞으로 태인에 신학부를 설립하여 신학생을 양성하고 10년 내로 전국 삼백 여섯 군(郡)에 자유파 목사 한 사람씩을 파송할 계획임을 밝혔다.[28] 또한 최중진은 신학교에 대한 계획을 실현시키기 위해 총독부에 진정서를 제출하고 신학교 설립에 필요한 보조금을 지원해 줄 것을 요청했다.[29] 이러한 최중진의 요청에 대해 총독부가 어떤 대응을 했는지에 대해서는 알 수는 없다. 하지만 그 후로도 최중진은 몇 차례 총독부에 진정서를 제출한 것으로 보인다. 그 진정서 중에서 현재 확인할 수 있는 것은, 1911년 5월에 최중진이 평안북도 강계교회의 교회당을 둘러싸고 서구선교사와 자유파 신도간에 일어난 소유권 다툼에 대해 총독부에 제출한 내용이다. 이 진정서에 대해서는 뒷장에서 상세히 살펴보도록 하겠지만, 진정서의 내용에서 주목할 점은 이미 최중진이 자유교회의 빙계교회당에 대한 소유권 확인 신청을 고부재판소에 제기하였고, 이에 고부재판소는 빙계교회당의 소유건에 대한 서구선교사와 최중진의 공동소유권을 확인하는 화해판결을 내렸다는 내용이다. 따라서 최중진은 총독부에 진정서를 제

27 『대한매일신보』, 1910년 5월 13일.
28 위와 같음.
29 『매일신보』, 1910년 10월 26일.

출하며 자유교회 활동을 전개해 나갔으며, 이를 통해 총독부가 최중진의 자유교회를 인지하고 있었음을 짐작할 수 있다.

한편, 1911년 최중진은 태인의 빙계와 평북 의주에 신학원을 설립하고, 대한예수교자유회에서 대동자유야소교회로 개칭한 교회의 명칭을 다시 해동야소교자유회로 바꿨다.[30] 그리고 최중진은 자유교회의 전도활동을 전국적으로 실시하기 위해 교회 취지서 1만여매와 전도지 10만매를 인쇄하여 임기반과 함께 관서 지역과 만주지역에서 배포할 계획을 세웠다.[31] 하지만 최중진의 공식적인 자유교회 활동은 1911년 7월 25일 회사령위반과 사기제로 구속되면서 끝이 난다.[32]

다음 장에서는 최중진이 조선총독부에 제출한 진정서의 내용을 통해 자유교회의 자치와 자립문제가 교회당을 둘러싼 서구선교사와 자유교회의 소유권 다툼으로 전개되었다는 점을 확인하고, 당국과의 관련성 또한 살펴보고자 한다.

2) 최중진의 진정서

앞서 확인한 바와 같이 최중진은 자신의 자유교회 활동에 있어 조선총독부의 협력을 얻고자 진정서를 제출했다. 현재 확인할 수 있는 진정서는 최중진이 1911년 5월 22일에 조선총독부 정무총감 야마가타 이사부로(山県伊三郎) 앞으로 제출한 것이다. 이 진정서의 주된

---

30 『매일신보』, 1911년 6월 7일.

31 『매일신보』, 1910년 11월 1일.

32 「수형자명보」(4-1)(1908년~1912년), 한국국가기록원소장, 「명치45년 형사사건보」(광주지방법원 목포지청검사국), 한국국가기록원소장

내용은 최중진의 자유교회에 가입한 평안북도의 차학연과 서구선교사간의 교회당에 대한 소유권 다툼에 대한 총독부의 도움을 요청하는 것으로, 최중진은 진정서의 별지에 자신이 자유교회를 설립하게 된 배경과 현재에 이르게 된 경위를 첨부했다. 이에 총독부는 최중진의 자유교회의 소재지인 전라북도 장관에게 그가 고부재판소에 교회당에 대한 소유권을 제기한 건에 대해 조사하여 보고하도록 지시하였다.[33] 전라북도 장관이 조사하여 당국에 보고한 내용은 다음과 같다.

> 메이지 44년 6월 27일
>
> 전라북도 장관 이두황
>
> 총독부 내무부 장관 우사미 가쓰오(宇佐美勝夫) 전
>
> 예수 선교사 간 분쟁에 관한 건
>
> 같은 달 13일자 지반(地般) 제1,036호로 조회하신 표기 건에 대해, 그 후 조사 결과에 따르면 예수 자유교 목사 최중진은 태인군 내 빙계 교회당에 대해 자신 측의 소유권 확인 신청을 고부구 재판소에 제기했습니다. 그 결과, 동 재판소에서는 미국인 선교사와 최 목사를 소환하여 화해한 후 공동 사용하기로 결정하였으며, 이후 아무런 분쟁도 없었습니다. 이 사항을 답변드립니다.
>
> 추신: 별지 청원서를 일단 반환드립니다.[34]

33 「청원서 내정조사의 건」, 番號 秘 ■第一、○三六号, 1911년 6월 13일.

34 「야소선교사간 분운에 관한 건」, 1911년 6월 27일.

이 보고서에 따르면, 야소자유교회 목사 최중진은 태인군 내의 빙계교회에 대한 자유파의 소유권 확인을 고부재판소에 제기한 결과, 재판소는 미국인 선교사와 최중진을 소환하여 화해시키고 교회당에 대해서는 공동사용을 판결하여 이후로는 선교사와 최중진 간에 더 이상의 마찰은 없었다는 것이다. 이 보고서만으로는 자유교회에 대한 총독부의 반응과 대응을 정확히 알 수는 없다. 하지만 최중진이 총독부에 진정서를 제출한 시점부터 당국이 자유교회에 대해 관심을 가지게 되었고, 조선 교회 내부에서 일어나는 조선인 신자와 서구선교사와의 갈등을 인지했다는 것은 확인할 수 있다.

한편, 최중진이 제출한 진정서의 별지 내용에는 자유교회의 설립 배경과 함께 최중진이 장로교에서 독립하여 자유교회를 설립한 후에도 교회당을 둘러싸고 선교사와 갈등을 빚고 있었음을 알 수 있다. 그 내용은 다음과 같다.

> 별지
>
> 서양 선교사가 주관하는 장로교와 본인들이 선도하는 대동자유교의 두 파는 본래 예수에 기반한 것이나, 특히 교규(教規)의 성경(聖経)이 맞지 않아 각자 분파한 지 이미 여러 해가 되었습니다. 그리고 두 파의 대립이 날이 갈수록 더욱 심해져 결국 가옥을 둘러싸고 다투기에 이르렀습니다. (생략) [35]

35 최중진, 「원청서」, 1911년 5월 22일.

위의 별지에서 최중진은 서구선교사가 주관하는 장로교와 교회의 규율에 대한 성서적 해석 차이로 인해 자유교회를 만들어 독립하였으나, 그 이후에도 선교사 측과 교회당을 둘러싸고 갈등을 빚고 있었다고 강조하고 있다. 그리고 그는 교회당을 둘러싼 선교 측과의 갈등으로 인한 극심한 고통으로 현재 자유교회의 본부가 된 빙계교회당의 소유권 확인을 고부재판소에 제기하기에 이르렀고, 그 결과 장로교회 측과 교회당을 공동 이용하게 되었음을 다음과 같이 밝히고 있다.

> 2. 본 교회의 분립 이후 전라남북도 40여 곳의 교회가 서로 뜻을 같이 함에, 그 서양인들은 크게 분노하여 교인들을 선동하고 우리를 마귀, 이단 교회로 낙인찍어 그리스도에 대적하는 자들이라 하며 제명하고 교회 밖으로 추방하였습니다. 또한 '이 교회당의 가옥은 모두 우리 것이니 이곳에서 예배할 수 없다'고 말하여 억울함과 고통을 참을 수 없어 고부군구 재판소에 소송을 제기하였습니다.
>
> 재판장은 작은 칼을 들어 장로회 대변인에게 보여주며 '이 작은 칼조차도 동일하게 사면 동일하게 사용할 수 있다. 하물며 동일하게 지은 예배당에서야 더욱 그렇지 않겠는가. 만약 합의하기 어려운 사정이 있다면 예배당은 공동으로 사용해야 한다'고 화해 판결을 내렸습니다. 또한 태인 헌병 분견소장은 화해로써 타일러 '내가 지금 이곳에 주둔하여 노력하는 것은 천황 폐하의 영광을 드러내기 위함이다. 너희도 다투지 말고 참 신의 영광을 드러내라'고 타일렀습니다. 사람은 나무나 돌이 아니므로 감정이 없을 수 없거니와, 이로 인해 예배당이 두 개 있으면 각각 하나를 사용하고, 하나 있으면 오전과 오후로 나누어 예

배를 드렸습니다. 우리 교회가 오늘까지 보존된 것은 공평한 법률 덕분입니다.[36]

이처럼 최중진이 장로회에서 분파한 후 자유교회를 설립하였음에도 불구하고 선교사 측과 교회당의 소유권을 두고 법적 다툼까지 벌일 수밖에 없었던 배경에는 앞 장에서 살펴보았던 네비우스 선교 정책이 크게 작용하고 있었기 때문이다. 즉, 네비우스 선교 정책의 자립원칙으로 인해 교회당의 설립은 신자들의 헌금과 자금으로 마련하는 것이 원칙이었다. 그로 인해 최중진은 장로회에서 독립해서도 자신들의 신자들과 함께 세운 교회당에 대한 소유권은 자연스럽게 자유교회에 귀속되는 것이라 생각했다. 하지만 장로회 측의 입장은 달랐다. 교회의 율법을 어겨 이단으로 제명당한 최중진을 따르는 자유교회에게 장로회 교회의 재산인 교회당의 소유권과 사용을 용납할 수 없다는 것이었다. 이에 최중진은 교회당에 대한 소유권을 제기하기에 이르렀고 재판소는 선교사 측과 최중진을 소환해 화해를 권고하고 예배당에 대한 공동 사용을 명했던 것이다. 재판소가 이와 같은 화해 판결을 내린 배경에는 당시 조선총독부가 외국인에 대한 행정권과 사법권을 확보하지 못한 상황에서 서구 세력과 연계하고 있는 기독교의 기관과 사업에 대한 단속이나 규제를 할 수 없었던 현실적 문제도 작용했을 것으로 보인다.[37] 한편 사법부의 판단은 장로회에서 분파한 후 교회당을 확보하지 못한 채 이렇다 할 활동을 하지

36 위와 같음.

37 안유림, 『일본제국의 법과 조선기독교』, 경인문화사, 2018, p.206.

못하고 있던 최중진에게 자유교회를 교파운동으로 전개하는 계기를 마련해 주었다. 이에 최중진은 당국에 대한 감사의 마음을 다음과 같이 표현했다.

> 황천(皇天)께서 우리 동양을 돌보사 위에는 공평한 법률이 있고, 우리 민족을 사랑하시어 이 자유로운 교회를 허락하시니 이는 참으로 감격하여 힘을 써야 할 때입니다. 그러므로 작년 가을 경성에서 전도할 때 본 교회의 자유로운 취지를 총독 각하께 여러 차례 제출한 일도 있으며, 신의주와 안동현 등지까지 무사히 전도하였습니다.[38]

위의 별지 내용에 따르면, 자유교회는 당국의 공평한 법률에 의해 하나의 교회로써 인정받았으며, 이를 계기로 최중진은 자유교회의 활동과 취지를 수차례 총독부에 보고하면서 신의주를 비롯한 관서지방과 안동현 즉 만주까지 전도활동을 전개했다. 이와 같이 최중진은 어디까지나 개인적인 인식이었지만, 당국의 인정을 받은 기독교의 한 교파로써 자유교회 운동을 전개해 나갔다. 그리고 이런 자유교회 운동은 실질적으로 서구선교사와 선교사 측의 교회당을 둘러싼 소유권 다툼으로 전개되었다. 최중진이 진정서에서 도움을 요청한 평안북도의 강계교회 또한 선교사 측과 교회당에 대한 소유권 다툼을 하고 있었던 곳이었다. 따라서 최중진의 자유교회의 자치와 자립문제는 실질적으로 네비우스 선교정책의 자립 원칙에서 기인하는 교회당을 둘러

38 최중진, 「원청서」.

싼 선교사 측과 조선인 신자 측의 소유권 싸움으로 전개되었다고 할 수 있다. 이러한 최중진의 자유교회 운동은 그 이후에 선교사와의 갈등으로 기존의 교파를 독립한 김장호의 조선기독교회와 그 밖의 조선인 독립교회에 영향을 끼쳤으며, 이 교회들 또한 선교사 측과 교회당의 소유권을 둘러싼 법적 다툼을 통해 자치운동을 전개해 나갔다.

결국 최중진의 자유교회운동은 최중진이 사기죄로 2년형을 선고받으면서 2년 남짓이라는 짧은 활동으로 그 막을 내렸다. 1914년 징역 2년형의 복역을 마치고 나온 최중진은 장로회로 잠시 복귀하였다가 1915년에 조합교회 개성교회의 목사가 되었다.

7. 자유교회의 일본조합교회 가입

1) 그 배경

최중진은 의욕적으로 자유교회운동을 전개해 나갔지만, 그의 실족으로 인해 자유교회는 위기 상황에 직면했다. 예상치 못한 지도자의 부재는 사실상 자유교회의 해체로 이어지는 문제이기도 했다. 그런 상황 속에서 전라도의 자유교회가 조력자인 평안북도 강계교회의 차학연에게 도움을 요청하게 되었고, 전라도로 향하던 차학연이 우연히 조합교회의 광고를 보고 와타세를 방문한 것이 계기가 되어 자유교회가 조합교회에 가입하게 된다.[39] 따라서 자유교회가 조합

39 졸고, 앞의 논문, 「최중진의 자유교회와 그 주변」, p.96.

교회에 가입하게 된 가장 큰 이유는 최중진의 부재였으며, 애당초 자유교회는 조합교회의 존재조차 알지 못했다. 이런 사실은 최중진이 징역 2년형의 복역을 마치고 장로회로 복귀한 일에서도 확인할 수 있듯이, 최초 자유교회의 조합교회 가입은 최중진의 의도는 아니었던 것으로 보인다. 하지만 장로교회로 잠시 복귀했던 최중진이 다시 자유교회의 목사가 되고 전라지역과 평안도지역의 자유교회가 대거 조합교회에 가입하게 된 배경은 무엇이었을까? 그 배경을 교회의 내부적 요인과 외부적 요인에서 찾아보고자 한다.

우선 내부적 요인부터 살펴보도록 하자.

첫 번째 요인으로 생각해 볼 수 있는 것은, 조합교회가 다름아닌 서구선교사로부터 독립한 교회라는 점이다. 구체적으로 말하자면, 조합교회가 1906년에 아메리칸 보드로부터 독립을 완수한 교회라는 점은, 당시 서구선교사로부터의 완전한 자립과 자치를 지향하던 자유교회의 성격과 합치하는 점이기도 했다. 게다가, 앞서 살펴본 바와 같이 아메리칸 보드의 일본전도의 방침이 자립과 자치교회의 설립이었다는 점은 당시 조선의 장로회 선교사가 실시한 네비우스 선교정책과도 유사했으며, 그러한 서구선교사의 자립과 자치정책에서 촉발된 조합교회의 독립에 자유교회가 공명하기에 충분했을 것이다. 실제로 와타세가 조선전도에서 강조한 것은 조합교회가 미국선교사로부터 독립한 교회로 어떤 교파에도 예속되지 않는 자치·자립교회였다. 그리고 각교회의 교회성과 독립성을 우선하는 조합교회의 회중주의와 교회의 자치와 자립을 중시하는 경영방침은 자유교회가 조합교회에 가입하는 주된 동기로 작용했을 것이다.

특히 어떤 교파적 제약도 받지 않는 조합교회의 입장은, 조선의 타 개신교 교파와의 갈등이나 충돌 없이도 서구선교사와의 대립으로 독립한 자유교회를 포섭할 수 있었다. 그리고 자유교회의 입장에서도 반교권과 반선교사를 기치로 내세우며 독립한 자유교회의 성격을 그대로 유지하면서 활동을 이어 나갈 수 있는 것이 조합교회였다.

두 번째 요인은 조선전도를 추진한 에비나 단조와 조선전도 주임인 와타세가 신신학을 수용한 인물이었다는 점이다. 조합교회의 독립문제에서도 살펴본 바와 같이, 아메리칸 보드로부터의 독립을 강하게 추진한 것은 다름아닌 에비나 단조를 위시한 구마모토 밴드였다. 게다가 그들은 아메리칸 보드 선교사들의 보수 신학을 배격하고 독일 성서비평학과 역사적 예수 연구를 강조하는 신신학[40]의 진보적 입장을 고수하면서 선교사 측과 크게 갈등을 빚었다. 이런 갈등은 곧 선교사로부터의 자립과 독립이라는 논리로 전개되었다. 따라서 조합교회의 조선전도를 계기로 신신학이 식민지 조선에 유입되었을 가능성은 크다.[41] 와타세의 조선인 제자이자 훗날 조선회중기독교회의 주임목사가 되는 유일선은 조합교회의 신자 홍병선과 함께 서울의 조합교회에서 진화론과 신신학을 보급하기 시작했다. 하지만 자유주의 신학이 본격적으로 소개된 것은 1915년 4월 5일부터

40 옥성득, 『다시 쓰는 초대 한국교회사』, 새물결플러스, 2016, p.326.

41 옥성득은 해방 이전 개신교 신학은 주류인 미국의 보수적인 복음주의 신학, 저류인 중국의 복합적이고 다양한 개신교 신학, 그리고 1910년 이후의 신류인 일본의 자유주의 신학 등 3대 흐름이 있었다고 지적하며 1910년대는 이 세 조류가 합류하면서 갈등했다고 한다. 옥성득, 「평양 조합교회의 성장과 쇠퇴」, 『기독교사상』 제728호, 2019, p.171.

2주간 기성교회에서 진행된 타카하시 타카조(高橋鷹蔵) 목사의 예수전 강연이었다. 타카하시는 일본어판 등사본『耶蘇傳之硏究』(평양, 기성교회, 1915년4월, 134면)로 강의했는데, 이 등사본의 부록에 에비나의 강의「역사적 예수」가 실려 있다.[42] 또한 타카하시의 강의록은 10월에 국한문판『耶蘇傳之硏究』(경성, 기독월보사, 1915년 10월, 69면)로 출판되었다. 매일신보는 타카하시의『耶蘇傳之硏究』를「예수의 전기(傳記)를 진보한 학설에 의거하여 간단 명료하게 쓴 것」[43]이라고 소개하고 있다. 이와 같이 조합교회의 신신학이 본격적으로 소개된 시기는 1915년으로 최중진이 조합교회의 개성교회 목사가 된 1915년과 겹쳐 있다. 최중진이 자유교회를 설립하게 된 배경에 서구선교사와의 성서적 입장 차이가 있었음을 밝혔듯이, 그가 조합교회의 진보적인 자유주의 신학에 매료되었을 배경과 동기는 충분했던 것으로 보인다.

마지막 내부적 요인은 조합교회의 각교회에 대한 재정적 원조였다. 1915년의 조합교회 기록에 의하면, 조합교회는 조선인교회의 목사에게 평균 15엔부터 20엔을 그리고 지방의 목사에게는 5엔부터 10엔의 봉급을 지불했다.[44] 거기에 조합교회는 조선인 목사에게 위로비와 여행비 비용으로 총 300엔과 700엔을 지원했으며 주택비 지원금으로는 294엔을 지출했다. 장로교의 경우 네비우스 선교 정책의 자급원칙에 따라 개별 교회의 목사에 대한 봉급과 주택비에 대한 지원을 일체 하지 않았고 이에 최중진이 네비우스 선교 정책에 불만

42 위와 같음, p.175.

43「신간소개」,『매일신보』, 1915년 12월 2일.

44 松谷基和,『民族を超える教会』, 明石書店, 2020, p.205.

을 토로했다는 것은 이미 확인한 바이다. 게다가 장로회에서 독립한 자유교회로서는 재정적 어려움을 겪을 수밖에 없었고, 더욱이 재정적인 궁핍을 이겨내며 목사직을 담당할 수밖에 없었던 자유교회의 목사들에겐 조합교회의 재정적 지원은 안정적인 목회활동을 보장받는 것이나 다름없었다.

한편, 외부적 요인으로 생각할 수 있는 것은 1915년에 조선총독부가 실시한 포교규칙이다. 포교규칙에 대해서는 좀 더 상세한 고찰이 필요하지만, 여기서는 지면의 제약상 기독교와의 관련성에 초점을 두고 살펴보고자 한다. 일제강점기에 실시된 기독교 관련 법제를 일본제국 법과의 관련성에서 고찰한 안유림은 조선의 종교, 그 중에서도 포교규칙이 기독교의 포교기관 통제를 위한 기본법이었다고 지적한다.[45] 물론 이와 같은 안유림의 주장은 별도의 고찰이 필요하다. 하지만 포교규칙이 시행된 이후에 선교사 측과 조선교회 측이 각자 총독부와의 교섭에 지속적으로 나섰다는 점에서 포교규칙으로 인해 조선의 기독교가 당국의 행정적인 통제 하에 놓이게 되었다는 것을 확인할 수 있다. 특히 포교규칙의 제9조로 인해 포교소 설립시에는 반드시 총독부의 허가가 필요했으며, 그 요건 사항 중 하나가 담당포교자의 이력서를 제출하는 것이었다. 이는 곧 포교소 마다 자격

45 안유림은 조선의 불교와 유교 관련 법제들이 이른 시기에 제정되었던 것과는 달리 기독교 통제법들이 1915년에 등장한 이유는 서구와 관련된 불평등조약 문제를 해결해야 했기 때문이라고 지적한다. 즉, 1915년은 거류지 행정권이 완전히 철폐되어 부제가 실시되고 영대차지와 관련된 세금문제가 타결되어 서양세력과의 법적인 문제가 완전히 정리된 시점이었기 때문에 기독교 관련 법제들이 등장할 수 있었다. 이에 관해서는 안유림, 앞의 책, 제3장 1915년 기독교 통제법의 완비와 기독교계의 반응을 참조.

을 갖춘 담당포교자의 설치를 강요한 것이기도 했다.[46] 그래서 당시 네비우스 선교정책의 자전원칙에 따라 목사 자격을 갖추지 못한 일반 신자들도 설교를 할 수 있었던 장로교의 조선교회는 포교소의 문을 닫을 수밖에 없는 상황에 놓여 있었다. 교회의 존폐가 걸린 문제이기도 했기에 장로회의 선교사측은 당국과의 교섭을 통해 포교관리자 규정의 적용 제외를 인정받았다. 이런 가운데 장로회에서 독립한 후에도 예배당의 소유권을 찾기 위해 서구선교사들과 법적 다툼을 이어가던 자유교회의 상황은 그리 녹록치 않았을 것이다. 일본조합교회의 1911년부터 1917년까지의 조선인교회 일람표를 살펴보면, 전라지역에서 조합교회로 가입한 조선인교회의 수가 1911년의 17곳에서 1915년에는 41곳으로 약 3배로 증가한 것을 확인할 수 있다.[47] 따라서 1915년에 시행된 포교규칙은 기반이 취약했던 자유교회나 조선인교회가 조합교회로 가입하는 큰 요인으로 작용했을 것으로 보인다.

8. 최중진의 조합교회에서의 활동

자유교회 활동에 실패한 최중진이 2년의 수감 생활을 마치고 복귀한 것은 장로교였다. 하지만 얼마 지나지 않아 그는 1915년 12월 25일에 일본조합교회의 전주기독교 및 안양리 포교소의 포교담당

46 안유림, 앞의 책, p.223.
47 일본조합기독교회, 「조선인제교회일람표(1911년~1917년)」

자계를 제출하고 조합교회의 신자가 되었다. 그리고 1917년 7월 31일 총독부에 제출한 포교담당자계를 통해 그가 조합교회 개성교회의 담임 목사가 되었다는 것을 확인할 수 있다. 조합교회와 최중진의 관계를 엿볼 수 있는 관련 자료가 남아 있지 않아, 그 상세한 내용은 알 수가 없다. 다만 당시의 관보기록과 신문기사를 통해 그가 1915년부터 1919년까지 조합교회 소속의 목사로 활동했다는 것은 확인할 수 있다. 남아있는 기록을 통해 최중진의 조합교회외에서의 활동을 연표로 정리해 보면 다음과 같다.

시기	내용	사료
1915년 12월 25일	최중진이 일본조합교회의 전주기독교회 및 안양리포교소 포교담임자 신고서를 총독부에 제출	『조선총독부관보』 1110호, 1916년 4월 19일
1917년 7월 31일	최중진이 일본조합교회의 개성기독교회 포교담임자 신고서를 총독부에 제출	『조선총독부관보』 1525호, 1917년 9월 3일
1918년 5월 10일	최중진, 일본조합교회 개성기독교회 목사라는 직함으로 『반도시론』에 「愛의 債」이라는 글을 기고	『반도시론』 제2권 제5호
1918년 7월 10일	최중진, 일본조합교회 개성기독교회 목사라는 직함으로 『반도시론』에 「誰의 福」이라는 글을 기고	『반도시론』 제2권 제7호
1918년 8월 10일	최중진, 일본조합교회 개성기독교회 목사라는 직함으로 『반도시론』에 「健康의 幸福」이라는 글을 기고	『반도시론』 제2권 제8호
1919년 1월 15일	최중진이 일본조합교회의 개성기독교회 포교폐지 신고서를 총독부에 제출	『조선총독부관보』 1952호, 1919년 2월 12일

연표에서도 확인한 바와 같이, 최중진은 1919년 1월 15일에 조합교회 개성교회의 포교폐지계를 제출할 때까지 개성교회의 목사로

활동했다. 그가 개성교회 목사로 활동한 기록을 확인할 수 있는 것은 1917년 5월 24일부터 6월 2일까지 개최된 조선조합교회대회다. 조합교회대회는 조합교회의 포교활동 중에서도 제일 큰 활동으로 1913년의 제1차 대회에 이어 1917년에 제2차 대회가 개최되었다. 이 대회에는 전국 137개 조합교회의 대표자와 일본조합교회의 에비나와 요네자와(米沢尚三)가 참가한 가운데 광남교회에서 개최되었다.[48] 대회 첫날인 5월 24일 개회식에서는 와타세와 총독부 세키야 학부과장이 강연했고, 그 뒤 조합교회 대표 와타세, 유일선, 김정식, 차학연, 최중진 등 5명이 총독부를 방문했다.[49] 그리고 6월 7일에는 개성의 제일공립보통학교에서 에비나와 요네자와의 강연회가 열렸는데, 최중진의 알선으로 관청의 관리와 학교 관계자 외 유지 100여 명이 강연회에 참석했다.[50]

한편, 조합교회는 다양한 교육활동을 통해서도 포교를 활발하게 전개하였는데, 최중진은 조합교회의 조선인 목사 유일선, 조봉 등과 함께 청년수양회를 조직하여 교육활동에도 힘썼다. 청년수양회는 야간부를 설치하여 전문과목으로 영어, 한문, 음악을 가르쳤고, 보통과목으로는 국어, 부기, 어문, 산술, 성경 등을 가르쳤다.[51] 또한 최중진은 반도시론이란 잡지에 조합교회 개성교회의 목사라는 직함으로 세 편의 글을 남겼다는 것이 확인된다.[52] 이와 같이 조합교회내

48 『매일신보』, 1917년 5월 23일.

49 『매일신보』, 1917년 5월 25일.

50 『매일신보』, 1917년 6월 7일.

51 『매일신보』, 1917년 11월 8일.

52 최중진, 「愛의 債」, 『半島時論』 第2巻 第5号, 1918年5月10日, 「誰의 福」, 『半島時

에서 최중진의 입지가 어느 정도였는지 알 수는 없으나, 조합교회의 지도부와도 친밀한 관계에 있으면서 의욕적으로 활동했음은 알 수 있다.

9. 나가며

이상의 논의를 통해 일본조합교회의 조선전도와 최중진의 자유교회와의 관계를 서구선교사로부터의 자치와 자립 나아가서는 독립이라는 논리를 중심으로 고찰해 보았다. 조합교회와 자유교회가 서로 공명할 수 있었던 것은 다름아닌 서구선교사로부터 독립을 완수한 교회라는 공통점이었다. 특히, 두 교회가 서구선교사로부터 독립한 배경과 그 결과에서 다른 양상을 보이고 있지만, 두 교회의 독립 과정에서 공통적으로 확인할 수 있는 것은 두 교회 모두 서구선교사와 신학적 갈등을 겪었으며, 그 독립의 논리가 반선교사를 제창하며 진행되었다는 점이다.

하지만, 여기에서 확인해 두어야 할 것은 두 교회의 독립은 서구선교사가 실시했던 자치·자립교회의 설립이라는 선교방침에서 촉발된 것이었기에 서구선교사로부터 완전한 독립을 완수하기 위해서는 서구기독교의 극복이란 과제를 해결해야만 했다. 이러한 가운데 조합교회는 기독교에 대한 사회적 비판을 불식시키면서도 아메

論』第2巻 第7号, 1918年7月10日,「健康의 幸福」,『半島時論』第2巻 第8号, 1918年8月10日.

리칸 보드로부터의 재정적, 정신적, 신앙적 독립을 증명할 수 있는 조선전도에 착수했다. 그리고 조선전도는 조선총독부의 협력과 재정적 지원을 받으며 전개되었다. 이처럼 아메리칸 보드로부터의 독립을 계기로 부상한 조선전도는 에비나 단조와 와타세 쓰네요시의 조선전도론을 통해 확장전도의 전도지에서 일본기독교인에 의해 정신적 교화를 이루어내야 할 일본 제국의 식민지로 그 논리를 확대해 나갔다. 한편, 자유교회의 독립은 하나의 교파운동으로 전개되었다. 최중진은 자유교회를 하나의 교파로 확립시키기 위해 전도활동과 신학교 설립을 추진했다. 그러나 자유교회는 독립후에도 여전히 남아 있던 교회당을 둘러싼 서구선교사와의 소유권 문제를 해결해야만 했다. 게다가 자유교회에 가입한 타지역의 교회들도 서구선교사와 교회당을 둘러싼 소유권 싸움을 진행하고 있는 상황이었다. 그로 인해 최중진의 자유교회운동은 실질적으로 서구선교사와 교회당을 둘러싼 소유권 다툼으로 전개되었다. 다만 여기서 주목해야 할 점은 최중진이 자유교회운동을 전개하는 과정에서 총독부의 협력을 요청함으로써 당국이 자유교회의 설립 배경과 서구선교사와의 갈등을 파악하고 있었다는 것이다. 하지만 최중진의 자유교회운동은 최중진의 실족으로 실패로 끝나면서, 조합교회의 서구선교사로부터 독립한 교회라는 점에 공명한 자유교회가 조합교회에 가입하게 된다. 또한 1915년에 총독부가 발포한 포교규칙은 자유교회의 조합교회 가입을 가속화시켰다. 따라서 1910년대의 식민지 조선에서의 조선교회의 자치와 자립문제는 조선교회, 서구선교사, 일본조합교회, 조선총독부와의 관계성 속에서 복잡하고 다양한 양상을 띠며 전개해 나갔다고 할 수 있다.

그런데 1910년대의 최중진의 자유교회가 서구선교사로부터 독립을 이루어냈음에도 불구하고 하나의 교파로 성립되지 못한 것과는 달리, 자유교회의 영향을 받아 서구선교사로부터 독립한 1920년대의 김장호의 조선기독교는 당국의 기독교정책에 의해 법적으로 하나의 교단으로 성립할 수 있었다. 그 배경에는 1920년대에 조선총독부가 실시한 기독교정책에 있었다. 당시 당국은 서구선교사와 기독교회의 관계를 와해시켜 당국에 협력하는 조선교회의 육성을 목표로 포교규칙을 개정하고 조선교회의 자립과 자치론을 하나의 정책으로 내세웠다. 이 시기 총독부가 자립과 자치를 완수한 하나의 모델로 제시한 것은 다름아닌 일본조합교회에서 독립한 조선회중기독교회였다.[53] 이와 같이 식민지 조선에서의 조선교회의 자립과 자치는 시기에 따라 다른 양상과 성격을 띄며 전개해나갔다는 것을 확인할 수 있다. 앞으로 남겨진 과제는 조선교회의 자립과 자치가 일본기독교인, 서구선교사, 조선총독부와의 관계성 속에서 어떤 논리와 양상을 띄며 전개해 나갔는지에 대해 시기별로 밝힘과 동시에 식민지 조선에서의 조선기독교의 자치와 자립이 무엇을 의미했는지에 고찰해 나가고자 한다.

53 1920년대의 조선총독부의 기독교 정책과 조선교회의 자치와 자립론에 관해서는 졸고, 『1920年代初期の朝鮮総督府のキリスト教をめぐる諸相—『朝鮮の統治と基督教』を題材に—』, 『アジア・キリスト教・多元性』, 2021을 참조.

제10장

일제강점기 일본 조동종의 한반도 포교 과정과 성격

원영상

1. 들어가며

일본 조동종은 1992년 11월 20일 종무총장 오오타케 묘겐(大竹明彦) 명의로 「참사문(懺謝文)」을 발표했다. 근대기 조동종의 전쟁 책임을 명확히 하기 위한 것이다. 여기에는 중국과 한국에 끼친 조동종의 침략 내용과 과정이 비교적 상세히 나타나고 있다. 조선・한반도에 대해서는 "일본은 왕비 암살이라고 하는 폭거를 범하고, 이조 조선을 속국화하였으며, 마침내는 일한병합에 의해 하나의 국가와 민족을 말살해버렸다. 우리 종문(宗門)은 그 선병(先兵)이 되어 조선민족을 우리나라에 동화하도록 꾀하고, 황민화 정책 추진의 담당자가 되었다."[1]고 한다. 이처럼 참회와 사죄의 공식적인 성명서가 나오기까

1 이와 관련하여 부분적인 내용이 새겨진 비석이 2012년 군산의 동국사에 세워졌다. 동국사는 일본 조동종 사찰이었다. 현재는 대한불교조계종에 소속되어 있다.

지 일본 패망 후 무려 47년이나 걸렸다. 과거사에 대한 반성은 이후 임제종을 비롯한 여러 종파에서도 이루어졌다.

여기서는 또한 조동종의 전쟁 협력에 대한 사실을 인정하고, 불교가 지향하는 평화사상으로부터 멀어졌던 부정(不正)의 역사 인식을 밝히고 있다. 그리고 「참사문」 마지막 부분에는 "과거 일본의 압정(壓政)에 고통 받은 아시아의 사람들에게 깊이 사죄하고, 권력과 손을 잡은 가해자 측에 서서 개교(開教)에 임한 조동종의 해외전도의 잘못을 마음으로부터 사죄하는 바이다."[2]라고 선언한다. 이 「참사문」은 일본 불교계 중에서도 가장 솔직하고 불교적인 자기반성을 잘 드러내고 있다.

조동종은 일본 국내에서도 전쟁 반대와 천황의 전쟁 책임을 묻다가 형장의 이슬로 사라진 승려 우치야마 구도(内山愚童, 1874~1911)의 승적박탈에 대해서도 사죄하고 명예회복을 추진했다.[3] 그는 당시 전쟁, 농촌 피폐화, 제국주의 대해 일본왕을 비롯, 국가와 종교의 책임을 묻고 있다. 이는 교단 내부의 구체적이고 실질적인 자기반성을 보여주고 있다.

조동종에서 이러한 과거사 문제가 본격화 된 일본 국내의 사건은 1980년에 간행한 『조동종 해외개교전도사(曹洞宗海外開教傳道史)』(이하 『전도사』) 회수와 파기에서 비롯되었다. 조동종 종무청이 편집 발행한

이를 이어 2023년에는 부산 총천사(總泉寺) 인근 터에 <일본조동종 부산포교소 총천사지 사죄 비문>이 일본인들에 의해 세워졌다.

2 같은 문서.

3 이에 대해서는 원영상의 「근대 일본불교의 반전론」(『불교평론』76집, 불교평론사, 2018)을 참조할 것.

이 역사서는 근대에 조동종 교단이 해외에서 행한 포교 역사를 다루고 있는 책이다. 그러나 이 책은 한반도를 비롯한 동아시아에서 포교를 담당했던 포교사들이 작성하고, 또한 국책이나 황민화 정책을 추종한 역사적 사실에 대한 반성이 없다는 점이 비판의 대상이 되었다. 이에 따라 이 책은 종단 내부에서 차별도서, 즉 비윤리적인 차별을 정당화한 책으로 판단되어 폐기하기에 이르렀다. 교단 내에서는 이러한 역사적 책임을 인식하고, 마침내 「참사문」을 작성, 공표하기에 이르렀던 것이다.

이처럼 조종동의 전쟁 반성은 일정정도 이뤄지기는 했지만, 한반도 내에서의 포교 과정에서 발생한 보다 구체적인 역할에 대해서는 전모가 밝혀지지 않고 있다. 다행히 조동종의 과거 역사에 책임의식을 가진 한국과 일본의 양심적인 사람들에 의해 어두운 과거사를 조명하는 작업이 이루어지고 있는 점은 고무적이다.[4] 그럼에도 식민지 강권통치를 당한 피해자의 입장에서 조동종의 '포교 현상'을 어떻게 볼 것인가에 대해서도 아직 포괄적으로 바라본 시각은 없다. 이에 대해서는 다분히 침략이나 침략 동조라는 측면이 부각될 수밖에 없다. 식민지 정책이 일본 국내와 연동되어 있는 상황에서 일본의 종교계, 특히 불교계의 식민지 포교는 일본 정부와도 긴밀한 관계 속에서 이루어졌음을 부인할 수는 없을 것이다. 한편으로는 포교 초기에 나타난 것처럼 개인적 차원에서 포교에 임한 사례들도 있을 것으로 판단

4 조동종 내 대표적인 인물은 이치노헤 쇼코(一戸彰晃, 1949~2023)다. 아오모리현(青森県) 조동종 운상사(雲祥寺)의 주지와 군산 동국사를 지키는 모임의 회장을 역임했다. 그가 펴낸 책들은 조동종의 한반도 포교의 제국주의성에 대해 통렬한 비판을 가하고 있다.

한다. 아직은 구체적인 자료들이 나타나지 않기 때문에 포교자들에 대한 연구는 요원한 것도 사실이다. 종합적 차원에서는 비판적으로 볼 수밖에 없다는 점을 인식하고, 한반도 포교의 성격에 대해 살펴보고자 한다.

2. 조동종의 한반도 포교 과정

필자가 입수한 『전도사』에서는 실제로 조동종의 한반도 포교 과정을 무반성적 역사의 입장에서 개진하고 있다. 물론 포교 자체는 언제나 역사를 등에 업고 진행되는 것은 아니다. 순수한 포교의 열정을 가진 자가 미지의 세계에서 자신의 교의 전파가 반드시 시대의 흐름에 대한 판단을 동반하면서 이뤄지는 것은 아니다. 그럼에도 일제의 식민통치 기간에 행해진 한반도 내 일본 불교계의 활동이 이러한 역사성을 배제한 해석은 불가능하다는 점을 간과할 수 없다. 만약에 불법 그 자체의 순수성을 견지한 포교였다면, '일본이 패망한 이후에도 왜 일본불교는 한반도에 지속적으로 남아 자신의 활동을 하지 않았는가'에 대한 의문이 생긴다. 이러한 점을 놓고 조동종의 한반도 포교 과정을 살펴보고자 한다.

『전도사』에서는 조동종 최초로 조선에 진출한 승려를 다케다 한시(武田範之, 1863~1911)라고 본다. 그는 을미사변, 독도 영유권 침탈, 경술국치 등에 직간접적으로 관여했다. 그는 조동종 포교사 자격으로 한국불교를 일본에 예속시키고자 했다. 원종과 조동종의 밀약이 그

것이다. 다케다의 활동에 의한 것이기도 하지만 본격적으로 조동종이 한반도에 포교 노선을 펼치고자 한 것은 1899년 도쿄의 조동종 사원들이 <조동종 사립 해외포교회>를 결성한 것이다. 이어서 1905년 나가다 칸젠(長田觀禪)이 부산에 총천사(總泉寺)를 건립했다.[5]

총천사는 1890년대 후반에 조선포교에 뜻을 둔 무라마츠 료칸(村松良寬)이 기초를 쌓았다. 1904년 러일 전쟁을 계기로 조동종은 그를 조선주재 포교사로 임명한다. 그러나 같은 해 9월 병사하게 된다. 이 뒤를 이은 사람이 대만 대중시(臺中市)에서 활동하던 나가다 칸젠으로 종단은 그를 부산으로 이동시켰다. 총천사에 대해서는 최은령의 「일제강점기 부산 곡정 총천사 연구」라는 논문이 유일하다.[6] 《부산일보》 1926년 10월 30일자에는 총천사 명조(明照) 부인회원 15명이 신문사 본사를 방문했다는 기록이 있다.[7] 당시의 활발한 활동 상황을 엿볼 수 있는 장면으로 여겨진다. 최은령은 현재의 부산 서구 아미동 비석문화마을이 입지한 곳이 일본인들의 공동묘지인 곡정공동묘지 일대이며, 아미초등학교 자리가 바로 총천사가 있던 곳이라고 한다. 아미초등학교의 홈페이지에는 이에 대한 언급은 없다. 이는 밀교계인 고야산출장소, 일련종의 묘각사, 정토종의 지은사, 정토진종 서본원사의 포교소를 이어 후발주자로 세워졌다. 이어 1905년 후

5 이치노헤 쇼코는 『조동종은 조선에서 무엇을 했는가(曹洞宗は朝鮮で何をしたのか)』(東京: 皓星社, 2012)에서도 조선 조동종 사원의 제1호는 부산의 총천사라고 한다.(37쪽).

6 최은령, 「일제강점기 부산 곡정 총천사 연구」, 『문물연구』 38권, 동아문화재단, 2020. 이하 총천사에 대한 언급은 본 연구 논문에 의거한 것임.

7 《부산일보》 1926년 10월 30일자.

지 도넨(富士洞然)에 의해 용산의 서룡사(瑞龍寺)가 세워졌다.

이러한 추세를 본 교단은 본격적인 한반도 진출을 위한 법령을 마련했다. 조동종 교학부장이자 후에 11대 관장이 된 아라이 세키젠(新井石禪, 1865~1927)이 조선과 만주의 종교 시찰 후 귀국[8], 1907년에 <조동종 조선개교규정>을 제정했다. 그 내용에는 한국 주재 문무관리 밑 거류민 포교, 한국 주둔 수비군대의 위문 및 포교, 한국 관민 포교 및 승려 교도(教導), 필요시 교육기관을 설치하여 거류민 및 한국 인민의 자녀를 교육하는 것으로 되어 있다.[9] 초기에는 일본인을 상대로 포교하였지만 차츰 한국인을 대상으로 포교하기 시작한다. 1907년에는 다이류 다이조(大隆大定)가 서울에 일한사(日韓寺)라는 포교소를 열었다. 1908년는 구체적인 법령인 조동종의 <한국・만주개교규정>이 제정된다. 이러한 교단의 기운을 타고 서울에 다케다 한시에 의해 조계사(曹谿寺)가 건립되었다.1909년 인천 사카다(坂田)여관에 처음으로 포교소가 설치되었다. 1909년 마침내 조동종 내에서는 <조선포교소 건설비 보조금 지출의 건>이 종의회에 제출되었다. 이전의 개교규정도 개정되었다. 이때까지 7개소에 포교소를 열었다. 이는 조직적이라기보다는 개인적인 차원에서 포교소를 개척한 것이라고 할 수 있다.

1910년까지 본격적으로 9개의 포교소가 다해졌다. 개성, 마산, 진해만, 대구, 진남포, 의주, 군산, 목포, 원산 등 중요한 거점도시에 세

8 당시 그는 종교계 신문인 《中外日報》에 「조동종의 만한(滿韓) 포교」라는 제목으로 기사를 게재했다.

9 조동종 해외개교전도사 편찬위원회 편, 『曹洞宗海外開教傳道史』, 曹洞宗宗務廳, 1980, 32-33쪽.

워진 것이다. 이처럼 9개의 포교소는 일본인들의 거류민이 많았던 곳에 세워졌다. 포교 초기의 예로써 현재 조계종 사찰로 되어 있는 동국사(東國寺)를 들 수 있다. 처음에는 군산시 금광동에 세워졌다. 1909년 우치다 붓칸(內田佛觀)이 금강선사(錦江禪寺)라는 이름으로 개설한 사찰이다. 당시 군산은 호남평야의 쌀을 일본으로 유출하는 항구이자 어업도시로서 일본인들이 몰려들었다. 일본인들에 의한 농장개발도 진행되었다. 일본인들의 상권이 형성되자 여러 사찰이 들어선 것이다. 현재 국내의 조동종 사찰이 일제강점기의 상태 그대로 보존되고 있는 곳은 동국사 외에는 없는 것으로 판단된다.

교단 내 법령이 정비되자 본격적인 조선인 포교 노선을 확대한다. 이를 위해 <조동종 조선개교규정>에서는 '종무원은 조선 언어에 통달한 포교사 양성의 목적을 위해 특별히 어학연수생 약간 명을 양성한다'고 8조를 첨가했다. 조선의 원종승려 양성을 목적으로 한 것이다. 당시 다케다 한시에 의한 원종과 조동종의 합병이 진행 중이었기 때문이다.

1911년에는 조동종 종무원은 조선개교총감으로 기타노 겐포(北野玄峰)가 파견되었다. 당시 조동종 내부에서는 양본산인 영평사(永平寺)와 총지사(総持寺)의 분쟁이 발생했는데 기타노 겐포가 이를 중재하여 조정하는 데 성공했다. 후에 영평사 관수(貫首), 조동종 관장(館長)이 되었다. 그는 조동종대학 출신자 10명을 이끌고 조선 포교에 임했다. 당시의 포교 방법으로 부인회, 관음강(觀音講), 보은강(報恩講)을 열었다. 이로써 1910년대에 이르러 비약적인 발전을 보인다. 앞의 포교방식에 더해 일요학교, 유치원, 유아원도 설립하기 시작했다.

1912년에는 서울에 조동종 조선개교본부를 설치했다. 1916년 조동종은 독자적인 <조선포교규정>을 제정했다. 1929년에는 서울의 조계사가 조동종 양본산의 정식 별원이 되었다. 낙경식에 아키노 코도(秋野孝道)가 관장대리로 참석했다. 후에 동경제국대학에서 종조 도겐(道元, 1200~1253)의 핵심 법문인 『정법안장(正法眼藏)』 특별강연을 할 정도로 명망이 있는 인물이었다. 이는 조동종의 한국포교가 자신감을 갖고 성공리에 이뤄지고 있음을 의미한다.

3. 조동종의 교세

일본의 쇼와기(昭和期. 1926~1989)에 들어가는 전 해인 1925년 무렵에는 포교소의 숫자가 더욱 늘어났다. 1929년에 <조동종 조선개교규정>은 <조선포교법>으로 개정되었다. 조동종의 포교가 정착됨에 따라서 여러 종단과의 협력도 자연스럽게 이뤄졌다. 1934년에는 조선총독으로 있다가 총리가 된 사이토 마코토(斉藤実)로부터 관음상을 기증받았다. 이는 서울에 약초관음당(若草觀音堂)을 세우는 계기가 되었다. 1936년 <조선포교법>을 개정, 1937년에는 <조동종 해외포교법>이 제정되었다. 이처럼 교단법이 제정되는 것은 한반도 포교가 어느 정도 궤도에 올랐음을 의미한다. 1940년에는 황기(皇紀) 2,600년[10]

10 황기는 1872년 메이지 정부가 일본의 독자적인 기원을 정한 것에 연유한다. 신도 국교화를 강화하기 위해 일본의 기원을 진무왕(神武王)이 즉위한 해를 기원전 660년으로 정한 것이다. 일본불교의 국내외 위상은 국가신도체제의 하부에 놓여 있음을 알 수 있다.

을 기념하는 동시에 조동종 개교30주년 기념을 경성별원에서 3일간 진행했다. 그렇다면 과연 실제 교세는 어떠했을까. 여러 통계자료를 비교 분석하고자 한다.

먼저 다음 통계는 이치노헤 쇼코의 자료에 의거한 통계[11]로 1902~1944년 동안 한반도에 정착한 일본 불교 사원・포교소 숫자다. 주로 경기도, 경상남북도, 전라남북도의 교세가 두드러진다. 조동종 사원・포교소는 164곳이다.

경성부	부산	경기도	충청남도	충청북도	전라남도	전라북도	경상남도
4	1	17	11	2	14	14	41
경상북도	강원도	황해도	평안남도	평안북도	함경남도	함경북도	총계
17	8	4	4	7	11	9	164

그런데 다음에서 보는 것처럼 필자가 속한 공동연구 모임에서 제점숙 교수가 제시한 『조선총독부관보』(1911~1945) 통계 자료[12]에서는 총 숫자가 30곳 정도의 차이가 있다. 이 통계에는 대부분 포교소, 설교소, 출장소, 별원, 사(寺) 모두를 넣고, 중복되는 곳은 감안해서 작성을 했다. 대체로 이치노헤 쇼코의 통계와는 일치를 보이고 있지만, 평안남도와 경상북도 등에서는 다소 차이가 난다. 경상남북도

11 一戸彰晃, 앞의 책, 347-360쪽. 필자는 이치노헤 쇼코가 제시한 각 도 사찰을 지역별로 계산했다. 그는『朝鮮総督府官報』, 『曹洞宗海外開教伝道史』, 青柳南冥의 『朝鮮宗教史』, 『日本地理風俗大系17: 朝鮮地方 下』 등을 참조했다고 한다.

12 『조선총독부관보』(1911~1945)에서 통계를 냈음. 본 논문에서 관련된 내용의 사용은 본인의 승낙을 받았다. 흔쾌히 허락해 준 제점숙 교수에게 감사의 마음을 전한다.

의 교세가 강한 것은 부산 총천사의 포교소가 급증했음을 반영하고 있다.

경성부	부산	경기도	충청남도	충청북도	전라남도	전라북도	경상남도
1	4	20	12	3	14	19	45
경상북도	강원도	황해도	평안남도	평안북도	함경남도	함경북도	총계
22	10	4	9	4	12	13	192

또한 제점숙 교수는 다른 교파에 대한 통계도 냈는데, 정토진종 본원사파 193, 대곡파 129, 정토종 82, 일련종 68곳이었다. 정토진종의 본원사파 다음으로 조동종의 교세가 크다. 이는 일본 내에서 정토진종 다음으로 조동종의 사원이 많은 것과도 대비된다. 어느 측면에서는 일본 국내의 교세를 반영하고 있다고 할 수 있다.

다음은 식민지 조선의 일본불교 연구를 해온 나카니시 나오키(中西直樹) 교수의 통계다. 그의 통계에서 1919년부터의 추이를 살펴볼 수 있다. 그는 사원과 포교소를 분리하고 있다. 매년 증가율에 변화가 없다가 1924년에 이르면 변화한다. 점점 안정적으로 포교가 이뤄지고 있다는 증거다. 특히 여기서 알 수 있는 것은 포교소가 증가하는 것으로, 이는 식민강권통치의 영향도 있지만, 1920년대 일본불교계의 적극적인 활동이 있었음을 보여준다.

* (일본불교 각파의 사원수 · 포교수의 추이, 1919-1924)[13]

연도	1919	1920	1921	1922	1923	1924
사원 수	18	18	18	18	18	20
포교소 수	28	28	28	32	27	49

이러한 흐름 속에서 1920년대부터 또한 조동종의 조선인 신도수가 증가한다. 사원 · 포교소 수의 증가에 힘입은 것이다. 1930년대 중반으로 접어들어서 더욱 폭발적 증가가 이뤄진다. 1940년대 초반에 이르러서는 정점에 이른다. 식민강권통치기 후반으로 갈수록 일본불교의 포교가 더욱 활발해지고 있다. 그러나 전체 사원 · 포교소 숫자에 비해 그다지 높은 편은 아니다. 여전히 일본인에 대한 포교가 주를 이루고 있다고 할 수 있다. 일본불교에 대한 조선인들의 호감이 높지는 않았다고 할 수 있다.

* (일본불교 각 종파의 조선인 신도수의 추이, 1922-1931)에서 조동종만 발췌[14]

연도	1922	1923	1924	1925	1926	1927	1928	1929	1930	1931
신도수	825	985	732	736	363	457	630	541	441	329

13 中西直樹, 『植民地朝鮮と日本仏教』, 京都: 三人社, 2013, 151쪽. 『最近朝鮮事情要覧』(1921~1923), 『朝鮮要覧』(1923~1926)을 참고로 함.

14 같은 책, 224쪽. 『朝鮮ニ於ケル宗教及享祀一覽』(1926년 8월, 1931년 12월, 1941년 12월 조)에 의해 작성.

* (일본불교 각 종파의 조선인 신도수의 추이, 1932-1941)에서 조동종만 발췌[15]

연도	1932	1933	1934	1935	1936	1937	1938	1939	1940	1941
신도수	787	1,432	1,497	3,459	3,177	3,538	3,908	3,743	5,911	6,017

마지막으로 일본 불교계의 전체적인 통계를 보면 확연히 알 수 있다. 1920년대 후반에서 1940년대 초반까지 한국인 신도의 증가폭은 일본인보다 컸지만, 전체적인 비율은 낮은 편이다. 일본불교의 사원·포교소 수에 비춰본다면 한국인 신도수는 그다지 큰 비중을 차지하지 않는다. 일본인에 대한 통계는 비교적 정확하다고 할 수 있지만, 과연 한국인 신도수는 어떻게 냈는지 알 수 없다. 정확한 입교에 의한 것인지는 각 종파의 기록을 살펴보지 않을 수 없는데 지금까지 그 기록이 남아 있을지도 의문이다.

* (불교·신도·기독교 신도수의 추이, 1928-1941)에서 일본불교 일본인 및 조선인 신도수 발췌[16]

연도	1928	1929	1930	1931	1932	1933	1934
일본인	250,297	255,885	256,332	268,113	214,539	233,474	258,378
한국인	7,433	7,560	7,156	6,836	7,601	8,276	9,594

15 같은 책, 232쪽.
16 같은 책, 235쪽.

연도	1935	1936	1937	1938	1939	1940	1941
일본인	270,284	271,675	288,472	294,426	296,620	300,243	311,652
한국인	14,704	13,949	15,429	15,304	37,517	42,559	27,829

1930년대 후반에서 1940년대 초반에 한국인 신도수 증가는 조동종의 경우도 비슷하다. 식민지기 급박한 상황과도 관련이 있어 보인다. 전시체제에 돌입하자, 일본 불교계는 대회를 열고 불교단체의 행동요령을 발표했다. 밥 한끼에 반찬 하나, 매월 1회 보국탁발, 불사에 금주할 것, 흥아봉공회 설립 등 불교교단을 일관되게 관리하고, 전쟁에 참여하는 것을 목표로 삼은 것이다. 1941년에는 조동종 조선포교사대회가 열리고, 결의문이 만들어졌다. 일본 본토에 준하여 행동할 것을 제시하고 있다.[17] 1945년 9월 1일에는 <전쟁종결에 의한 대책>이 수립되어 모든 포교소를 폐쇄하고 포교사들은 일본으로 귀환하도록 했다. 이로써 조동종을 포함한 일본불교의 한국 포교는 막을 내리게 되었다.

4. 조동종과 정치권력

일본불교의 한반도 진출의 계기는 청일전쟁과 러일전쟁이었다. 이치노헤 쇼코는 앞의 책에서 조동종이 1894년 청일전쟁에 협력한

17 이치노헤 쇼코, 앞의 책, 176쪽.

과정을 상세히 열거하고 있다. 1895년까지 군자금 헌납, 육해군에 대한 헌금, 전사자 및 병사자에 대한 위령재, 추모재를 거행했다. 이러한 가운데 조동종의 승려들은 이를 군사상 종문의 당연한 임무, 황은에 보답하고 교화를 선포하여 종문의 군사에 대한 미충의 발양이라고 치켜세우고 있다고 한다.[18]

종교학자 하야시 준(林淳) 또한 이 시기 조동종 본산 총지사에서는 전국 사원과 단신도(檀信徒, 대대로 조상제사를 지내는 집안과 일반적인 형태의 신자를 총칭하는 말)에 모금을 요청, 군수용을 헌납하고 천황의 땅이 강고(強固)하고 국력이 상승하는 기도를 올렸다[19]고 한다. 이 덕분에 조동종은 일본군 진영에 포교사를 파견하기에 이른다.

이에 대해 브라이언 다이젠 빅토리아 또한 『전쟁과 선』에서 당시 청일 전쟁에 대한 일본 불교계는 진충보국과 정의의 전쟁이라는 관념 위에서 청일전쟁을 지원하고 있다고 밝히고 있다.[20] 이는 마땅히 조선에 대한 각 종파의 헌신 노력을 국가로부터 인정받고, 불교계의 위상을 확립하기 위한 것이었다. 조동종 또한 이러한 대열에 참여한 것이다. 일본은 청나라를 굴복시키고, 조선에서의 영향력을 더욱 강화했다. 1895년 다케다 한시가 관여한 민비시해는 그 일부분이었다.

국가의 일부로서 조동종은 러일전쟁에도 적극적으로 참여했다. 이치노헤 쇼코에 의하면, 러일전쟁에서 약 70인의 조동종 승려와 8

---

18 一戸彰晃, 『曹洞宗は朝鮮で何をしたのか』, 東京: 皓星社, 2012, 25-26쪽.

19 林淳, 「宗派にとって自治とは何か—内務省と曹洞宗」, 『禅研究所紀要』 49호, 愛知学院大学禅研究所, 2020, 45쪽.

20 브라이언 다이젠 빅토리아 지음 · 정혁현 옮김, 『전쟁과 선』(원제: Zen at War), 인간사랑, 2009, 57-61쪽.

천 명을 넘는 단신도가 사망했다고 한다. 이를 계기로 조동종은 군의 위문과 영령(英靈) 위령재를 구실로 한반도의 종교사정 조사를 행할 수 있었다.[21] 이렇게 해서 조동종의 종교정책은 조선의 외교권이 박탈당한 뒤 통감부와 총독부 지배 하에서 순조롭게 이뤄질 수 있었다.

다케다가 더욱 깊이 불교계에 관여할 수 있었던 것은 이러한 정치 권력과의 밀착 덕분이었다. 그는 니이가타현(新潟県) 조동종 사찰 현성사(顯聖寺)의 주지였다. 황국 일본을 위해 공훈을 세우겠다는 야심을 세우고 1892년에 부산으로 건너왔다. 원종 고문이 된 뒤에는 용산에 서룡선사(瑞龍禪寺)를 세웠다. 이용구와 함께 1907년『권불교재흥서(勸佛敎再興書)』를 작성했다. 다케다는 표면적으로는 조선불교의 재흥을 위해 한국의 각 사원의 합의소를 경성에 세우고, 유능한 승려들을 각 도시에 파견, 불법의 홍포와 불교학교 건립을 통한 인재양성을 통해 불교의 사회적 지위를 향상시키자고 했다. 조동종은 1908년 다케다를 조선의 포교관리로 임명했다. 그는 명성왕후 시해 사건의 주역인 동시에 낭인단체인 흑룡회를 주도한 인물이다. 청일전쟁 개전을 획책한 낭인집단 천우협(天佑俠)에도 참가했다. 천우협은 부산 거류민을 중심으로 동학당을 지원한다는 명목으로 결성된 단체였다. 그는 동학군을 염탐하며 전봉준을 포섭하고자 했다. 송병준이 만든 친일단체 일진회의 고문을 맡았다.

1908년 원흥사에 설립된 원종 종무원의 종정인 이회광(李晦光, 1862~1933)은 다케다를 고문으로 추대했다. 일진회 회장 이용구(李容九)가

21 一戸彰晃, 앞의 책, 34-35쪽

조선불교는 일본의 원조를 받아야 장래가 펼쳐진다며 추천한 것이다. 원종은 조선의 불교 억압으로 인한 정체성을 잃어버린 것에서 나왔다. 원(圓)은 원융무애한 선교겸수의 차원에서 이름 붙여진 것이다. 근대에 이르러 비로소 대표성을 띤 원종을 친일파들이 이용하기에 이른다. 원종의 대표인 이회광과 함께 일본 조동종과의 연합을 추진했다. 다케다는 이 병합의 당위성을 주장하기 위해 1911년『원종육제론(圓宗六諦論)』을 저술했다. 1910년 10월에 72개의 사찰 위임장을 지닌 이회광은 당시 조동종 관장 이시카와 슈도(石川素童)와 함께 7개조의 연합문으로 맹약 체결을 했다. 일본 측은 원종이 부속되기를 바랬지만 이회광이 거절하는 바람에 연합이 되었다. 그 조약은 다음과 같다.

"1. 조선 전체의 원종 사원 대중은 조동종과 완전하고 영구히 연합동맹하여 불교를 확장할 것, 1. 조선 원종 종무원은 조동종 종무원에 고문을 의속할 것, 1. 조동종 종무원은 조선 원종 종무원의 설립인가를 득함에 알선의 노력을 취할 것, 1. 조선 원종 종무원은 조동종의 포교에 대하여 상당한 편리를 도모할 것, 1. 조선 원종 종무원은 조동종 종무원에서 포교사 약간 명을 초빙하여 각 수사찰에 배치하여 일반 포교 및 청년 승려의 교육을 촉탁하고 또는 조동종 종무원이 필요로 인하여 포교사를 파견하는 때에는 조선 원종 종무원은 조동종 종무원이 지정하는 지역의 수사찰이나 혹 사원에 숙사를 정하여 일반 포교 및 청년 승려 교육에 종사케 할 것, 1. 본 체맹은 쌍방의 뜻이 일치하지 않으면 폐지 변경 혹 개정을 할 것, 1. 본 체맹은 기관의 승인을 얻는 일로부터 효력을 발생함."[22]

여기서 볼 수 있는 것은 일본 조동종이 일방적이라는 점이다. 내용으로는 조동종이 원하는 부속의 형태가 된 것이다. 강자가 약자에게 베푸는 시혜와 같은 조약이다. 반대로 한국이 일본 조동종에 대해 반대급부를 요구하고 있지는 않다. 핵심은 일본 조동종의 포교사 파견 시에 한국 사찰을 자신의 의지대로 사용할 수 있다는 점이다. 결국 이는 맹약이 아니라 종속이 된 것이다. 이에 대한 한국 승려들은 조동종에게 한국불교를 팔아먹는 행위라고 맹비난했다.

이회광과 다케다가 공모한 원종과 조동종의 맹약은 조선총독부의 반대로 무산되었다. 총독부는 한국 민중의 반발이 통치에 도움이 되지 않을 것으로 판단, 양국의 종파 연합을 허가하지 않은 것이다. 홍월초와 이보담 등이 창립한 불교연구회 또한 한국불교와 일본 정토종과의 합병을 기획하기도 했기 때문에 총독부는 다른 종파의 연합이나 합병에도 제동을 건 것이다. 통감부를 거쳐 총독부를 통해 한반도에 대한 완전한 통제가 가능한 상황에서 법령을 통해 한국불교를 충분히 지배할 수 있다는 계산도 숨어 있었다. 총독부가 1911년에 <사찰령>을 발표한 것은 이처럼 원종과 일본 조동종의 맹약이 계기가 되었다고 할 수 있다. 한국 또한 매종행위에 대한 반격으로 1911년 박한영, 송종헌, 진진응 등 15명이 주동하여 임제종 운동을 시작했다. 이후 총독부는 법령과 무단(武斷)정치를 통해 한국불교계

22 김광식, 「1910년대 불교계의 조동종 맹약과 임제종 운동」, 『한국 근대불교사 연구』, 민족사, 1996, 67쪽. 원문인 한문체를 한글로 바꾸었음.

를 점점 통제해 나갔다.

1915년 총독부는 <신사사원규칙(神社寺院規則)>(조선총독부령 제82호)과 <포교규칙>(조선총독부령 제83호)을 연속적으로 제정했다. 일본의 신도와 불교의 포교를 총독부의 관할 하에 두기 위함이었다. 그것은 일본 내에서도 그랬듯이 국가신도를 제외하고는 모든 종교를 통제하기 위한 것이다. 식민지의 경우 식민지 주민의 교화에 종교가 유용하기도 했다. 이토 히로부미(伊藤博文)를 추모하는 박문사(博文寺)는 그러한 예로 볼 수 있다. 1932년 완공되어 초대 주지를 맡은 쪽은 조동종이었다. 대본산 영평사의 69대 주지인 스즈키 텐잔(鈴木天山)이 초대 주지가 되었다. 박문사는 영평사와 총지사의 경성별원으로 삼았다. 장충단에 세워진 이 절의 산호는 슌포(春畝)로 이토 히로부미의 호였다. 정문은 경희궁의 흥화문을 가져다 놓았다. 스즈키 텐잔을 이은 주지는 우에노 슌에이(上野舜潁)다. 그는 총독부의 고문이 되었다. 조동종이 왜 박문사를 관할하게 되었는지는 이토 히로부미가 영평사 64대 주지인 모리타 고유(森田悟由)에게 귀의했다는 인연에도 두고 있다.

이어 조동종과 관련, 주목할 것은 1930년대 심전개발운동(心田開發運動)으로 이는 조선총독부가 주도한 조선경제의 부흥을 위한 정신계몽운동이었다. 여기에는 충량한 황국신민을 만든다는 계략도 숨어 있었다. 따라서 종교계를 동원하는 것이 가장 안성맞춤이었다. 1931년 7월, 제6대 조선총독 우가키 가즈시게(宇垣一成)의 농촌진흥운동을 계기로 1935년 1월 총독부가 도지사회의(道知事會議)와 도참여관회의(道參與官會議) 등을 통하여 정신작흥 · 농산어촌진흥 · 자력

갱생운동 강화에 관한 의견을 청취하는 과정에서 창출되었다.[23] 이 회의 2주일 후에 구체적인 방침을 정하기 위해 제일 먼저 서울의 불교계를 대상으로 간담회를 열었다. 이어 신도, 고유신앙, 그리고 기독교까지 종교계를 가장 먼저 끌어들이고 있다.[24]

이는 근대 일본의 대교선포운동(大教宣布運動)과 비슷하다. 1872년 신불병합에 의한 교도직(教導職)을 설치하고, 삼조의 교헌(教憲), 즉 경신애국(敬神愛國)・천리인도(天理人道)・황상봉대(皇上奉載)를 지도하는 국민정신강화운동이었다. 1875년 불교계의 반발로 해체되었다. 이의 판박이가 심전개발운동이다. 1936년부터 학무국이 추진한 국체관념(國體觀念)의 명징(明徵)・경신숭조(敬神崇祖) 사상 및 신앙심을 함양・보은・감사・자립의 정신의 양성의 심전개발 3대 원칙에 의거한 것이다.[25] 궁극적으로는 문화통치를 빙자하여 일본 국내와 같이 한반도 전 민중을 천황제 국가에 완전하게 복속하도록 하기 위한 것이다.

이 심전개발운동의 연원을 따진다면 인간의 마음을 계발한 석존 당대부터 지금까지 불교의 전유물이다.[26] 따라서 깨달음인 인간 불

23 김순석, 「1930년대 후반 조선총독부의 '심전개발운동' 전개와 조선 불교계」, 한국민족운동사학회 편, 『한국민족운동사연구』 25호, 국학자료원, 2000: 「1930년대 전반기 재조선(在朝鮮) 일본 불교계의 동향-『조선불교』지에 나타난 활동을 중심으로-」, 『한국독립운동사연구』 제12집, 독립기념관 한국독립운동사연구소, 1998, 참조. 김태흡이 주도한 『불교시보(佛教時報)』는 심전개발운동을 대대적으로 선전하였다.

24 中西直樹, 앞의 책, 237쪽.

25 朝鮮總督府 편, 『施政三十年史』, 1940 참조.

26 1924년 불법연구회를 세운 박중빈(朴重彬, 1891~1943)은 심전개발을 심전계발(心田啓發)로 변형시켜 활용하였다. 소태산 행장과 어록인 『대종경(大宗經)』에서는 "본래에 분별과 주착이 없는 우리의 성품(性稟)에서 선악 간 마음 발하는 것이 마치 저 밭에서 여러 가지 농작물과 잡초가 나오는 것 같다 하여 우리의 마음 바

타를 지향하는 선종인 조동종도 깊이 관여하게 되었다. 특히 1935년부터 1944년까지 박문사 주지였던 우에노 슌에이의 활동은 가장 주도적이었다. 그는 '심전의 개척'이라는 강연을 통해 전국을 순회하며, 7불통계게(七佛通戒偈) 등 불법의 고유한 가르침을 통해 심전개발을 홍보했다. 이치노헤 쇼코는 일본 불교가 "조선총독부의 식민지 정책을 따르는 것이 선이며, 그것에 반하는 것은 악이었다"[27]고 한다. 조동종은 일본 불교계의 어떤 종단보다도 총독부와 깊은 관계를 맺고 있었다고 할 수 있다. 따라서 한반도에서의 조동종의 종교적 권력 또한 막강했다고 할 수 있다. 앞에서 살펴본 교세 또한 이러한 권력 통해 확산된 것임을 충분히 알 수 있다.

5. 조동종의 한반도 포교의 성격

과거 조동종의 해외포교 연구를 진행해 온 나카니시 나오키(中西直樹)는 일본불교의 조선포교를 선행포교, 종군포교, 점령지포교, 식민지포교 4가지 단계로 보고 있다.[28] 그런데 이러한 분석은 일본 국내외의 정세를 살펴볼 때, 매우 단선적이라고 하지 않을 수 없다. 선행

탕을 심전(心田)이라 하고 묵은 밭을 잘 개척하여 좋은 밭을 만들듯이 우리의 마음 바탕을 잘 단련하여 혜복을 갖추어 얻자는 뜻에서 심전 계발(啓發)이라는 말이 있게 되었나니라. (중략) 그러므로, 우리의 천만 죄복이 다른 데에 있는 것이 아니요, 오직 이 심전 계발을 잘하고 못하는 데에 있나니, 이 일을 어찌 등한히 하리요."(제3수행품(修行品) 59장)

27 一戶彰晃, 앞의 책, 157-158쪽.

28 中西直樹, 『植民地朝鮮と日本仏教』, 京都: 三人社, 2013 참조.

포교나 종군포교의 목적은 한반도 식민지화의 일관된 과정과 함께 진행되었으며, 청일과 러일 전쟁, 을사보호조약에 의한 외교권 박탈과 한일합방을 거친 후의 점령지나 식민지 포교는 한반도 식미지화에 따른 결과이기 때문이다. 사할린, 남미, 북미, 유럽에 대한 포교와는 달리 중국이나 대만, 그리고 한국은 당시의 정치적인 상황이 다르다. 근대 일본이 제국주의적인 침탈을 기획하고 실행하는 과정에 불교계 또한 그 정책에 편승하여 자신의 입지를 결정했다. 이러한 점에서 나카니시 나오키가 제시하는 단계적 과정은 포교의 근본 입장, 즉 일본불교의 식민지 정착과 동일화를 떼어놓고 생각할 수 없다. 따라서 필자는 그의 의견을 포함하여 조동종의 한반도 식민지 포교의 보다 심층적인 성격을 다음과 같이 보고자 한다.

첫째, 일본의 불교계는 근대에 부활한 천황제에 의한 국가 통치를 승인하지 않을 수 없는 상황에서 조동종 또한 국내외의 포교는 제한적일 수밖에 없었다. 김귀한의 연구에서 알 수 있듯이 조동종의 「종보」에 나타난 일차적인 천황권력의 승인은 국가신도화의 결과라고 할 수 있다.[29] 위로부터의 혁명에 성공한 메이지유신의 여파인 셈이다. 메이지 신정부는 천황권력의 정당화를 위해 폐불훼석(廢佛毁釋)을 통한 불교의 탄압에 이어 신도국교화, 황실전범(皇室典範)과 교육칙어 공포, 제국헌법을 제정했다. 이러한 일련의 과정에서 국가신도 외의 교파신도, 불교계, 기독교계, 신종교계는 국가권력의 장에 흡수되고 말았다. 오히려 국민교화를 위한 교도직(教導職)[30]에 불교를 참여시킴

29 김귀한, 「한말 일제초 일본 曹洞宗의 조선 포교활동과 불교계의 대응」, 부산대학교 사학과 석사논문, 2007 참조.

으로써 더욱 노골적으로 이용하고 있음을 알 수 있다. 불교계는 자신의 보호를 위해 국가공인종교로서 인정을 받고자 하였지만 실패하고 말았다.

오히려 1930년대부터 15년 전쟁기로 갈수록 종교에 대한 억압은 더욱 강해지고, 일본 국내에서는 1939년에는 <종교단체법>이 제정되었다. 이 법은 어떤 종교의 교의도 국가신도를 국가의 제사 기능과 숭경의 대상으로 보는 것에 저촉되어서는 안 된다는 것을 기반으로 하고 있다. 또한 종교 설립에 대한 국가의 허가는 물론 국민정신총동원에 종교가 협조해야 된다고 함으로써 종교의 자유가 극한적으로 제한되고 있다.[31] 이러한 국내 종교정책 과정을 숙지한 조선총독부 또한 한반도의 종교단체에 대한 정책을 펼치고 있다고 할 수 있다.

식민지라는 특수성은 있지만, 일본불교에 대해 국내법과도 깊은 관계를 가지고 있다고 할 수 있다. 한반도의 조동종 사찰은 일본 국내의 본산이나 관장의 지도하에 있었기에 국내 정치권력과의 관계도 매우 중요했음을 알 수 있다. 폐불훼석 이후 조동종을 비롯한 일본 불교계는 더욱 더 국가 권력의 장에 밀착하고자 했다. 따라서 권력의 동향에 따라 포교도 진행되고 있다.

둘째, 일본불교인들의 입장에서 한국불교는 조선시대 내내 천대받아 사회 내 하층 구조에 속해 있으므로 일본불교의 보호 대상으로

30 1870년 천황에 의한 대교선포(大教宣布) 운동을 위해 1872년부터 1884년까지 설치된 종교관리다. 대교선포는 신도국교화에 의한 국민교화운동을 말한다. 그 목표는 신격이 부여된 일왕을 중심으로 한 제정일치국가다.

31 朝日新聞社 편, 『新法律の解說』, 東京: 朝日新聞社, 1939, 156-166쪽.

보았다는 점이다. 조선왕조는 현실에서는 승려들의 사회적 지위가 천민(賤民)에 다름이 없었지만, 『명종실록(明宗實錄)』에는 불가의 승려도 천민(天民)임[32]을 밝히고 있다. 이율배반의 조선시대였지만, 이념적으로는 승려들도 유교적 관점에서 하늘의 이법을 품수(稟受)한 백성의 구성원으로 본 것이다. 고려시대 불교의 전횡에 대한 반발과 유교국가의 국시가 조선시대인 만큼 현실적으로 승려의 지위가 낮았던 것은 사실이다. 이러한 승려 배척의 현실을 일본불교계가 한반도 상륙의 근거로 삼고 있다.[33] 한국 승려는 오랜 동안 불법에 대한 배척으로 무기력한 한국 승려에 대해 약자에 대한 멸시와 강자의 우월감으로 자신의 지도로 교육을 받아야 하는 존재라는 인식을 하고 있는 것이다.

이에 대해 구도 에이쇼(工藤英勝)는 당시 조동종의 조선포교에 있어 차별화된 관념에 대한 문제를 제시하고 있다. 메이지기에 조동종 종의회의 교단의 답변을 분석, 신헤이민(新平民), 에따(穢多), 고츠지키(乞食)와 같은 피차별 민중에 대한 천칭(賤称)을 사용하고 있다는 점이다. 이는 조선인에 대한 명백한 차별의식을 보여주는 동시에 이를 통해 한국의 승려들을 비천시(卑賤視)하고 있으며, "부락차별의 국제적인

32 『明宗實錄』, 국편영인본 19책, 523쪽. "공조(工曹)가 홍제원(弘濟院) 앞 개울을 수축할 때에 승군(僧軍)을 더 증가하자고 청하였는데, 그들도 천민(天民)으로서 농사는 지을 수가 없고 양식을 구걸하여 살아가는 자들이다. 만약 나라에 일이 있을 적마다 역사(役事)를 시킨다면 억울함이 없지 않을 것이다. 앞서 정했던 승군도 모두 역사시키지 말고 유위군(留衛軍)으로 정해서 보내라." 조선시대는 노비인 천민(賤民)이 존속되었음에도 귀천이 없는 천민(天民)이라는 말이 실록에 여러 군데 등장한다. 여러 연구자들이 지적하듯이 모순된 사회였던 것이다.

33 일본불교계는 이를 순망치한의 관계로 설정, 한반도 내 일본불교 포교의 정당성을 내세우고 있다.

재생산, 식민지 수출"이라고 보고 있다.[34] 조선시대에 승려에 대한 사회적 차별 속에 일본 내부의 차별 인식을 그대로 전이시키고 있다는 것이다. 1927년 <산송(傘松)>에서는 일본 승려들이 "조선 부산 총천사 내에서 식민지의 개교에 신명을 다 받치고 계신다."[35]라고 하는 것처럼, 그들의 활동은 식민지를 전제로 한 포교였다. 조동종은 이처럼 식민지 포교에 대한 명확한 인식을 전제로 하고 있다. 1933년 <산송>에서는 박문사 집사 하라 텐류(原天隆)는 「내선융화의 사명에 있어(2)」에서 "그들은 종교의 소양은 없고, 사당이나 무당 따위가 횡행하는가 하면 기독교는 크게 힘을 쏟아 도처에 교회를 세우고 있다. (중략) 조선에는 재래의 불자는 천민 취급되고 있는 관계로 내지(內地) 불교인은 내지인을 상대로 개교하며, 활발하게 활동하고 하루하루 번성하고 있는 것은 실로 유쾌하지 않을 수 없지만, 조선에 대한 개교는 매우 소수인 것은 유감이다."[36]라고 한다. 이처럼 한반도의 불교와 승려들에 대한 깊은 역사적 인식이나 전통에 대한 높은 문화적 소양은 거의 없다고 할 수 있다. 이는 일본이 식민지 개척을 위해 한반도 문화와 민중에 대해 폄하했던 의식과 궤를 같이 하고 있음을 그대로 드러낸다.

셋째, 최종적으로는 국가 권력에 영합하면서 민간포교노선의 확장을 통한 한반도의 일본불교화가 목표였다. 다케다 한시에 의한 한국불교의 일본 종속의 획책은 물론 총독부가 내건 내선일체, 내선융

34 工藤英勝, 「曹洞宗の朝鮮布教概史」, 『宗教研究』 第三一五号, 東京大学日本宗教学会, 1998 참조할 것.

35 相沢道学, 「八面鏡」, <傘松> 3호, 1927년 5월 15일자. <산송>은 永平寺의 기관지다.

36 같은 잡지 67호, 1933.3.15.

화를 추종하면서 조동종은 한국불교의 일본화를 추진하고 있었던 것이다. 교육, 자선을 통해 서구 기독교가 식민지에 교화했듯이 일본 또한 이를 네오 오리엔탈리즘(Neo-Orientalism)적 차원에서 모방한 것이다.

1933년 <산송>에서 하라 텐류는 「내선융화의 사명에 있어(1)」에서 "경성의 장충단이라는 일각에 건설된 박문사(博文寺)라는 절은 포교총관(布教総管)의 지배 밖인 일종의 독특한 조동종 사원이다. (중략) 우선 내선융화를 실행하고자 하는 것에 앞서 조선인의 복장, 조선인의 생활상태, 조선인의 인정, 조선 재래 승려의 실태를 소개하고 싶다."[37]라고 한다. 이러한 현실을 전망한 뒤에 한국의 승려들을 자신들의 포교 정책에 동화시키고자 한다. 이는 다케다 한시 이래의 전략이 여전히 진행 중임을 나타낸다. 앞에서 언급한 조선포교의 총책인 기타노 겐포는 「조선포교담」 중에서[38] "나는 아무쪼록 조선인 승려를 활용하고 싶다고 생각하여 총독과도 여러모로 상담하기도 했다. 그렇지만 당국자로서도 너무나도 손을 댈 수 없는 생각인 것 같아 무어라 구체적인 상담도 할 수 없었다. 그러나 나는 어떻게 해서라도 어떠한 측면으로라도 이를 활용하고 싶다고 생각한다."라고 언급한다. 직접 포교보다는 간접적인 포교, 즉 그들이 선진화되었다고 보는 일본불교를 추종하는 세력 양산에 주목한 것이다. 조선 총독부와의 밀접한 관계는 이를 위한 노선의 하나였다.

이러한 조동종 포교의 특징에 나타난 국가권력과의 관계는 조동

37 <산송(傘松)> 66호, 1933.2.15. 본 자료는 一戸彰晃 스님으로부터 받았다.
38 一戸彰晃, 앞의 책, 107쪽.

종의 종조들의 이상에는 역행하는 것이다. 사실 중세에 탄생한 일본 신불교 교단은 국가권력과는 일정한 거리를 두고 탄생했다. 종토진종의 조사 신란(親鸞)은 신사불배(神社不拜)를 천명하였으며, 이러한 정신은 근세의 농민봉기인 잇끼(一揆)를 통해 불교의 민중화에 동력이 되었다. 정치권력에 의해 탄압당한 니치렌(日蓮)도 일본 천황을 비롯한 권력자들도 부처의 심부름꾼이라고 할 정도로 불주국종(佛主國從)의 철학을 견지했다. 니치렌계의 조사들은 근세에 불교를 종속시키고자 하는 막부 권력에 저항하며 목숨을 내놓기까지 했다.

조동종의 종조인 도겐은 국가 권력과는 어떤 관계도 맺지 않았다. 정치권력을 철저히 차단했으며, 막부가 제정한 중세의 5산 10찰 어디에도 소속되지 않았다. 조동선법을 펼치기 위한 영평사를 후쿠이현(福井縣)의 산속에 개창한 것도 이러한 이유에서였다. 일본 국내는 물론 총독부를 통한 조동종의 권력 유착은 그러한 역사적 사실에 반하는 현상이다. 이러한 행위의 위험성은 정치권력이 쇠퇴할 때 함께 쇠락의 길을 걷는다는 점이다. 이러한 역사를 근대 조동종의 한반도 포교는 명백히 보여주고 있다.

6. 나가며

한반도의 일본불교 포교는 앞에서 살펴본 것처럼, 조선 총독부의 정책, 나아가서는 근대 일본의 전체적인 흐름과 궤를 같이 한다. 조동종 또한 예외가 아니다. 다케다 한시는 그러한 실증의 예일 것이다. 조동종은 일본 국내에서 국가권력과의 밀착을 통해 교단의 세력을 강화하고 있다.[39] 그러한 행태가 한반도에서도 연동되어 일어나고 있는 것이다. 지방을 통해 민중교화를 우선했던 일본 조동종의 역사에 비추어 근대는 이탈된 국주불종(國主佛從)의 상황을 스스로 만들고 있었던 것이다.

그 대표적인 심전개발운동은 조동종 포교에 있어 자신들의 전유물이나 다름이 없었다. 이러한 정책 개발에 또한 조동종이 깊이 관여했음을 재론의 여지가 없다. 선종마저 식민지 통치의 도구가 되었던 것이다. 그리고 실제로 조동종이 가장 앞장서서 이 운동을 전개해 나갔다. 한국 불교계의 친일 승려들은 심전개발운동에 적극적으로 참여했다. 이들 친일 세력들은 한반도야말로 신개척지로서 선종의 전통과 맞물려 영구적인 통치가 이뤄질 것으로 판단했다. 일본불교계도 이러한 분위기를 만들며 그들의 포교 노선을 확장해갔다. 조동종은 일본의 다른 종파들도 그러했듯이 한국불교를 자신들의 보호대상으로 보고 포교 정책을 펼치기도 했다. 결국 식민강권통치의 종말과 함께 조동종을 포함한 일본불교계는 한반도에서 철수하지 않을 수 없는 상황이 되었다.

필자가 의문으로 삼았던 것처럼 일본불교는 왜 한반도에서 일본의 패망과 함께 물러나지 않을 수 없었던가에 대한 해답을 본 논문에서도 엿볼 수 있다. 일본 국내의 상황과 함께 한반도 포교를 꿈꾸었

39 앞에서도 살펴본 것처럼 학자들마다 조동종의 사찰 수에 차이가 있는 것은 자료의 차이라고 할 수 있다. 조동종 내부든 조선총독부든 당시의 기록에 착오가 있거나 누락된 곳, 일시적인 곳 등 여러 차원에서 살펴볼 수 있다. 분명한 것은 조동종이 행정적으로 한반도 전체를 포교 관할로 넣고 이를 이행하고 있었다는 점이다.

던, 나아가 자신들의 지배하에 두고자 했던 기획은 이렇게 해서 파탄으로 끝나고 말았다. 어느 나라 어느 시대든 정치를 초월하는 종교 본래의 사명을 돌이켜 보아야만 하는 이유가 여기에 있다. 그것은 그들 종조와 조사들의 핵심적인 가르침이기도 하다. 이러한 가르침이 보편성을 갖추었기 때문에 민중이 모여든 것이다. 이를 왜곡할 때, 교단의 운명도 위기에 처한다. 조동종의 통절한 참사문은 이를 잘 보여준다. 본 연구가 조동종이 근대시기 국내와 한반도에서 자신의 패착을 깊이 인식하고 '상구보리 하화중생'의 대승불교가 지향하는 목적을 돌이켜보는 작은 계기가 되길 바랄 뿐이다.

참고문헌

제1부 근대 일본계 종교의 조선 포교 양상

제1장 일제강점기 교파신도의 조선포교 양상 연구

조선총독부, 『朝鮮總督府統計年報』(1910~1941)

_________, 『朝鮮における宗教及享祀一覽』(1926~1937)

_________, 『朝鮮における宗教及享祀要覽』(1938~1941)

통감부 지방부, 『宗教ニ關スル雜件綴』(1906~1909)

「宗教及類似宗教」, 『治安狀況』, 강원도경찰부, 1938.

「神道教派名変更並教規変更認可の件」, 『신도사원법인 기독교법인 인가 관계 서류』, 조선총독부 학무국 사회교육과, 1941.

「神道朝鮮布教管理者に関スル件」, 『宗教雜件綴』, 조선총독부 학무국 종교과, 1926.

『대한매일신보』『황성신문』『매일신보』『조선신문』『読売新聞』『日新』

대한불교조계종총무원, 『일제시대 불교정책과 현황(上)』, 대한불교조계종총무원총무부, 2001.

井上順孝, 『神道入門』, 平凡社新書, 2006.

권동우, 「교파신도와 '근대신화' 연구의 가능성 모색」, 『일본연구』 64, 한국외대 일본연구소, 2015.

_____, 「교파신도의 조선포교로 보는 근대신도의 이중성」, 『종교연구』 80-1, 한국종교학회, 2020.

_____, 「신도의 조선 유입에 관한 재검토: 교파신도의 조선포교를 중심으로」, 『원불교사상과 종교문화』 76, 원광대 원불교사상연구원, 2018.

_____, 「일제강점기 교파신도 한국 유입과 분포에 대한 연구」, 『일본불교문화연구』 11, 한국일본불교문화학회, 2014.

김경집, 「근대일본불교의 한국 진출과 활동 양상」, 『한마음연구』 4, 대행선연구원, 2020.

김성은, 「일본조합교회의 조선전도와 정교분리의 정치화」, 『일본어문학』 80,

일본어문학회, 2018.
김수진, 「사건으로 본 한국 기독교사13: 일본 조합교회와 조선 식민지 전도사건」, 『한국기독교사연구회소식』 13, 한국기독교역사학회, 1987.
김태훈, 「「조선총독부관보」로 보는 일본계 종교 유입의 전체도」, 『공존의 인간학』 4, 전주대 한국고전학연구소, 2020.
渡邊順一, 「日本植民地統治下での東アジア布教ー台湾・朝鮮・満州での布教の軌跡とその問題ー」, 『金光教學』 31, 金光教學研究所, 1991.
문혜진, 「일제강점기 경성부 교파신도의 현황과 활동양상」, 『서울과 역사』 101, 서울역사편찬원, 2019.
______, 「일제강점기 부산 교파신도의 현황과 활동양상」, 『향도부산』 38, 부산광역시사편찬위원회, 2019.
박은영, 「일본조합교회 가시와기 기엔의 조선인식 연구」, 『일본문화연구』 57, 동아시아일본학회, 2016.
박혜미, 「일본조합교회 '순교회사' 유일선의 생애와 친일활동」, 『한국독립운동사연구』 52, 독립기념관 한국독립운동사연구소, 2015.
______, 「일본조합교회 간사 김린의 생애와 친일활동」, 『한국기독교와 역사』 51, 한국기독교역사학회, 2019.
서정엄, 「일본불교의 포교-정토진종대곡파의 한국포교를 중심으로」, 『대각사상』 6, 대각사상연구원, 2003.
성주현, 「1910년대 식민지 조선의 일본조합교회 동향」, 『한국독립운동사연구』 24, 독립기념관 한국독립운동사연구소, 2005.
원영상, 「근대 일본불교의 한반도 유입의 초기 전개 양상-통감부통치 시기를 중심으로」, 『한국불교학』 87, 한국불교학회, 2018.
______, 「근대일본과 조선총독부의 종교정책 관계에 대한 연구」, 『일본불교문화연구』 11, 한국일본불교문화학회, 2014.
______, 「한국학계의 일본불교 연구 동향」, 『한국불교학』 68, 한국불교학회, 2013.
정성하, 「일본조합교회와 일본제국주의: 일본 조합교회의 조선선교를 중심으로」, 『신종교연구』 2, 한국신종교학회, 2000.
제점숙, 「개항기 조선 일본불교의 종교 활동에 관한 연구-제국사적 관점에서 본 일본불교(정토종)의 동향」, 『비교일본학』 29, 한양대 일본학국제비교연구소, 2013.
한상길, 「개화기 일본불교의 전파와 한국불교」, 『불교학보』 46, 동국대 불교문화연구원, 2007.

______, 「일본 근대불교의 한 · 중 포교에 대한 연구」, 『한국선학』 20, 한국선학회, 2008.

홍치모, 「일본조합교회와 조선총독부의 종교정책」, 『한국교회사학회지』 4, 한국교회사학회, 1992.

『神典大觀』http://shinden.boo.jp/(2022.2.5. 검색)

제2장 일본불교의 조선포교 검증

해당사항 없음.

제3장 일본불교의 조선포교 양상과 종교시설 현황

연구논문

윤기엽, 「개화기(開化期) 일본불교의 포교 양상과 추이」, 『원불교사상과종교문화』 제54호, 원광대학교원불교사상연구원, 2012, pp.255-287.

제점숙, 「개항기 조선 일본불교의 종교 활동에 관한 연구－제국사적 관점에서 본 일본불교(정토종)의 동향－」, 『비교일본학』 제29호, 일본학국제비교연구소, 2013, pp.91-112.

조승미, 「근대 일본불교의 전쟁지원－정토진종의 역할을 중심으로－」, 『불교학보』 제46호, 불교문화연구원, 2007, pp.183-201.

한상길, 「일본 근대불교의 韓 · 中 포교에 대한 연구－淨土眞宗 奥村圓心과 小栗栖香頂의 활동을 중심으로－」, 『선학』 제20호, 한국선학회, 2008. pp.349-392.

단행본

고려대학교 글로벌일본연구원, 『개화기 · 일제강점기(1876~1945) 재조일본인 정보사전』, 보고사, 2018.

스와 시로, 하동길(번역), 한석택(해제), 『마산항지』, 창원시청연구원, 2021.

번역서 및 외국논저

中西直樹, 『植民地朝鮮と日本佛教』, 三人社, 2013.

________, 『日本仏教 アジア布教の諸相』, 三人社, 2020.
海外開教要覽刊行委員會, 『海外開教要覽』, 淨土眞宗本願寺派, 1973.
朝鮮總督府編, 『第二版 最近朝鮮事情要覽』, 1912.
__________, 『第四次朝鮮總督府統計年報』, 1911.

기타자료

明敎社 『明敎新誌』
令知會 『三寶叢誌』
京都新報社 『京都新報』
敎學報知新聞社 『敎學報知』
中外日報社 『中外日報』
敎學報知新聞社 『敎海一蘭』
朝鮮總督府 『官報』
국사편찬위원회 한국사데이터베이스 https://db.history.go.kr/

제4장 일본계 기독교의 조선전도 양상 연구

권동우, 「일제강점기 교파신도의 조선포교 양상 연구」, 『민족문화연구』 95, 2022, pp.223-259.
김태훈, 「『조선총독부관보』로 보는 일본계 종교 유입의 전체도」, 『공존의 인간학』 4, 2020, pp.233-273.
대한불교조계종총무원총무부, 『일제시대 불교정책과 현황(상)』, 서울: 동원, 2001.
도히 아키오, 『일본기독교사』, 김수진 역, 서울: 기독교문사, 2012.
박은영, 「일본조합교회 가시와기 기엔의 조선인식 연구」, 『일본문화연구』 57, 2016, pp.101-120.
박혜미, 「1910年代 日本組合教会 朝鮮伝道部의 活動과 植民地主義」, 『韓国民族運動史研究』 74, 2013, pp.79-126.
성주현・고병철, 『일제강점기 종교 정책』, 서울: 동북아역사재단, 2021.
연승・이시준, 「노리마쓰 마사야스의 한국 선교활동과 한국인식에 대한 고찰」, 『일어일문학연구』 96, 2016, pp.483-503.
코우즈키 이치로우, 「부산에서의 일본인 교회의 기원과 발전 1876~1945」, 부산: 고신대학교 석사학위논문, 2013.

李元重, 「植民地朝鮮における日本基督教会に関する研究」, 京都: 同志社大学博士論文, 2016.
小川圭治・池明観, 『日韓キリスト教関係史資料 1876-1922』, 東京: 新教出版社, 1984.
朝鮮總督府, 『朝鮮總督府統計年報』, 서울: 朝鮮總督府, 1944.
_________, 『朝鮮における宗教及享祀一覧』, 서울: 朝鮮總督府, 1926~1937.
_________, 『朝鮮における宗教及享祀要覧』, 서울: 朝鮮總督府, 1938~1941.
日本キリスト教歴史編集委員会, 『日本キリスト教歴史大事典』, 教文館, 1988.
裵貴得, 「日本組合教会の朝鮮伝導と自由教会に関する研究」, 立命館大学博士論文, 2012.
ホーリネス教会, 「光州通信」, 『聖潔之友』 666, 1919.8
山本秀煌, 『日本基督教史』, 東京: 日本基督敎會事務所, 1929.
米田勇, 『中田重治全集 7』, 東京: 中田重治全集刊行会, 1975.
渡瀬常吉, 『ひづめの跡』, 東京: 警醒社, 1914.

제5장 「조선총독부종교관련문서」의 전체상과 일본불교사원 창립에 관하여

조선총독부종교관련문서 일차사료.
『종교에 관한 잡건철』(1906, 통감부 지방부, CJA0004731).
『포교소에 관한 철』(1907, 지방부, CJA0004732).
『포교자에 관한 철』(1907, 지방부, CJA0004733).
『금광교 관계서류』(1910, 지방부, CJA0004735).
『사사종교』(1911, 내무부 지방국 지방과, CJA0004741).
『사찰관계서류』(1915, 내무부 지방국, CJA0004747).
『사유재산 및 사유림 벌채외 기타 관계 서류』(1922, 학무국 종교과, CJA0004757).
『포교관리자관계 및 재단법인기타관계서류』(1922, 학무국 종교과, CJA0004759).
『사원신도에관한철』(1924, 생산기관미상, CJA0004760).
『사원창립원 재산관리 주지취직인가에 관한 건』(1925, 학무국 종교과, CJA0004768).
『종교잡건철』(1926, 학무국 종교과, CJA0004776).
『사원창립원의건및기타관계』(1929, 사회교육, CJA0004784).

『사원 창립허가 포교관리기타의 건』(1932, 학무국 사회과, CJA0004799).
『사원 신도불도에 관한 건』(1933, 학무국 사회과, CJA0004807).
『종교사원 잡건철』(1933, 학무국 사회과, CJA0004813).
『종교재산 관리관계』(1934, 학무국 사회과, CJA0004821).
『종교사원창립포교관리자 기타에 관한 건』(1936, 학무국 사회교육과, CJA 0004831).
『기독교 기타 관계 서류』(1936, 사회교육과, CJA0004842).
『사원에 관한 잡건철』(1937, 학무국 사회교육과, CJA0004841).
『종교사원에 관한 잡건철』(1938, 학무국 사회교육과, CJA0004847).
『종교사원 창립허가 및 재단법인 기타관계서류』(1939, 학무국 사회교육과, CJA0004850).
『종교사원에 관한 잡건철』(1939, 학무국 사회교육과, CJA0004854).
『종교사원 기타관계서류』(1940, 학무국 사회교육과, CJA0004876).
『종교사원 및 신도잡건철』(1940, 학무국 사회교육과, CJA0004877).
『국폐사 관계철』(1941, 지방행정, CJA0003582).
『신도사원법인 기독교법인 인가 관계서류』(1941, 학무국 사회교육과, CJA 0004896).
『사유건물 수선 사유재산관리 및 종교기타관계서류』(1941, 학무국 연성과, CJA0004903).
『신사 인사 관계철』(1942, 지방행정, CJA0003724).
『종교법인사원 관계서류』(1942, 학무국 연성과, CJA0004899).

선행연구

제점숙, 「1911년 조선총독부의 종교정책과 조선 내 종교계 동향: 조선총독부 『사사종교(社寺宗教)』 자료를 중심으로」, 『일본연구』 29, 2018.
박광수 · 이부용 외, 『종교에 관한 잡건철(1906~1909)(원광대학교 종교문제연구소 자료집총서 1)』, 집문당, 2016.
____________ 외, 『조선총독부 공문서: 사사종교(1911)(원광대학교 종교문제연구소 자료집총서 4)』, 집문당, 2018.
青野正明, 「植民地期朝鮮の神職に関する基礎的研究—戦時体制下の神職任用を中心に—」 松田利彦・やまだあつし編 『日本の朝鮮・台湾支配と植民地官僚』, 思文閣出版, 2009.
山口公一, 「植民地朝鮮における神社と「帝国意識」—在朝日本人社会と神社」, 『人民の歴史学』 221, 2019.

관보자료 등
조선총독부기록물,
https://theme.archives.go.kr/next/government/viewMain.do
국가기록원 국가기록포털, https://www.archives.go.kr/next/viewMainNew.do
식민지조선의 일본인 종교자, https://www.jrpkc.org/
『조선총독부관보』 제911호, 1915년 8월 16일.
『조선총독부관보』 제2874호, 1936년 8월 11일.

제2부 일본계 종교의 조선 내 지역 포교와 그 영향

제6장 신궁봉재회의 다중성과 한국인의 맥락적 반응

권동우, 「통감부 시기, 신습교(神習敎)의 한국포교 양상 연구」, 『한국학』 45-2, 2022.
______, 「神道의 조선 유입에 관한 재검토-교파신도의 조선포교를 중심으로」, 『원불교사상과 종교문화』 76, 2018.
문혜진, 「한일병합(1910년) 이전 남산대신궁의 종교적 성격에 관한 연구-거류민신사의 서민종교성을 중심으로」, 『서울과 역사』 83, 2013.
______, 「한일병합 이전 한성의 아마테라스(天照大神) 수용양상-신도계 종교단체 창설을 중심으로」, 『민속학연구』 46, 2020.
박광수 · 이부용 · 장혜진 · 최세경 · 편용우, 『「종교에 관한 잡건철」 1906~1909』, 서울: 집문당, 2016.
________________________________, 『사사종교 1911』, 서울: 집문당, 2018.
박성혜, 「근대계몽기 단군 이야기의 양상과 의미 연구」, 서울대학교대학원 박사논문, 2021.
박진한, 「식민지시기 '인천대신궁'의 공간 변용과 재인천 일본인-유락과 기념의 장소에서 식민지배의 동원장으로」, 『동방학지』 162, 연세대학교 국학연구원, 2013.
배관문, 「국학의 메이지 유신-복고의 착종으로부터 신도를 창출하기까지」, 『일본비평』 19, 2018.
서영대, 「한말의 단군운동과 대종교」, 『한국사연구』 114, 2001.
이노우에 노부타카 외, 박규태 역, 『신도, 일본 태생의 종교시스템』, 서울: 제이앤씨, 2010.
전용신 역, 『(완역) 일본서기』, 서울: 일지사, 1997.
최광식, 「『神宮建築誌』의 내용 및 의미」, 『단군학연구』 3, 2000.
한상아, 「신궁봉경회의 활동과 제신 논리의 변용」, 『일본역사연구』 58, 2022.

中野了随, 『東京名所図絵』, 東京: 小川尚栄堂, 1890.
今泉定介, 『神社非宗教論』, 東京: 神宮奉斎会, 1926.
内藤彦一, 『京都名勝便覧図会 : 明治改正』, 東京: 内藤奎運堂, 1895.
内閣官報局, 『法令全書. 明治 4 年』, 東京: 内閣官報局, 1912.
土屋詮教, 『日本宗教史』, 東京: 早稲田大学出版部, 1907.
坂常三郎 編, 『神都の繁華 : 御鎮坐紀念』, 東京: 同益社, 1897.
外史局 編纂, <官社以下定額及神官職員規則>, 『明治四年 布告全書 五 明治辛未』, 1871.
山田覚治 編, 『現行類聚社寺法令. 2版の別冊附録(自明治8至明治30年11月)』, 松田武兵衛, 1898.
岡山市役所 編, 『岡山市史. 第5』, 岡山: 合同新聞社印刷部, 1938.
広島県神職管理所 編, 『現行神社法令』, 広島: 広島県神職管理所, 1914.
当山春三, 『敬神と実際生活. 続編』, 仙台: 神宮奉斎会宮城本部, 1923.
当麻小太郎, 『神道祝詞文例 : 軍人葬祭』, 東京: 増田英治本店, 1905.
日吉紋次郎 編, 『現行府県社以下神社法規』, 宮崎町: 宮崎県神職会, 1915.
明法寮 編, <自第六至第十二/ 太陰暦ヲ太陽暦ニ改ラルノ事>, 『憲法類編. 第二十一』, 京都: 村上勘兵衛[ほか], 1873.
木津無庵 著, 『酬恩録』, 名古屋: 破塵閣書房, 1935.
植木直一郎, 『日露交渉史』, 東京: 神宮奉斎会本院, 1904.
河野省三 解, 文部省教学局 編, 『歴代の詔勅』, 東京: 内閣印刷局, 1940.
浦田長民 著, 『大道本義. 上巻』, 東京: 博聞社, 1877.
田中頼庸 撰, 藤井稜威 述, 『神宮教立教大意述義』, 東京: 神宮教々校, 1893.
________ 校, 『古事記 : 校訂. 上』, 神宮教院, 1887.
________ 校訂, 『日本紀. 1』, 田中頼庸, 1880.
________, 『賢所祭神考証』, 田中頼庸, 1881.
神宮神部署 編, 『神宮大麻及暦頒布関係例規』, 宇治山田市: 神宮神部署, 1934.
神祇院教務局, 『神社局時代を語る : 懇談会速記』, 東京: 神祇院教務局調査課, 1942.

穂波徳明,『征清戦史 : 武勇日本. 下』, 東京: 大日本中学会戦史部, 1901.
藤井稜威 編,『神宮教会教徒心得』, 廣島: 神宮教廣島本部, 1885.
________ 編,『神宮教会葬祭式』, 山口県: 山口 神宮教會, 1883.
長崎市役所 編,『長崎市史. 地誌編 神社教會部 下』, 長崎: 長崎市, 1929.
阪井 弁,『明治畸人伝』, 東京: 内外出版協会, 1903.
青井哲人,「ソウル・南山の神域化 —植民都市と神社境内」,『明治聖徳記念学会紀要』第43号, 2006.

일본위키(https://ja.wikipedia.org/, 2023.5.24).
한국사 데이터베이스(http://db.history.go.kr/, 2023.5.24).
安藤希章,『神殿大観』(2011, http://shinden.boo.jp/, 2023.5.24).
江坂神社(http://www.esakajinja.or.jp/, 2023.5.24.).

『대한매일신보』;『매일신보』;『신한민보』;『황성신문』.
『官報』;『統監府文書』(6권, 10권).

제7장 일제강점기 흑주교(黑住敎)의 조선포교 양상 연구

1차 자료
卜部兼俱,『唯一神道名法要集』, 三枝博音 編纂, 井上哲次郎 等監修,『日本哲学全書 第4巻』, 東京: 第一書房, 1936.
本居宣長,『玉くしげ』, 岡村典嗣 編,『本居宣長全集 第13冊』, 東京:岩波書店, 1944.
朝鮮總督府學務局錬成課,『朝鮮に於ける宗教及享祀要覽』, 1942.
黒住教本部,『国の教』, 1895년 2월~1908년 11월
__________,『経世雑誌』1908년 12월~1914년 6월
__________,『日新』1914년 6월~
《中外日報》,《読売新聞》

단행본
片岡正占,『禁厭詞辨釋』, 1886.
野村瑞城,『療病と迷信』, 東京:人文書院, 1929.
井上順孝,『教派神道の形成』, 東京:弘文堂, 1991.

黒住教二百年史編纂委員会 編, 『黑住教二百年史 Ⅱ』, 岡山:黑住教本部, 2016.
전복희, 『사회진화론과 국가사상: 구한말을 중심으로』, 도서출판 한울, 1996.

논문

권동우, 「교파신도의 조선포교로 보는 근대신도의 이중성」, 『종교연구』 80-1, 한국종교학회, 2020.
______, 「신도의 조선유입에 관한 재검토: 교파신도의 조선포교를 중심으로」, 『원불교사상과 종교문화』 76, 원광대학교 원불교사상연구원, 2018.
______, 「일제강점기 교파신도의 조선포교 양상 연구·『조선총독부관보』(1911~1945) 기록을 중심으로」, 『민족문화연구』 95, 고려대 민족문화연구원.
______, 「일제강점기 천리교의 토착화 과정 연구·조선인 포교의 방향과 실제 양상을 중심으로」, 『대동문화연구』 119, 성균관대학교 대동문화연구원, 2022.
신연재, 「스펜서의 사회진화론과 자유주의」, 『국제정치논총』 34-1, 한국국제정치학회.
權東祐, 「教派神道の朝鮮布教からみる近代神道の様相ー神道修成派・黒住教・神宮教を事例に」, 『宗教研究』 92-1, 日本宗教學會, 2018.
______, 「教派神道の『日本書紀』解釈と朝鮮布教ー左野經彦の「建白書」を中心にー」, 齊藤英喜・山下久夫 編, 『日本書紀1300年史を問う』, 思文閣出版, 2020.
鈴木正行, 「明治期農村社会における社会進化論の受容ー老農鈴木浦八の耕地整理事業を中心にー」, 『香川大学教育学部研究報告』 8, 香川大学教育学部, 2023.

제8장 일제강점기 충남불교의 동향과 일본불교의 침투

권상노, 『조선불교약사』, 경성 : 신문관, 1917.
김광식, 『근현대불교의 재조명』, 민족사, 2000.
______, 『우리가 살아온 한국불교 백년』, 민족사, 2000.
______, 『한국근대불교사연구』, 민족사, 1996.
______ 외, 『한국근현대불교자료전집』(전69권), 민족사, 1996.
김순석, 『일제시대 조선총독부의 불교정책과 불교계의 대응』, 경인문화사,

2003.
김영희,『1930년대 일제의 민족분열통치 강화』, 경인문화사, 2009.
대곡파본원사 조선개교감독부편,『조선개교 50년지』, 대곡파본원사, 1927.
대한불교조계종 교육원,『근대 선원 방함록』, 조계종출판사, 2006.
___________________,『조계종사-근현대편』, 조계종출판사, 2001.
대한불교조계종총무원,『조선총독부관보 불교관련자료집-일제시대 불교정책과 현황』(상 · 하), 선우도량출판부, 2001.

이원범,『한국 내 일본계 종교운동의 이해』, 제이앤씨, 2007.
정광호,『근대한일 불교관계사 연구-일본의 식민정책과 관련하여-』, 인하대출판부, 1994.
충청남도지편찬위원회,『충청남도지』(상 · 하권), 오광인쇄주식회사, 1979.
青柳南冥奇,『朝鮮宗教史』, 京城 : 朝鮮硏究會, 1911.

권동우,「일제강점기 교파신도의 조선포교 양상 연구-『조선총독부관보』(1911~1945) 기록을 중심으로-」,『민족문화연구』 95호, 고려대 민족문화연구원, 2022.
김경집,「일제강점기 한국에 진출한 일본불교의 종파별 교세현황에 대한 연구」,『보조사상』 65집, 2023.
______,「일제하 불교계혁신운동의 연구현황과 과제」,『선문화연구』 창간호, 2006.
______,「일제하 불교시찰단 연구」,『한국불교학』 44집, 2006.
김광식,「1910년대 불교계의 조동종 맹약과 임제종 운동」,『한국민족운동사연구』 12호, 1995.
______,「대한불교조계종의 성립과 성격: 1941~1962년의 조계종」,『선학』 34, 2013.
______,「사찰령의 불교계 수용과 대응」,『한국선학』 15호, 2006.
______,「선학원의 설립과 전개」,『선문화연구』 창간호, 2006.
김순석,「1920년대 초반 조선총독부의 종교정책-재단법인조선불교중앙교무원의 성립을 중심으로」,『한국독립운동사연구』 13집, 1999.
______,「1930년대 전반기 재조선 일본 불교계의 동향-『조선불교』지에 나타난 활동을 중심으로-」,『한국독립운동사연구』 12집, 1998.
______,「1930년대 후반 조선총독부의 '심전개발운동' 전개와 조선불교계」,『한국민족운동사연구』 25집, 2000.

______, 「개항기 일본불교종파들의 한국침투」, 『한국독립운동사연구』 8집, 1984.
______, 「근대 일본불교세력의 침투와 불교계의 동향」, 『한국학연구』 18집, 2008.
김정희, 「종단설립운동과 조계종의 근대적 의미」, 『불교학보』 49집, 2008.
김진원, 「일제강점기 마곡사의 포교활동 연구」, 『중앙사론』 21집, 2005.
김태훈, 「『조선총독부관보』로 보는 일본계 종교 유입의 전체도」, 『공존과 인간학』 4호, 2020.
사문경, 「1920년대 공주포교당의 운영과 활동」, 『한국불교학』 34집, 2003.
______, 「일제하 본사주지의 역할과 그 성격－마곡사의 경우를 중심으로」, 『한국불교학』 37집, 2004.
서경수, 「일제의 불교정책－사찰령을 중심으로」, 『불교학보』 25집. 1982.
서재영, 「승려의 입성금지 해제와 근대불교의 전개」, 『불교학보』 45집, 2009.
오경후, 「일제 식민정책과 일본화에 대한 재검토」, 『역사민속학』 49호, 2015.
원영상, 「근대 일본불교의 한반도 유입의 초기 전개 양상」, 『한국불교학』 87집, 2018.
이경순, 「1917년 불교계의 일본시찰 연구」, 『한국민족운동사연구』 25집, 2000.
이기운, 「근대기 불교계의 30본산 교육체제 정비와 인재양성」, 『한국선학』 20집, 2008.
이승윤, 「충청지역 종교계의 국채보상운동」, 『한국사상사학』 57집, 2017.
정광호, 「일본 침략시기 불교계의 민족의식」, 『근대한일불교관계사연구』, 1994.
______, 「일제의 종교정책과 식민지불교」, 『한국사학』 3집, 1980.
제점숙, 「개항기 부산 일본불교의 교육 사업에 관한 연구」, 『비교일본학』 25집, 2011.
______, 「일본불교의 조선포교 양상과 종교시설 현황－1894~1910년까지의 진종본원사파 사례를 중심으로－」, 『인문사회과학연구』 25권 1호, 2024.
______, 「한국통감부기 조선내 일본 불교계의 동향－『종교에 관한 잡건철』 사료를 중심으로－」, 『원불교사상과 종교문화』 76집, 2018.
조성운, 「일제하 불교시찰단의 파견과 그 성격」, 『한국선학』 18집. 2007.
한동민, 「일제강점기 불교계의 항일운동 연구 동향과 과제」, 『선문화연구』 창간호, 2006.
한상길, 「개화기 일본불교의 전파와 한국불교」, 『불교학보』 46집, 2007.
______, 「한국 근대불교 연구와 '민족불교 모색」, 『불교학보』 54집, 2010.

단행본

송형강,『미국 남장로교의 한국선교』, 한국기독교역사연구소, 2018.

안유림,『일본제국의 법과 조선기독교』, 경인문화사, 2018.

옥성득,『다시 쓰는 초대 한국교회사』, 새물결플러스, 2016.

윤해동・이소마에 준이치 엮음,『 종교와 식민지 근대』, 책과함께, 2013.

양현혜,『근대한일관계사 속의 기독교』, 이화여자대학출판사, 2009.

김수진,『한국교회와 네비우스 선교정책』, 매계교회 100년사 출판위원회, 2004.

______,『매계교회100년－한국 최초 자주교회를 선언한 역사적 교회』, 매계교회100년사출판위원회, 2002.

______,『호남선교100년과 그 사역자들』, 고려글방, 1992.

서정민,『한일기독교관계사연구』, 대한기독교서회, 2002.

「전라북도대리회록」,『전라노회 회의록 제1회~36회』, 대한예수교장로회 전북노회, 2000.

Charles Allen Clark(곽안련), 박용규・김춘섭 번역,『한국교회와 네비우스 선교정책』, 기독교서회, 1994.

松谷基和,『民族を超える教会』, 明石書店, 2020.

鈴木範久,『日本基督教史—年表で読む』, 教文館, 2017.

기독교사학회 편,『宣教師と日本人—明治キリスト教史における受容と変容』, 教文館, 2012.

土肥昭夫,『日本プロテスタント教会の成立と展開』, 日本基督教団出版局, 1975.

________,『日本プロテスタント・キリスト教史』, 信教出版社, 1980.

논문

이재근,「호남 첫 목사 최중진(崔重珍, 1871~1932)의 다면적 생애와 활동」,『한국기독교와 역사』 제60집, 2024.

배귀득,「식민지기 조선 기독교회의 자립론에 관한 일고찰－1930년대를 중심으로」,『공존의 인간학』 제2집, 전주대학교 한국고전학연구소, 2019.

옥성득,「평양 조합교회의 성장과 쇠퇴」,『기독교사상』 제728호, 2019.

최운상,「호남 최초 목사 최중진에 관한 선교사적 고찰(변혁적사회 리더쉽과 멘터링을 중심으로)」, 총신대학선교대학원 석사학위논문, 2017.

서요한,「한국교회사에 나타난 초기 이단종교연구」,『한국기독교신한논총』

94집, 2014.
육기수, 「최중진연구－호남지방의 선교활동을 중심으로」, 전주대학교 선교신학대학원 석사학위논문, 2002.
정성하, 「일본조합교회와 일본제국주의: 일본조합교회의 조선전도를 중심으로」, 『신종교연구』 Vol.2, 한국신종교학회, 2000.
이진구, 「일제하 기독교종파의 형성과 유형」, 『한국종교』 제37집, 2014.
김기대, 「일제하 개신교 종파운동연구」, 한국중앙연구원 한국학대학원 박사논문, 1996.
홍이표, 「海老名弾正の神道理解と社会思想形成」, 京都大学大学院博士論文, 2019.
배귀득, 「1920年代初期の朝鮮総督府とキリスト教をめぐる諸相—『朝鮮の統治と基督教』を題材に—」, 『アジア・キリスト教・多元性』, 2021.
_____, 「日本組合教会の朝鮮伝道と自由教会に関する研究—共鳴と失敗のはざま」, 立命館大学大学院博士論文, 2013.
강신룡, 「日本組合教会の朝鮮伝道に関する研究」, 同志社大学大学院 神学研究科 修士論文, 1993.
Emily Anderson *Christianity in the Japanese Empire: Nationalism, Conscience, and Faith in Meiji and Japan* (A dissertation submitted in partial satisfaction of the requirements for degree Doctor of Philosophy in History, university of California, Los Angeles, 2010).

사료
横井時雄, 「日本独立教会創立の私議」, 『六合雑誌』 第145号, 1893년 1월 25일
渡瀬常吉, 『朝鮮教会の急務』, 警醒社書店, 1913.
일본조합기독교회, 「조선인제교회일람표(1911년~1917년)」.
『明治四三年日本組合教会便覧』.
『明治四四年日本組合教会便覧』.

조선총독부자료
「수형자명보」(4-1) (1908년~1912년).
「명치45년 형사사건보」(광주지방법원 목포지청검사국).
「청원서 내정조사의 건」, 1911년 6월 13일.
「야소선교사간 분운에 관한 건」, 1911년 6월 27일.
최중진, 「원청서」, 1911년 5월 22일.

『조선총독부관보』, 1110호, 1916년 4월 19일.
『조선총독부관보』, 1525호, 1917년 9월 3일.
『조선총독부관보』,1952호, 1919년 2월 12일.

신문자료
『대한매일신보』, 『매일신보』

잡지자료
『반도시론』

제10장 일제강점기 일본 조동종의 한반도 포교 과정과 성격

《부산일보》 1926년 10월 30일자.
국사편찬위원회 한국사데이터베이스(https://db.history.go.kr)
김귀한, 「한말 일제초 일본 조계종의 조선 포교활동과 불교계의 대응」, 부산대학교 대학원 석사학위논문, 2007.
김순석, 「개항기 일본 佛敎 宗派들의 조선 침투－일본 寺刹과 別院 및 布敎所 설치를 중심으로」, 『조선독립운동사연구』 제8호, 1994.
______, 「조선총독부의 불교정책과 불교계의 대응」, 고려대학교 박사학위논문, 2001.
佛敎史學會 編, 『近代韓國佛敎史論』, 민족사, 1992.
윤기엽, 「개화기 일본 불교의 포교양상과 추이」, 『원불교사상과 종교문화』 54호, 2012.
이능화, 『조선불교통사』 상・하, 신문관, 1918.
김영태, 『한국불교사개설』, 경서원, 1986.
一戸彰晃 지음・장옥희 옮김, 『조선 침략 참회기』, 동국대학교출판부, 2013.
________, 『曹洞宗は朝鮮で何をしたのか』, 東京: 皓星社, 2012.
曹洞宗人権擁護推進本部 編, 「『曹洞宗海外開教伝道史』回収について」, 『曹洞宗ブックレット: 宗教と人権 3』, 曹洞宗宗務庁, 1993.
曹洞宗海外開教伝道史編纂委員会 編, 『曹洞宗海外開教伝道史』, 東京: 曹洞宗宗務庁, 2001.
朝鮮總督府 編, 『第四次朝鮮總督府統計年報』, 1911.
__________ 編, 『第二版 最近朝鮮事情要覽』, 1912. (국회 디지털)

中西直樹,『植民地朝鮮と日本仏教』, 京都: 三人社, 2013.
최병헌,「일제의 침략과 불교-일본 曹洞宗의 武田範之와 圓宗」,『조선사연구』 114호, 2001.
최은령,「일제강점기 부산 곡정 총천사 연구」,『문물연구』 38권, 동아문화재단, 2020.

원고 초출

제1부 근대 일본계 종교의 조선 포교 양상

제1장 일제강점기 교파신도의 조선포교 양상 연구 권동우
『조선총독부관보』(1911~1945) 기록을 중심으로

「일제강점기 교파신도의 조선포교 양상 연구－「조선총독부관보」(1911~1945) 기록을 중심으로－」, 『민족문화연구』 제95호, 고려대학교 민족문화연구원, 2022.

제2장 일본불교의 조선포교 검증 나카니시 나오키

본서초출

제3장 일본불교의 조선포교 양상과 종교시설 현황 제점숙
1894~1910 진종본원사파(眞宗本願寺派) 사례를 중심으로

「일본불교의 조선포교 양상과 종교시설 현황－1894~1910년까지의 진종본원사파(眞宗本願寺派) 사례를 중심으로－」, 『인문사회과학연구』 25-1호, 국립부경대학교 인문사회과학연구소, 2024.

제4장 일본계 기독교의 조선전도 양상 연구 김성은
『조선총독부관보』(1911~1945) 기록을 중심으로

일본계 기독교의 조선전도 양상 연구－『조선총독부관보』(1911~1945) 기록을 중심으로－」, 『외국학연구』 제66집, 중앙대학교 외국학연구소, 2023.

제5장 「조선총독부종교관련문서」의 전체상과 일본불교사원 창립에 관하여 김태훈

본서초출

제2부 일본계 종교의 조선 내 지역 포교와 그 영향

제6장 신궁봉재회의 다중성과 한국인의 맥락적 반응 고병철
신궁봉경회・신궁경의회를 중심으로

「신궁봉재회의 다중성과 한국인의 맥락적 반응－신궁봉경회・신궁경의회를 중심으로－」, 『원불교사상과종교문화』 제96집, 원광대학교 원불교사상연구원, 2023.

제7장 일제강점기 흑주교(黑住敎)의 조선포교 양상 연구 권동우

「일제강점기 흑주교의 조선 포교 양상」, 『한국학』 제47권 제1호, 한국학중앙연구원, 2024.

제8장 일제강점기 충남불교의 동향과 일본불교의 침투 김방룡

「일제강점기 충남불교의 동향과 일본불교의 침투」, 『원불교사상과종교문화』 제100집, 원광대학교 원불교사상연구원, 2024.

제9장 조선교회의 자립과 자치 담론 다시 읽기 배귀득
1910년대의 일본조합교회 포교와 최중진의 자유교회를 중심으로

「日本組合教会の朝鮮伝道と自由教会に関する研究―共鳴と失敗のはざま」, 리츠메이칸대학 대학원 박사논문의 일부를 수정・보완하여 확장시킨 것이다.

제10장 일제강점기 일본 조동종의 한반도 포교 과정과 성격 원영상

「일제강점기 일본 조동종의 한반도 포교 과정과 성격」, 『원불교사상과종교문화』 제100집, 원광대학교 원불교사상연구원, 2024.

저자약력

권동우 원광대학교 특임교수

나카니시 나오키 류코쿠대학 문학부 교수

제점숙 동서대학교 캠퍼스아시아학과 부교수

김성은 전남대학교 인문대학 일어일문학과 교수

김태훈 시코쿠학원대학 문학부 교수

고병철 한국학중앙연구원 수석연구원

김방룡 충남대학교 철학과 교수

배귀득 데즈카야마학원대학 전임강사

원영상 원광대학교 일어교육과 조교수

이 논문은 2021년 대한민국 교육부와 한국연구재단의 지원을 받아 수행된 연구임(NRF-2021S1A5A2A03062744).

근대 일본계 종교의 조선 포교 양상과 그 영향

초판인쇄 2024년 06월 20일
초판발행 2024년 06월 30일

저 자 권동우 · 나카니시 나오키 · 제점숙 · 김성은
김태훈 · 고병철 · 김방룡 · 배귀득 · 원영상

발 행 인 윤석현
발 행 처 박문사
책임편집 최인노
등록번호 제2009-11호

우편주소 서울시 도봉구 우이천로 353
대표전화 02) 992 / 3253
전 송 02) 991 / 1285
전자우편 bakmunsa@hanmail.net

ISBN 979-11-92365-68-8 93200 정가 30,000원